| 일정 | | 2025년 | | | | 2026년 | | | | | | | |
| --- | --- | --- | --- | --- | --- | --- | --- | --- | --- | --- | --- | --- | --- |
| | | 9월 | 10월 | 11월 | 12월 | 1월 | 2월 | 3월 | 4월 | 5월 | 6월 | 7월 | 8월 |
| 2차 | 정규과정 | 기초입문 | | 25~26년 업무방법서 기본이론 | | | | | 26~27년 업무방법서 심화이론 | | 문제풀이 | | 실전 모의고사 특강 |
| | 특강과정 | | | | | | | 기출문제풀이특강 | 업무방법서 개정특강 | | +10점 포커스특강 | 파이널특강 | |
| 1차 | 정규과정 및 특강 | 기초입문 | | 이론강의 | | | | 문제풀이 | | | | 마무리특강 | 실전 모의고사 |

# EBS 방송교재

# 손평하나
# 손해평가사
# 1차 문제집

**1차**

「상법」보험편
재해보험법령
재배학 및 원예작물학

손평H하나

손평하나
www.sphana.co.kr

2026년

EBS ● 손해평가사

# 머리말 PREFACE

천재지변은 지진, 홍수, 태풍(강풍) 따위와 같이 자연 현상에 의해서 빚어지는 재앙을 말하고, 이러한 천재지변과 화재가 발생했을 때 농업은 직접적인 영향을 받을 수밖에 없는 대표적인 산업이다. 따라서 갑작스런 기후 변화를 비롯한 여러 자연재해는 예방을 하는 데에도 어느 정도 한계가 있을 수밖에 없고 또한 농가가 겪는 경영 불안까지 오롯이 농민 개개인의 책임으로만 돌리기에는 너무 부담이 크다는 문제를 안고 있다.

농업재해보험이 등장한 배경은 바로 이러한 자연재해 앞에 놓인 농가경영의 안정을 도모하기 위함이다. 자연 재해로 인한 피해를 입었을 때 재해보험법령 규정을 통해 피해 정도를 판단하고 적정한 계산방식에 따라 보험금을 산출·지급하여 피해를 입은 농가의 재건을 도울 수 있도록 꾸준히 신규 품목을 도입하여 현재는 칠십 여개의 대상이 운영되고 있고, 최근 들어서는 적극적인 정책홍보와 가입 장려도 이루어지면서 점차 실질적인 농가경영을 도울 수 있는 정책성 보험으로 성장하고 있다.

농업재해보험제도가 실질적으로 자리를 잡아가는 가운데, 최근 들어 강조되고 있는 자격시험이 바로 손해평가사 시험이다. 현재는 한국손해평가사협회 및 농어업재해보험협회 그리고 손해사정법인 등에서 NH 손해보험의 요청에 따라 전문가를 투입하여 농작물 피해에 대한 '손해평가' 업무를 수행하고 있지만, 좀 더 구체적이고 명확한 피해율과 적정 보험금을 산정하는 전문가의 필요성이 대두되고 있으며, 평가대상이 확대되어 감에 따라서 보다 체계적이고 조직적인 손해평가사들의 육성과 관리가 중요하게 되었다.

결국 해당분야가 기반을 갖추고 성장하려면 제도적으로 안정이 되고 어느 정도 충분한 전문인력이 확보되어야 하므로 이러한 업무를 수행할 전문가를 선발하는 손해평가사 시험이 관심의 대상이 될 수밖에 없으며 이에 손해평가사 시험에 응시하려는 수험생에게 정확하고 충실한 자료제공을 위해 본 수험서를 내놓게 되었다.

아무쪼록 본 교재가 손해평가사를 준비하는 모든 수험생에게 도움이 되길 바라며, 올해 진행될 제12회 시험을 통해서 농업분야 평가영역의 전문가인 손해평가사로 새롭게 태어나기를 바란다.

**편저자 씀**

## 1. 손해평가사 기본정보

### 1 손해평가사 의미

- 농업재해보험의 손해평가를 전문적으로 수행하는 자로서 농어업재해보험법에 따라 신설되는 국가자격인 국가전문자격을 취득한 자
- 자연재해·병충해·화재 등 농업재해로 인한 보험금 지급사유 발생 시 신속하고 공정하게 그 피해사실을 확인하고 손해액을 평가하는 일을 수행

### 2 손해평가

농작물재해보험의 보험금 지급을 위해 농작물 등 보험목적물에 발생한 피해사실을 확인하고 보험가액·손해액 등을 평가하는 일련의 과정

### 3 수행직무

- 피해사실의 확인
- 보험가액 및 손해액의 평가
- 그 밖의 손해평가에 필요한 사항
- 실시기관 : 한국산업인력공단(http://www.q-net.or.kr/site/loss)
- 소관부처 : 농림축산식품부(재해보험정책과)
- 운용기관 : 농업정책보험금융원(보험2부)

## 2. 시험정보

### 1 응시자격

- **제한 없음**

※ 단, 부정한 방법으로 시험에 응시하거나 시험에서 부정한 행위를 해 시험의 정지/무효 처분이 있은 날 부터 2년이 지나지 아니하거나, 손해평가사의 자격이 취소된 날부터 2년이 지나지 아니한 자는 응시할 수 없음

[농어업재해보험법 제11조의4제4항]

| 구분 | 시험과목 | 문항수 | 시험시간 | 시험방법 |
|---|---|---|---|---|
| 제1차 시험 | 1. 「상법」 보험편<br>2. 농어업재해보험법령(「농어업재해보험법」,<br>「농어업재해보험법 시행령」 및 농림축산<br>식품부 장관이 고시하는 손해평가 요령을<br>말한다.)<br>3. 농학개론 중 재배학 및 원예작물학 | 과목별<br>25문항<br>(총 75문항) | 90분 | 객관식<br>4지<br>택일형 |
| 제2차 시험 | 1. 농작물재해보험 및 가축재해보험의 이론<br>과 실무<br>2. 농작물재해보험 및 가축재해보험 손해<br>평가의 이론과 실무 | 과목별<br>10문항 | 120분 | 단답형,<br>서술형 |

## 3. 합격기준

| 구분 | 합격결정기준 |
|---|---|
| 제1차 시험 | 매 과목 100점을 만점으로 하여 매 과목 40점 이상과 전 과목 평균 60점 이상을 득점한 사람을 합격자로 결정 |
| 제2차 시험 | 매 과목 100점을 만점으로 하여 매 과목 40점 이상과 전 과목 평균 60점 이상을 득점한 사람을 합격자로 결정 |

## 4. 원서접수 방법

- 큐넷 손해평가사 홈페이지(https://www.Q-Net.or.kr/site/loss)에서 인터넷 접수(모바일 웹브라우저 가능, 모바일 앱은 불가)

  ※ 인터넷 활용 불가능자의 내방접수(공단지부·지사)를 위해 원서접수 도우미 지원

  ※ 단체접수는 불가함

- 원서접수 시 최근 6개월 이내에 촬영한 본인의 상반신 사진파일 (JPG, JPEG 파일, 사이즈 : 90픽셀(가로) × 120픽셀(세로) 이상, 300DPI 권장, 200KB 이하) 등록 (단, 기존 Q-Net 회원일 경우 마이페이지에서 사진 수정·등록)

  ※ 원서접수 시 등록한 사진으로 자격증이 발급되며 변경불가

- 원서접수 마감시각까지 수수료를 결제하여야 접수 완료

- 응시수수료[농림축산식품부고시 제2016-78호(2016.8.25 시행)]

  - 제1차 시험 : 20,000원

  - 제2차 시험 : 33,000원

## 5. 자격증 발급

- 발급기관 : 농업정책보험금융원

  - 주소 : (07241) 서울특별시 영등포구 여의공원로 101, CCMM빌딩 2층

  - 연락처 : ☎ 02-3771-6853

- 원서접수 시 등록한 사진을 공단에서 농업정책보험금융원으로 발송하여 자격증이 발급되며 사진 수정 및 변경은 불가

## 6. 통계자료(최근 5년간 손해평가사 수험현황)

(단위 : 명, %)

| 구분 | | 2021 | 2022 | 2023 | 2024 | 2025 |
|---|---|---|---|---|---|---|
| 1차 | 대상 | 15,385명 | 15,796명 | 16,871명 | 17,871명 | 17,390명 |
| | 응시 | 13,230명 | 13,361명 | 14,076명 | 14,037명 | 14,101명 |
| | 응시율 | 85.9% | 84.5% | 83.4% | 78.5% | 81.1% |
| | 합격 | 9,508명 | 9,067명 | 10,799명 | 9,343명 | 10,563명 |
| | 합격률 | 71.8% | 67.8% | 76.7% | 66.55% | 74.9% |
| 2차 | 대상 | 10,136명 | 10,686명 | 11,732명 | 11,291명 | 11,211명 |
| | 응시 | 8,699명 | 9,016명 | 9,977명 | 9,584명 | 9,477명 |
| | 응시율 | 85.8% | 84.3% | 85.0% | 84.9% | 84.5% |
| | 합격 | 2,233명 | 1,017명 | 1,390명 | 566명 | 467명 |
| | 합격률 | 25.6% | 11.2% | 13.9% | 5.9% | 4.9% |

# 차례 CONTENTS

## 제1과목 「상법」 보험편

### PART 01 통칙



### PART 02 손해보험계약

# 제2과목 농어업재해보험법령

## PART 01 농어업재해보험법령



## PART 02 손해평가요령

# 차례 CONTENTS

## 제3과목 재배학 및 원예작물학

# 1 과목

# 「상법」 보험편

# PART 01 통칙

## CHAPTER 01  보험계약의 개요

**01** 상법상 보험계약의 법적 성질로 옳지 <u>않은</u> 것은?  <제11회>

① 낙성·불요식계약성
③ 부합계약성
② 사행·선의계약성
④ 유상·편무계약성

**문제풀이**  S·O·L·U·T·I·O·N

④ 보험계약은 보험계약자의 보험료지급에 대하여 보험자는 일정한 보험금이나 그 밖의 급여를 지급할 것을 약정하므로 유상계약이고, 보험계약자의 보험료 지급의무와 보험자의 보험금 지급의무가 대가관계에 있는 쌍무계약이다.

정답 ④

**02** 보험계약에 관한 설명으로 옳지 <u>않은</u> 것은?

① 보험계약의 체결은 별도의 형식을 필요로 하지 않는다.
② 보험계약은 부합계약성을 띤다.
③ 보험계약이 성립하기 위해서는 보험증권의 교부가 필요하다.
④ 보험계약은 청약과 승낙에 의한 합의만으로 성립하는 낙성계약이다.

**문제풀이**  S·O·L·U·T·I·O·N

③ 보험증권의 작성·교부는 계약당사자의 편의에 의한 것이지 계약의 성립요건은 아니고, 보험자만 기명·날인 또는 서명하므로 계약서도 아니다.

정답 ③

**03** 보험계약의 선의성을 유지하기 위한 제도로 옳지 않은 것은? <제1회>

① 보험자의 보험약관설명의무

② 보험계약자의 손해방지의무

③ 보험계약자의 중요사항 고지의무

④ 인위적 보험사고에 대한 보험자면책

**문제풀이** S·O·L·U·T·I·O·N

**[보험계약의 선의성을 유지하기 위한 제도]**

1. 중요사항 고지의무(제651조)
2. 위험변경증가 통지의무(제652조)
3. 손해방지의무(제680조)
4. 고의·중과실 사고손해에 대한 보험자면책(제659조)
5. 사기로 인한 초과보험·중복보험계약 무효(제669조)

정답 ①

## CHAPTER 02    보험계약의 요소

**01** 보험대리상 등의 권한에 관한 설명으로 옳은 것은?                    <제4회>

① 보험계약자로부터 청약, 고지, 통지, 해지, 취소 등 보험계약에 관한 의사표시를 수령할 수 있는 보험대리상의 권한을 보험자가 제한한 경우 보험자는 그 제한을 이유로 선의의 보험계약자에게 대항하지 못한다.

② 보험자는 보험계약자로부터 보험료를 수령할 수 있는 보험대리상의 권한을 제한할 수 없다.

③ 특정한 보험자를 위하여 계속적으로 보험계약의 체결을 중개하는 자라 할지라도 보험대리상이 아니면 보험자가 작성한 보험증권을 보험계약자에게 교부할 수 있는 권한이 없다.

④ 보험대리상은 보험계약자에게 보험계약의 체결, 변경, 해지 등 보험계약에 관한 의사표시를 할 수 있는 권한이 없다.

> **문제풀이**    S·O·L·U·T·I·O·N
>
> ② 제한할 수 있다.
> ③ 보험증권을 보험계약자에게 교부할 수 있는 권한이 있다.
> ④ 의사표시를 할 수 있는 권한이 있다.
>
> 정답 ①

**02** 보험대리상이 아니면서 특정한 보험자를 위하여 계속적으로 보험계약의 체결을 중개하는 자가 행사할 수 있는 권한으로 옳은 것은?                    <제2회>

① 보험자가 작성한 영수증을 보험계약자에게 교부하지 않고 보험계약자로부터 보험료를 수령할 수 있는 권한

② 보험계약자로부터 보험계약의 청약에 관한 의사표시를 수령할 수 있는 권한

③ 보험계약자에게 보험계약의 체결에 관한 의사표시를 할 수 있는 권한

④ 보험자가 작성한 보험증권을 보험계약자에게 교부할 수 있는 권한

> **문제풀이**    S·O·L·U·T·I·O·N
>
> ① 보험자가 작성한 영수증을 보험계약자에게 교부하는 경우만 보험계약자로부터 보험료를 수령할 수 있다.
> ②, ③ 의사표시수령권 및 의사표시권은 인정되지 않는다.
>
> 정답 ④

**03** 상법상 보험대리상의 권한을 모두 고른 것은?  <제10회>

> ㄱ. 보험료수령권한  ㄴ. 고지수령권한
> ㄷ. 보험계약의 해지권한  ㄹ. 보험금수령권한

① ㄱ, ㄴ, ㄷ  ② ㄱ, ㄴ, ㄹ
③ ㄱ, ㄷ, ㄹ  ④ ㄴ, ㄷ, ㄹ

**문제풀이** S·O·L·U·T·I·O·N

**[보험대리상 등의 권한(제646조의2 제1항)]**
1. 보험계약자로부터 보험료를 수령할 수 있는 권한
2. 보험자가 작성한 보험증권을 보험계약자에게 교부할 수 있는 권한
3. 보험계약자로부터 청약, 고지, 통지, 해지, 취소 등 보험계약에 관한 의사표시를 수령할 수 있는 권한
4. 보험계약자에게 보험계약의 체결, 변경, 해지 등 보험계약에 관한 의사표시를 할 수 있는 권한

정답 ①

**04** 상법상 보험대리상 등에 관한 설명으로 옳지 <u>않은</u> 것은?  <제11회>

① 보험대리상은 보험계약자로부터 청약 등의 보험계약에 관한 의사표시를 수령할 수 있는 권한이 있다.
② 보험자는 상법에 정해진 보험대리상의 권한을 제한할 수 없다.
③ 보험대리상이 아니면서 특정한 보험자를 위하여 계속적으로 보험계약의 체결을 중개하는 자는 보험자가 작성한 영수증을 보험계약자에게 교부하는 경우만 보험계약자로부터 보험료를 수령할 수 있는 권한이 있다.
④ 보험대리상은 피보험자가 보험계약에 관한 의사표시를 할 의무가 있는 경우 피보험자의 의사표시를 수령할 권한이 있다.

**문제풀이** S·O·L·U·T·I·O·N

보험자는 보험대리상의 권한 중 일부를 제한할 수 있다. 다만, 보험자는 그러한 권한 제한을 이유로 선의의 보험계약자에게 대항하지 못한다.

정답 ②

## 05 상법상 보험대리상 등에 관한 설명으로 옳은 것은 모두 몇 개인가? <제8회>

ㄱ. 보험대리상은 보험계약자로부터 보험료를 수령할 수 있는 권한을 갖는다.
ㄴ. 보험대리상이 아니면서 특정한 보험자를 위하여 계속적으로 보험계약의 체결을 중개하는 자는 보험자가 작성한 보험증권을 보험계약자에게 교부할 수 있는 권한을 갖는다.
ㄷ. 대리인에 의하여 보험계약을 체결한 경우 대리인이 안 사유는 그 본인이 안 것과 동일한 것으로 한다.
ㄹ. 보험자는 보험대리상이 보험계약자로부터 청약, 고지, 통지 등 보험계약에 관한 의사표시를 수령할 수 있는 권한을 제한할 수 없다.

① 1개      ② 2개      ③ 3개      ④ 4개

**문제풀이**   S·O·L·U·T·I·O·N

ㄹ. 보험자는 보험대리상의 권한 중 일부를 제한할 수 있다.(제642조의2 제2항)

정답 ③

## 06 甲은 보험대리상이 아니면서 특정한 보험자 乙을 위하여 계속적으로 보험계약의 체결을 중개하는 자로서 丙이 乙과 보험계약을 체결하도록 중개하였다. 甲의 권한에 관한 설명으로 옳지 <u>않은</u> 것은? <제9회>

① 甲은 자신이 작성한 영수증을 丙에게 교부하는 경우 丙으로부터 보험료를 수령할 권한이 있다.
② 甲은 乙이 작성한 보험증권을 丙에게 교부할 수 있는 권한이 있다.
③ 甲은 丙으로부터 청약, 고지, 통지, 해지, 취소 등 보험계약에 관한 의사표시를 수령할 수 있는 권한이 없다.
④ 甲은 丙에게 보험계약의 체결, 변경, 해지 등 보험계약에 관한 의사표시를 할 수 있는 권한이 없다.

**문제풀이**   S·O·L·U·T·I·O·N

① 보험대리상이 아니면서 특정한 보험자를 위하여 계속적으로 보험계약의 체결을 중개하는 자는 보험료수령권(보험자가 작성한 영수증을 보험계약자에게 교부하는 경우만 해당) 및 보험증권교부권은 인정되지만 의사표시권 및 의사표시수령권은 인정되지 않는다.

정답 ①

**07** 보험설계사가 가진 상법상 권한으로 옳은 것은? <제10회>

① 보험계약자로부터 고지에 관한 의사표시를 수령할 수 있는 권한
② 보험계약자에게 영수증을 교부하지 않고 보험료를 수령할 수 있는 권한
③ 보험자가 작성한 보험증권을 보험계약자에게 교부할 수 있는 권한
④ 보험계약자로부터 통지에 관한 의사표시를 수령할 수 있는 권한

**문제풀이** S·O·L·U·T·I·O·N

③ 보험대리상이 아니면서 특정한 보험자를 위하여 계속적으로 보험계약의 체결을 중개하는 자(보험설계사)는 보험계약자로부터 보험료를 수령할 수 있는 권한(보험자가 작성한 영수증을 보험계약자에게 교부하는 경우만 해당) 및 보험자가 작성한 보험증권을 보험계약자에게 교부할 수 있는 권한만 있다.

정답 ③

**08** 상법상 보험계약관계자에 관한 설명으로 옳지 <u>않은</u> 것은? <제10회>

① 손해보험의 보험자는 보험사고가 발생한 경우 보험금 지급의무를 지는 자이다.
② 손해보험의 보험계약자는 자기명의로 보험계약을 체결하고 보험료 지급의무를 지는 자이다.
③ 손해보험의 피보험자는 피보험이익의 주체로서 보험사고가 발생한 때에 보험금을 받을 자이다.
④ 손해보험의 보험수익자는 보험사고가 발생한 때에 보험금을 지급받을 자로 지정된 자이다.

**문제풀이** S·O·L·U·T·I·O·N

④ 보험수익자는 손해보험이 아닌 인보험에서 보험사고가 발생한 때에 보험금을 지급받을 자로 지정된 자이다.

정답 ④

**09** 보험계약의 당사자 및 관계자에 관한 설명으로 옳은 것은?

① 보험중개사는 보험자의 사용인이나 대리인이면서 보험자와 보험계약자 사이의 보험계약 체결을 중개하는 것을 영업으로 하는 독립된 상인이다.

② 보험계약의 당사자에는 보험자, 보험계약자, 피보험자, 보험수익자가 있다.

③ 보험계약자가 대리인에 의하여 보험계약을 체결한 경우에 대리인이 안 사유는 그 보험계약자가 안 것과 동일한 것으로 한다.

④ 보험설계사는 보험자에게 종속되어 보험자를 위하여 보험계약의 체결을 중개하는 자이며, 보험료수령권 및 고지수령권을 가지고 있다.

**문제풀이** S·O·L·U·T·I·O·N

① 보험중개사는 '특정 보험자'를 위하여 보험계약 체결을 중개 또는 대리하는 보험설계사, 보험대리상과 달리 불특정 다수의 보험회사별로 상이한 보험상품에 대해 보험계약자 사이의 보험계약 체결을 중개하는 것을 영업으로 하는 독립된 상인이다.

② 보험계약의 당사자는 보험자 및 보험계약자이고, 피보험자, 보험수익자는 보험계약의 이해관계자에 해당한다.

④ 보험설계사는 보험대리상이 아니면서 '특정 보험자'를 위하여 계속적으로 보험계약의 체결을 중개하는 자(제646조의2 제3항)로서, 보험증권교부권과 보험료수령권(보험자가 작성한 영수증을 보험계약자에게 교부하는 경우에 한함)이 있다.

정답 ③

**10** 보험사고의 객관적 확정의 효과에 관한 설명으로 옳은 것은? <제6회>

① 보험계약당시에 보험사고가 이미 발생하였더라도 그 계약은 무효로 하지 않는다.

② 보험계약당시에 보험사고가 발생할 수 없는 것이라도 그 계약은 무효로 하지 않는다.

③ 보험계약당시에 보험사고가 이미 발생하였지만 보험수익자가 이를 알지 못한 때에는 그 계약은 무효로 하지 않는다.

④ 보험계약당시에 보험사고가 발생할 수 없는 것이었지만 당사자 쌍방과 피보험자가 그 사실을 몰랐다면 그 계약은 무효로 하지 않는다.

**문제풀이** S·O·L·U·T·I·O·N

보험계약당시에 보험사고가 이미 발생하였거나 또는 발생할 수 없는 것인 때에는 그 계약은 무효로 한다. 그러나 당사자 쌍방과 피보험자가 이를 알지 못한 때에는 그러하지 아니하다(제644조).

정답 ④

**11** **보험계약에 관한 설명으로 옳지 <u>않은</u> 것은?**  <제4회>

① 보험계약 당사자 쌍방과 피보험자가 보험계약 당시 보험사고가 발행할 수 없는 것임을 알고 있었던 때에는 그 계약은 무효로 한다.

② 대리인에 의하여 보험계약을 체결한 경우에 대리인이 안 사유는 그 본인이 안 것과 동일한 것으로 한다.

③ 보험계약은 그 계약전의 어느 시기를 보험기간의 시기로 할 수 있다.

④ 보험계약당시에 보험사고가 이미 발생한 때에는 당사자 쌍방과 피보험자가 이를 알지 못한 때에도 그 계약은 무효이다.

**문제풀이** S·O·L·U·T·I·O·N

보험계약당시에 보험사고가 이미 발생한 때에는 당사자 쌍방과 피보험자가 이를 알지 못한 때에도 그 계약은 유효하다(제644조).

정답 ④

**12** **상법상 보험사고 등에 관한 설명으로 옳지 <u>않은</u> 것은?**  <제9회>

① 보험계약은 그 계약전의 어느 시기를 보험기간의 시기(始期)로 할 수 있다.

② 보험계약 당시에 보험사고가 발생할 수 없음이 객관적으로 확정된 경우 당사자 쌍방과 피보험자가 이를 알았는지 여부에 관계없이 그 계약은 무효로 한다.

③ 자기를 위한 보험계약에서 보험사고가 발생하기 전에는 언제든지 보험계약자는 계약의 전부 또는 일부를 해지할 수 있다.

④ 피보험자는 보험사고의 발생을 안 때에는 지체없이 보험자에게 그 통지를 발송하여야 한다.

**문제풀이** S·O·L·U·T·I·O·N

② 보험계약당시에 보험사고가 이미 발생하였거나 또는 발생할 수 없는 것인 때에는 그 계약은 무효로 한다. 그러나 당사자 쌍방과 피보험자가 이를 알지 못한 때에는 그러하지 아니하다.

정답 ②

**13** 상법상 보험사고에 관한 설명으로 옳지 <u>않은</u> 것은? <제10회>

① 보험계약당시에 보험사고가 이미 발생하였거나 또는 발생할 수 없는 것인 때에는 그 계약은 무효로 한다.

② 보험계약당시에 보험사고가 발생할 수 없는 것이었지만 당사자 쌍방과 피보험자가 이를 알지 못한 때에는 그 계약은 유효하다.

③ 보험사고의 발생으로 보험자가 보험금액을 지급한 때에도 보험금액이 감액되지 아니하는 보험의 경우에는 보험계약자는 그 사고발생 후에도 보험계약을 해지할 수 있다.

④ 보험사고가 발생하기 전에 보험계약을 해지한 보험계약자는 미경과보험료의 반환을 청구할 수 없다.

**문제풀이** SOLUTION

④ 보험사고가 발생하기 전 보험계약자가 임의해지 한 경우 보험계약자는 당사자 간에 다른 약정이 없으면 미경과보험료의 반환을 청구할 수 있다.(제649조 제3항)

정답 ④

**14** 상법상 보험사고에 관한 설명으로 옳은 것은? <제11회>

① 보험사고의 발생으로 보험자가 보험금액을 지급한 때에도 보험금액이 감액되지 아니하는 보험의 경우에는 보험계약자가 그 사고발생 후에 보험계약을 해지할 수 없다.

② 보험계약 당시에 보험사고가 이미 발생하였음을 보험계약자가 알고 있었다면 그 계약은 무효로 한다.

③ 보험계약 당시에 보험사고가 객관적으로 발생할 수 없음을 보험계약자와 보험자가 몰랐다면, 피보험자가 이를 알았더라도 그 계약은 무효로 볼 수 없다.

④ 계약 전의 어느 시기를 보험기간의 시기(始期)로 한 보험계약은 무효이다.

**문제풀이** SOLUTION

① 보험사고의 발생으로 보험자가 보험금액을 지급한 때에도 보험금액이 감액되지 아니하는 보험의 경우에는 보험계약자는 그 사고발생 후에도 보험계약을 해지할 수 있다.

②③ 보험계약 당시에 보험사고가 이미 발생하였거나 또는 발생할 수 없는 것인 때에는 그 계약은 무효로 한다. 그러나 당사자 쌍방과 피보험자가 이를 알지 못한 때에는 그러하지 아니하다.

④ 보험계약은 그 계약 전의 어느 시기를 보험기간의 시기로 할 수 있다.

정답 ②

## CHAPTER 03 　보험계약의 체결

**01 다음 설명 중 옳은 것은?** 　　　　　　　　　　　　　　　　　　　　　　　<제5회>

① 손해보험계약의 보험자가 보험계약의 청약과 함께 보험료 상당액의 전부를 지급 받은 때에는 다른 약정이 없으면 2주 이내에 낙부의 통지를 발송하여야 한다.

② 손해보험계약의 보험자가 보험계약의 청약과 함께 보험료 상당액의 일부를 지급 받은 때에 상법이 정한 기간 내에 낙부의 통지를 해태한 때에는 승낙한 것으로 추정한다.

③ 손해보험계약의 보험자가 보험계약의 청약과 함께 보험료 상당액의 전부를 지급 받은 때에 다른 약정이 없으면 상법이 정한 기간 내에 낙부의 통지를 해태한 때에는 승낙한 것으로 본다.

④ 손해보험계약의 보험자가 청약과 함께 보험료 상당액의 전부를 받은 경우에 언제나 보험계약상의 책임을 진다.

---

**문제풀이** 　S·O·L·U·T·I·O·N

① 2주 이내에 ⇨ 30일 이내　　② 추정한다 ⇨ 본다

④ 그 청약을 거절할 사유가 없는 한 보험자는 보험계약상의 책임을 진다.

정답 ③

---

**02 보험계약의 성립에 관한 설명으로 옳지 <u>않은</u> 것은?** 　　　　　　　　　　<제6회>

① 보험계약은 보험계약자의 청약과 이에 대한 보험자의 승낙으로 성립한다.

② 보험계약자로부터 청약을 받은 보험자는 보험료 지급여부와 상관없이 청약일로부터 30일 이내에 승낙의사표시를 발송하여야 한다.

③ 보험자의 승낙의사표시는 반드시 서면으로 할 필요는 없다.

④ 보험자가 보험계약자로부터 보험계약의 청약과 함께 보험료 상당액의 전부 또는 일부를 받은 경우에 그 청약을 승낙하기 전에 보험계약에서 정한 보험사고가 생긴 때에는 그 청약을 거절할 사유가 없는 한 보험자는 보험계약상의 책임을 진다.

---

**문제풀이** 　S·O·L·U·T·I·O·N

보험자가 보험계약자로부터 보험계약의 청약과 함께 보험료 상당액의 전부 또는 일부의 지급을 받은 때에는 다른 약정이 없으면 30일내에 그 상대방에 대하여 낙부의 통지를 발송하여야 한다(제638조의2 제1항).

정답 ②

**03 보험계약에 관한 설명으로 옳지 <u>않은</u> 것은?**     \<제7회\>

① 상법 보험편의 보험계약에 관한 규정은 그 성질에 반하지 아니하는 범위에서 상호보험에 준용한다.

② 보험계약은 보험자의 청약에 대하여 보험계약자가 승낙함으로써 성립한다.

③ 보험계약은 보험자의 보험금 지급책임이 우연한 사고의 발생에 달려 있으므로 사행계약의 성질을 갖는다.

④ 보험계약은 부합계약이다.

> **문제풀이**   S·O·L·U·T·I·O·N
>
> ② 보험계약은 보험계약자의 청약에 대하여 보험자가 승낙함으로써 성립한다.
>
> 정답 ②

**04 보험계약의 의의와 성립에 관한 설명으로 옳지 <u>않은</u> 것은?**     \<제6회\>

① 보험계약의 성립은 특별한 요식행위를 요하지 않는다.

② 보험계약의 사행계약성으로 인하여 상법은 도덕적 위험을 방지하고자 하는 다수의 규정을 두고 있다.

③ 보험자가 상법에서 정한 낙부통지 기간 내에 통지를 해태한 때에는 청약을 거절한 것으로 본다.

④ 보험계약은 쌍무·유상계약이다.

> **문제풀이**   S·O·L·U·T·I·O·N
>
> ③ 낙부통지 기간 내에 통지를 해태한 때에는 승낙한 것으로 본다(제638조의2 제2항).
>
> 정답 ③

**05** 소급보험에 관한 설명으로 옳은 것은?

① 보험계약자가 소급기간 내에 사고가 발생한 것을 알고서 계약을 체결한 경우라도 보험계약의 효력은 발생한다.

② 소급보험의 경우 보험료 선급의 원칙이 적용되지 않는다.

③ 소급보험은 보험계약기간이 보험기간보다 장기이다.

④ 소급보험은 보험계약의 성립 이전의 일정한 시기를 보험기간의 시기로 한다.

**문제풀이** S·O·L·U·T·I·O·N

① 보험계약에서는 보험사고의 불확정성을 요구하므로 이미 사고가 발생한 때에는 그 보험계약의 효력을 인정할 수 없으나, 주관적으로 불확정하면 되므로 소급보험이 인정될 수 있으나 피보험자나 당사자 중 1인이라도 보험계약의 체결 시 보험사고의 발생을 안 경우 그 계약은 무효이다(제644조).

② 보험자의 위험부담책임은 당사자 간에 다른 약정이 없으면 '최초의 보험료의 지급을 받은 때'로부터 개시된다(제656조). 따라서 보험사고가 보험기간 내에 발생하더라도 보험료를 지급하기 전이라면 보험자는 보험금 지급책임이 없다.

③ 소급보험은 보험기간이 보험계약기간보다 장기이다.

정답 ④

**06** 상법상 보험자가 보험계약자로부터 손해보험계약의 청약과 함께 보험료 상당액의 전부 또는 일부를 받은 경우 이 보험계약에 관한 설명으로 옳지 <u>않은</u> 것은?  <제9회>

① 보험계약은 낙성계약이므로 보험자가 승낙하면 성립한다.

② 다른 약정이 없으면 보험자는 30일내에 보험계약자에 대하여 낙부의 통지를 발송하여야 한다.

③ 보험자가 상법이 정하는 낙부의 통지기간내에 그 통지를 해태한 때에는 승낙한 것으로 본다.

④ 승낙하기 전에 발생한 보험사고에 대해서 청약을 거절할 사유가 있더라도 보험자는 보험계약상의 책임을 진다.

**문제풀이** S·O·L·U·T·I·O·N

④ 보험자가 보험계약자로부터 보험계약의 청약과 함께 보험료 상당액의 전부 또는 일부를 받은 경우에 그 청약을 승낙하기 전에 보험계약에서 정한 보험사고가 생긴 때에는 그 청약을 거절할 사유가 없는 한 보험자는 보험계약상의 책임을 진다(제638조의2 3항).

정답 ④

**07** 보험계약의 성립 또는 보험자의 보상책임에 관한 상법의 규정으로 옳지 <u>않은</u> 것은?

① 낙부통지의무는 계약자의 청약이 있고 보험료 상당액의 전부 또는 일부의 지급이 있으면 보험자가 상법이 정한 기간 내에 낙부의 통지를 해야 할 의무를 말한다.

② 승낙의제제도는 보험자가 낙부의 통지를 해태할 경우 계약을 거절한 것으로 보는 제도이다.

③ 초회보험료의 지급과 함께 보험계약의 청약을 하였으나 보험자가 승낙하기 전에 보험사고가 발생한 경우, 보험계약자의 청약을 거절할 사유가 없다면 보험자는 보상책임을 부담한다.

④ 인보험 중 신체검사를 받아야 하는 경우에는 신체검사를 받지 않으면 승낙전 사고담보제도에 따른 보험자의 보상책임은 없다.

**문제풀이** S·O·L·U·T·I·O·N

② 보험자가 해당 기간 내에 승낙여부의 통지를 해태하여 보험계약자 측에 발송하지 않으면 승낙한 것으로 본다(제638조의2 제2항).

정답 ②

**08** 상법상 보험약관의 교부·설명의무에 관한 설명으로 옳지 <u>않은</u> 것은?  <제3회>

① 상법에 따르면 약관에 없는 사항은 비록 보험계약상 중요한 내용일지라도 설명할 의무가 없다.

② 보험자가 해당 보험계약 약관의 중요사항을 충분히 설명한 경우에도 해당 보험계약의 약관을 교부하여야 한다.

③ 보험자가 보험증권을 교부한 경우에는 따로 보험약관을 교부하지 않아도 된다.

④ 보험자가 보험약관의 교부·설명의무를 위반한 경우 보험계약자는 보험계약이 성립한 날부터 3개월 이내에 그 계약을 취소할 수 있다.

**문제풀이** S·O·L·U·T·I·O·N

③ 보험자는 보험증권의 교부와 상관없이 보험계약을 체결할 때에 보험계약자에게 보험약관을 교부하여야 한다(제638조의3).

정답 ③

**09** 상법상 보험약관의 교부·설명의무에 관한 내용으로 옳은 것은? (다툼이 있으면 판례에 따름)

<제5회>

① 보험약관이 계약당사자에 대하여 구속력을 갖는 것은 계약당사자 사이에서 계약내용에 포함시키기로 합의하였기 때문이다.
② 보험계약이 성립한 후 3월 이내에 보험계약자는 보험자의 보험약관 교부·설명의무 위반을 이유로 그 계약을 철회할 수 있다.
③ 보험자의 보험약관 교부·설명의무 위반시 보험계약자는 해당 계약을 소급해서 무효로 할 수 있는데, 그 권리의 행사시점은 보험사고 발생시부터이다.
④ 보험자는 보험계약을 체결한 후에 보험계약자에게 중요한 사항을 설명하여야 한다.

**문제풀이** S·O·L·U·T·I·O·N

② 취소할 수 있다.
③ 보험계약이 성립한 날부터 3개월 이내에 그 계약을 취소할 수 있다.
④ 보험계약을 체결할 때에 보험계약자에게 중요한 사항을 설명하여야 한다.

정답 ①

**10** 보험약관의 교부·설명의무에 관한 설명으로 옳은 것을 모두 고른 것은?

<제2회>

> ㄱ. 보험약관에 기재되어 있는 보험료와 그 지급방법, 보험자의 면책사유는 보험자가 보험계약을 체결할 때 보험계약자에게 설명하여야 하는 중요한 내용에 해당한다.
> ㄴ. 보험자는 보험계약이 성립하면 지체없이 보험약관을 보험계약자에게 교부하여야 하나, 그 보험계약자가 보험료의 전부나 최초 보험료를 지급하지 아니한 때에는 보험약관을 교부하지 않아도 된다.
> ㄷ. 보험계약이 성립한 날로부터 2개월이 경과한 시점이라면 보험자가 상법상 보험약관의 교부·설명의무를 위반한 경우에도 그 계약을 취소할 수 없다.

① ㄱ      ② ㄷ      ③ ㄱ, ㄴ      ④ ㄴ, ㄷ

**문제풀이** S·O·L·U·T·I·O·N

ㄴ. 보험약관 ⇨ 보험증권
ㄷ. 보험계약이 성립한 날로부터 2개월이 경과한 시점이라면 취소할 수 있다(3개월 이내에 취소할 수 있으므로).

정답 ①

**11** 보험약관의 교부·설명의무에 관한 설명으로 옳은 것을 모두 고른 것은? (다툼이 있으면 판례에 따름)

<제4회>

> ㄱ. 고객이 약관의 내용을 충분히 잘 알고 있는 경우에는 보험자가 고객에게 그 약관의 내용을 따로 설명하지 않아도 되나, 그러한 따로 설명할 필요가 없는 특별한 사정은 이를 주장하는 보험자가 입증하여야 한다.
> ㄴ. 약관에 정하여진 중요한 사항이라면 설사 거래상 일반적이고 공통된 것이 어서 보험계약자가 별도의 설명 없이도 충분히 예상할 수 있었던 사항이라 할지라도 보험자는 설명의무를 부담한다.
> ㄷ. 약관의 내용이 이미 법령에 의하여 정하여진 것을 되풀이 하는 것에 불과한 경우에는 고객에게 이를 따로 설명하지 않아도 된다.

① ㄱ      ② ㄱ, ㄴ      ③ ㄱ, ㄷ      ④ ㄱ, ㄴ, ㄷ

**문제풀이** S·O·L·U·T·I·O·N

ㄴ. 보험약관에 정하여진 사항이 거래상 일반적이고 공통된 것이어서 보험계약자가 별도의 설명 없이도 충분히 예상할 수 있었던 사항인 경우에는 설명의무가 발생하지 않는다(대판 2001. 7. 27.선고 99다55533).

정답 ③

**12** 보험약관에 관한 설명으로 옳은 것을 모두 고른 것은? (다툼이 있으면 판례에 따름)      <제7회>

> ㄱ. 보통 보험약관이 계약당사자에 대하여 구속력을 가지는 것은 보험계약 당사자 사이에서 계약내용에 포함시키기로 합의하였기 때문이다.
> ㄴ. 보험자가 약관의 교부·설명 의무를 위반한 경우에 보험계약이 성립한 날부터 3개월 이내에는 피보험자 또는 보험수익자도 그 계약을 해지할 수 있다.
> ㄷ. 약관의 내용이 이미 법령에 의하여 정하여진 것을 되풀이 하는 정도에 불과한 경우, 보험자는 고객에게 이를 따로 설명하지 않아도 된다.

① ㄱ, ㄴ      ② ㄱ, ㄷ      ③ ㄴ, ㄷ      ④ ㄱ, ㄴ, ㄷ

**문제풀이** S·O·L·U·T·I·O·N

ㄴ. 보험자가 약관의 교부·설명 의무를 위반한 경우에 보험계약자는 보험계약이 성립한 날부터 3개월 이내에 그 계약을 취소할 수 있다.

정답 ②

**13** 甲보험회사의 화재보험 약관에는 보험계약자에게 설명해야 하는 중요한 내용을 포함하고 있으나 甲회사가 이를 설명하지 않고 보험계약을 체결하였다. 이에 관한 설명으로 옳지 **않은** 것은? (다툼이 있으면 판례에 따름)  <제8회>

① 보험계약이 성립한 날로부터 1개월이 된 시점이라면 보험계약자는 보험계약을 취소할 수 있다.

② 甲보험회사는 화재보험약관을 보험계약자에게 교부해야 한다.

③ 보험계약이 성립한 날로부터 4개월이 된 시점이라면 보험계약자는 보험계약을 취소할 수 없다.

④ 보험계약자가 보험계약을 취소하지 않았다면 甲보험회사는 중요한 약관조항을 계약의 내용으로 주장할 수 있다.

**문제풀이** ─ S·O·L·U·T·I·O·N ─

④ 보험자가 설명의무를 위반한 경우, 그 약관 내용을 보험계약의 내용으로 주장할 수 없다.(대판 2003다35611)

정답 ④

**14** 가계보험의 약관조항으로 허용될 수 있는 것은?  <제5회>

① 약관설명의무 위반시 계약 성립일부터 1개월 이내에 보험계약자가 계약을 취소할 수 있도록 한 조항

② 보험증권의 교부가 있은 날로부터 2주 내에 한하여 그 증권내용의 정부에 관한 이의를 할 수 있도록 한 조항

③ 해지환급금을 반환한 경우에도 그 계약의 부활을 청구할 수 있도록 한 조항

④ 고지의무를 위반한 사실이 보험사고 발생에 영향을 미치지 아니하였음이 증명된 경우에도 보험자의 보험금지급 책임을 면하도록 한 조항

**문제풀이** ─ S·O·L·U·T·I·O·N ─

① 3개월 이내에 그 계약을 취소할 수 있다고 규정하고 있어 1개월 이내에 계약을 취소할 수 있도록 한 조항은 보험계약자에게 불리하므로 허용될 수 없다.

② 증권내용의 정부에 관한 이의를 할 수 있는 기간은 1월을 내리지 못한다고 규정하고 있으므로 2주 내로 한 조항은 보험계약자에게 불리하므로 허용될 수 없다.

④ 고지의무를 위반한 사실이 보험사고 발생에 영향을 미치지 아니하였음이 증명된 경우에는 보험금지급 책임이 있으므로 보험자의 보험금지급 면책조항은 보험계약자에게 불리하므로 허용될 수 없다.

정답 ③

**15** 상법상 보험계약의 체결에 관한 설명으로 옳은 것은? <제10회>

① 보험계약은 청약과 승낙에 의한 합의와 보험증권의 교부로 성립한다.

② 기존의 보험계약을 연장하거나 변경한 경우에는 보험자는 그 보험증권에 그 사실을 기재함으로써 보험증권의 교부에 갈음할 수 있다.

③ 보험자는 보험계약이 성립된 후 보험계약자에게 보험약관을 교부하고 그 약관의 중요한 내용을 설명하여야 한다.

④ 보험자가 보험계약자로부터 보험계약의 청약과 함께 보험료 상당액의 전부 또는 일부의 지급을 받을 때에는 계약이 성립한 것으로 본다.

**문제풀이** S·O·L·U·T·I·O·N

① 보험계약은 보험계약자의 청약에 대하여 보험자가 승낙함으로써 성립한다.

③ 보험자는 보험계약을 체결할 때에 보험계약자에게 보험약관을 교부하고 그 약관의 중요한 내용을 설명하여야 한다.

④ 보험자가 보험계약자로부터 보험계약의 청약과 함께 보험료 상당액의 전부 또는 일부의 지급을 받은 때에는 다른 약정이 없으면 30일 내에 그 상대방에 대하여 낙부의 통지를 발송함으로써 승낙을 하여야 성립한다.

정답 ②

**16** 보험약관의 조항 중 그 효력이 인정되지 <u>않는</u> 것은? <제1회>

① 보험계약체결일 기준 1월 전부터 보험기간이 시작되기로 하는 조항

② 보험증권교부일로부터 2월 이내에 증권내용에 이의를 할 수 있도록 하는 조항

③ 약관설명의무 위반 시 보험계약자가 1월 이내에 계약을 취소할 수 있도록 하는 조항

④ 보험계약자의 보험료 반환청구권의 소멸시효기간을 3년으로 하는 조항

**문제풀이** S·O·L·U·T·I·O·N

3개월 이내에 그 계약을 취소할 수 있다고 규정하고 있어 1개월 이내에 계약을 취소할 수 있도록 한 조항은 보험계약자에게 불리하므로 허용될 수 없다.

정답 ③

**17** 다음 괄호 안에 들어 갈 말은?

> 상법상 보험증권 기재사항은 (　　　　　　　)의 법정기재사항을 기본으로 하고 각 보험종목별 기재사항을 추가하는 형식으로 되어 있다.

① 손해보험증권
② 화재보험증권
③ 해상보험증권
④ 인보험증권

**문제풀이** SOLUTION

① 화재보험증권에는 제666조(손해보험증권)에 게기한 사항 외에 다음의 사항을 기재하여야 한다(제685조).

정답 ①

**18** 상법상 손해보험증권에 기재되어야 하는 사항으로 옳은 것은 모두 몇 개인가?　　〈제8회〉

> • 보험수익자의 주소, 성명 또는 상호
> • 보험사고의 성질
> • 무효의 사유
> • 보험금액

① 1개
② 2개
③ 3개
④ 4개

**문제풀이** SOLUTION

**[손해보험증권 기재사항(제666조)]**
1. 보험의 목적
2. 보험사고의 성질
3. 보험금액
4. 보험료와 그 지급방법
5. 보험기간을 정한 때에는 그 시기와 종기
6. 무효와 실권의 사유
7. 보험계약자의 주소와 성명 또는 상호
7의2. 피보험자의 주소, 성명 또는 상호
8. 보험계약의 연월일
9. 보험증권의 작성지와 그 작성년월일

정답 ③

**19** 손해보험증권의 법정기재사항이 <u>아닌</u> 것은?　　　　　　　　　　　　　　　　　<제6회>

① 보험의 목적　　　　　　　　　　　② 보험금액
③ 보험료의 산출방법　　　　　　　　④ 무효와 실권의 사유

**문제풀이**　S·O·L·U·T·I·O·N

보험료와 그 지급방법이 기재사항이다.

정답 ③

**20** 상법상 손해보험증권에 기재하여야 할 사항으로 옳은 것은?　　　　　　　　　　<제11회>

① 청약철회 사유　　　　　　　　　　② 보험료의 계산방법
③ 보험자의 면책에 관한 사항　　　　④ 보험사고의 성질

**문제풀이**　S·O·L·U·T·I·O·N

① 청약철회 사유, ② 보험료의 계산방법, ③ 보험자의 면책에 관한 사항은 손해보험증권에 기재하여야 할 사항이
아니다.

정답 ④

**21** 상법상 손해보험증권에 관한 설명으로 옳지 <u>않은</u> 것은?　　　　　　　　　　<제9회>

① 보험사고의 성질을 기재하여야 한다.
② 보험증권의 작성지를 기재하여야 한다.
③ 보험계약자가 기명날인하여야 한다.
④ 무효와 실권의 사유를 기재하여야 한다.

**문제풀이**　S·O·L·U·T·I·O·N

손해보험증권은 보험자가 기명날인 또는 서명하여야 한다(제666조).

정답 ③

**22** 상법상 보험에 관한 설명으로 옳은 것은? <제7회>

① 보험증권의 멸실로 보험계약자가 증권의 재교부를 청구한 경우 증권의 작성비용은 보험자의 부담으로 한다.
② 보험기간의 시기는 보험계약 이후로만 하여야 한다.
③ 보험계약 당시에 보험사고가 이미 발생하였을 경우 당사자 쌍방과 피보험자가 이를 알지 못하였어도 그 계약은 무효이다.
④ 보험계약의 당사자는 보험증권의 교부가 있은 날로부터 일정한 기간내에 한하여 그 증권 내용의 정부(正否)에 관한 이의를 할 수 있음을 약정할 수 있다.

**문제풀이** S·O·L·U·T·I·O·N

① 보험자 ⇨ 보험계약자
② 보험계약은 그 계약 전의 어느 시기를 보험기간의 시기로 할 수 있다(제643조).
③ 보험계약 당시에 보험사고가 이미 발생하였을 경우 당사자 쌍방과 피보험자가 이를 알지 못한 때에는 그 계약은 유효이다(제644조 단서).

정답 ④

**23** (    )에 들어갈 내용이 순서대로 올바르게 연결된 것은? <제2회>

ㄱ. 보험자가 보험계약자로부터 보험계약의 청약과 함께 보험료 상당액의 전부 또는 일부의 지급을 받은 때에는 다른 약정이 없으면 (    ) 그 상대방에 대하여 낙부의 통지를 발송하여야 한다.
ㄴ. 보험자가 보험약관의 교부·설명 의무를 위반한 경우 보험계약자는 보험계약이 성립한 날부터 (    ) 그 계약을 취소할 수 있다.
ㄷ. 보험자는 보험계약이 성립한 때에는 (    ) 보험증권을 작성하여 보험계약자에게 교부하여야 한다.

① 30일 내에 – 3개월 이내에 – 지체없이
② 30일 내에 – 30일 내에 – 지체없이
③ 지체없이 – 3개월 이내에 – 30일 내에
④ 지체없이 – 30일 내에 – 30일 내에

**문제풀이** S·O·L·U·T·I·O·N

30일 내에(제638조의2), 3개월 이내에(제638조의3), 지체없이(제640조)

정답 ①

**24** 보험증권의 교부에 관한 내용으로 옳은 것을 모두 고른 것은? <제6회>

> ㄱ. 보험계약이 성립하고 보험계약자가 최초의 보험료를 지급했다면 보험자는 지체없이 보험증권을 작성하여 보험계약자에게 교부하여야 한다.
> ㄴ. 보험증권을 현저하게 훼손한 때에는 보험계약자는 보험증권의 재교부를 청구할 수 있다. 이 경우에 증권작성비용은 보험자의 부담으로 한다.
> ㄷ. 기존의 보험계약을 연장한 경우에는 보험자는 그 사실을 보험증권에 기재하여 보험증권의 교부에 갈음할 수 있다.

① ㄱ, ㄴ      ② ㄱ, ㄷ      ③ ㄴ, ㄷ      ④ ㄱ, ㄴ, ㄷ

**문제풀이** SOLUTION

ㄴ. 보험증권을 멸실 또는 현저하게 훼손한 때에는 보험계약자는 보험자에 대하여 증권의 재교부를 청구할 수 있다. 그 증권작성의 비용은 보험계약자의 부담으로 한다(제642조)

정답 ②

**25** 상법상 보험증권에 관한 설명으로 옳은 것은? <제8회>

① 보험계약자가 보험증권을 멸실한 경우에는 보험자에 대하여 증권의 재교부를 청구할 수 있으며, 그 증권 작성의 비용은 보험계약자가 부담한다.
② 기존의 보험계약을 변경한 경우 보험자는 그 보험증권에 그 사실을 기재함으로써 보험증권의 교부에 갈음할 수 없다.
③ 타인을 위한 보험계약이 성립된 경우에는 보험자는 그 타인에게 보험증권을 교부해야 한다.
④ 보험계약자가 최초의 보험료를 지급하지 아니한 경우에도 보험계약이 성립한 때에는 보험자는 지체없이 보험증권을 작성하여 보험계약자에게 교부하여야 한다.

**문제풀이** SOLUTION

② 갈음할 수 있다.
③ 타인을 위한 보험계약의 경우에도 보험증권은 보험계약에게 교부해야 한다.
④ 보험계약자가 보험료의 전부 또는 최초의 보험료를 지급하지 아니한 때에는 그러하지 아니하다(제640조 제1항).

정답 ①

**26** 보험증권에 관한 설명으로 옳지 <u>않은</u> 것은?  <제5회>

① 보험자는 보험계약이 성립한 때에는 지체없이 보험증권을 작성하여 보험계약자에게 교부하여야 한다. 그러나 보험계약자가 보험료의 전부 또는 최초의 보험료를 지급하지 아니한 때에는 그러하지 아니하다.

② 기존의 보험계약을 연장하거나 변경한 경우에 보험자는 그 보험증권에 그 사실을 기재함으로써 보험증권의 교부에 갈음할 수 없다.

③ 보험계약의 당사자는 보험증권의 교부가 있은 날로부터 일정한 기간내에 한하여 그 증권내용의 정부에 관한 이의를 할 수 있음을 약정할 수 있다. 이 기간은 1월을 내리지 못한다.

④ 보험증권을 멸실 또는 현저하게 훼손한 때에는 보험계약자는 보험자에 대하여 증권의 재교부를 청구할 수 있다. 그 증권작성의 비용은 보험계약자의 부담으로 한다.

**문제풀이**  SOLUTION

기존의 보험계약을 연장하거나 변경한 경우에 보험자는 그 보험증권에 그 사실을 기재함으로써 보험증권의 교부에 갈음할 수 있다.

정답 ②

**27** 상법상 보험증권에 관한 설명으로 옳은 것은?  <제9회>

① 기존의 보험계약을 변경한 경우 보험자는 그 보험증권에 그 사실을 기재함으로써 보험증권의 교부에 갈음할 수 있다.

② 보험자는 보험계약자의 청약이 있는 경우 보험료의 지급 여부와 상관없이 지체없이 보험증권을 작성하여 보험계약자에게 교부하여야 한다.

③ 보험계약의 당사자는 보험증권의 교부가 있은 날부터 14일내에 한하여 그 증권내용의 정부(正)에 관한 이의를 할 수 있음을 약정할 수 있다.

④ 보험계약자가 보험증권을 멸실한 경우 보험계약자는 보험자에게 증권의 재교부를 청구할 수 있으며, 그 증권작성의 비용은 보험자의 부담으로 한다.

**문제풀이**  SOLUTION

② 보험자는 보험계약이 성립한 때에는 지체없이 보험증권을 작성하여 보험계약자에게 교부하여야 하나 보험계약자가 보험료의 전부 또는 최초의 보험료를 지급하지 아니한 때에는 그러하지 아니하다.

③ 보험계약의 당사자는 보험증권의 교부가 있은 날로부터 일정한 기간 내에 한하여 그 증권내용의 정부에 관한 이의를 할 수 있음을 약정할 수 있고, 이 기간은 1월을 내리지 못한다.

④ 증권작성의 비용은 보험계약자의 부담으로 한다.

정답 ①

**28** 상법상 보험증권에 관한 설명으로 옳지 <u>않은</u> 것은? <제10회>

① 타인을 위한 보험계약이 성립된 경우에는 보험자는 그 타인에게 보험증권을 교부해야 한다.

② 보험계약의 당사자는 보험증권의 교부가 있은 날로부터 일정한 기간내에 한하여 그 증권 내용의 정부(正否) 관한 이의를 할 수 있음을 약정할 수 있다. 이 기간은 1월을 내리지 못한다.

③ 보험증권을 멸실 또는 현저하게 훼손한 때에는 보험계약자는 보험자에 대하여 증권의 재교부를 청구할 수 있고, 그 증권작성의 비용은 보험계약자의 부담으로 한다.

④ 보험자는 보험계약이 성립한 때에는 지체없이 보험증권을 작성하여 보험계약자에게 교부하여야 한다.

**문제풀이** SOLUTION

① 타인을 위한 보험계약이 성립된 경우라도 보험증권은 계약 당사자인 보험계약자에게 교부하여야 한다.

정답 ①

**29** 상법상 보험증권에 관한 설명으로 옳은 것은? <제11회>

① 보험계약자가 최초의 보험료를 지급하지 아니한 때에도 보험자는 보험계약이 성립한 때에는 지체없이 보험증권을 작성하여 보험계약자에게 교부하여야 한다.

② 기존의 보험계약을 변경한 경우 보험자는 그 보험증권에 그 사실을 기재함으로써 보험증권의 교부에 갈음할 수 있다.

③ 보험계약의 당사자는 보험증권의 교부가 있은 날부터 14일 기간 내에 한하여 그 증권 내용의 정부에 관한 이의를 할 수 있음을 약정할 수 있다.

④ 보험계약자가 보험증권을 현저하게 훼손하여 증권의 재교부를 청구한 경우 그 비용은 보험자가 부담하여야 한다.

**문제풀이** SOLUTION

① 보험자는 보험계약이 성립한 때에는 지체없이 보험증권을 작성하여 보험계약자에게 교부하여야 한다. 그러나 보험계약자가 보험료의 전부 또는 최초의 보험료를 지급하지 아니한 때에는 그러하지 아니하다.

③ 보험계약의 당사자는 보험증권의 교부가 있은 날로부터 일정한 기간 내에 한하여 그 증권 내용의 정부(正否)에 관한 이의를 할 수 있음을 약정할 수 있다. 이 기간은 1월을 내리지 못한다.

④ 보험증권을 멸실 또는 현저하게 훼손한 때에는 보험계약자는 보험자에 대하여 증권의 재교부를 청구할 수 있다. 그 증권작성의 비용은 보험계약자의 부담으로 한다.

정답 ②

**30** 타인을 위한 보험에 관한 설명으로 옳은 것은? <제6회>

① 보험계약자는 위임을 받아야만 특정한 타인을 위하여 보험계약을 체결할 수 있다.
② 타인을 위한 손해보험계약의 경우에 보험계약자는 그 타인의 서면위임을 받아야만 보험자와 계약을 체결할 수 있다.
③ 타인을 위한 손해보험계약의 경우에 보험계약자가 그 타인에게 보험사고의 발생으로 생긴 손해의 배상을 한 때에는 타인의 권리를 해하지 않는 범위 내에서 보험자에게 보험금액의 지급을 청구할 수 있다.
④ 타인을 위해서 보험계약을 체결한 보험계약자는 보험자에게 보험료를 지급할 의무가 없다.

**문제풀이** S·O·L·U·T·I·O·N

①② 타인의 위임을 받지 않고 보험자와 계약을 체결할 수 있다.
④ 보험계약자는 1차적으로 보험자에 대하여 보험료를 지급할 의무가 있다(제639조 제3항).

정답 ③

---

**31** 상법상 타인을 위한 보험에 관한 설명으로 옳지 <u>않은</u> 것을 모두 고른 것은? <제11회>

ㄱ. 보험계약자는 위임을 받지 아니하고 타인을 위하여 보험계약을 체결할 수 없다.
ㄴ. 타인을 위한 손해보험계약의 보험계약자가 그 타인에게 보험사고의 발생으로 생긴 손해의 배상을 한 때에는 보험계약자는 그 타인의 권리를 해하지 아니하는 범위 안에서 보험자에게 보험금액의 지급을 청구할 수 있다.
ㄷ. 보험계약자는 보험자에 대하여 보험료를 지급할 의무가 있다.
ㄹ. 보험계약자가 파산선고를 받은 경우에 그 타인은 자신의 보험상 권리의 포기 여부에 관계없이 보험료를 지급할 의무가 있다.

① ㄱ, ㄴ    ② ㄱ, ㄹ    ③ ㄴ, ㄷ    ④ ㄷ, ㄹ

**문제풀이** S·O·L·U·T·I·O·N

ㄱ. 보험계약자는 위임을 받거나 위임을 받지 아니하고 특정 또는 불특정의 타인을 위하여 보험계약을 체결할 수 있다.
ㄹ. 보험계약자가 파산선고를 받거나 보험료의 지급을 지체한 때에는 그 타인이 그 권리를 포기하지 아니하는 한 그 타인도 보험료를 지급할 의무가 있다.

정답 ②

**32** 타인을 위한 손해보험계약(보험회사 A, 보험계약자 B, 타인 C)에서 보험사고의 객관적 확정이 있는 경우 그 보험계약의 효력에 관한 설명으로 옳지 <u>않은</u> 것은? <제8회>

① 보험계약 당시에 보험사고가 이미 발생하였음을 B가 알고서 보험계약을 체결하였다면 그 계약은 무효이다.

② 보험계약 당시에 보험사고가 이미 발생하였음을 A와 B가 알았을지라도 C가 알지 못했다면 그 계약은 유효하다.

③ 보험계약 당시에 보험사고가 발생할 수 없음을 A가 알면서도 보험계약을 체결하였다면 그 계약은 무효이다.

④ 보험계약 당시에 보험사고가 발생할 수 없음을 A, B, C가 알지 못한 때에는 그 계약은 유효하다.

**문제풀이** SOLUTION

보험계약 당시에 보험사고가 이미 발생하였거나 또는 발생할 수 없는 것인 때에는 그 계약은 무효로 한다. 그러나 당사자 쌍방과 피보험자가 이를 알지 못한 때에는 그러하지 아니하다.(제644조) 따라서 C가 알지 못했더라도 A와 B가 알았더라면 그 계약은 무효로 한다.

정답 ②

**33** 타인을 위한 보험에 관한 설명으로 옳은 것은? <제7회>

① 보험계약자는 위임을 받지 아니하면 특정의 타인을 위하여 보험계약을 체결할 수 없다.

② 타인을 위한 보험계약의 경우에 그 타인은 수익의 의사표시를 하여야 그 계약의 이익을 받을 수 있다.

③ 보험계약자가 불특정의 타인을 위한 보험을 그 타인의 위임 없이 체결할 경우에는 이를 보험자에게 고지할 필요가 없다.

④ 타인을 위한 보험계약의 경우 보험계약자가 보험료의 지급을 지체한 때에는 그 타인이 그 권리를 포기하지 아니하는 한 그 타인도 보험료를 지급할 의무가 있다.

**문제풀이** SOLUTION

① 보험계약자는 위임을 받거나 위임을 받지 아니하고 특정 또는 불특정의 타인을 위하여 보험계약을 체결할 수 있다(제639조 제1항).
② 타인을 위한 보험계약의 경우에 그 타인은 당연히 그 계약의 이익을 받는다(제639조 제2항).
③ 보험계약자가 불특정의 타인을 위한 보험을 그 타인의 위임 없이 체결할 경우에는 이를 보험자에게 고지하여야 한다(제639조 제1항 후단).

정답 ④

**34** 상법상 특정한 타인(이하 "A"라고 함)을 위한 손해보험계약에 관한 설명으로 옳은 것은? <제8회>

① 보험계약자는 A의 동의를 얻지 아니하거나 보험증권을 소지하지 아니하면 그 계약을 해지하지 못한다.

② A가 보험계약에 따른 이익을 받기 위해서는 이익을 받겠다는 의사표시를 하여야 한다.

③ 보험계약자가 계속보험료의 지급을 지체한 때에는 보험자는 A에게 보험료 지급을 최고하지 않아도 보험계약을 해지할 수 있다.

④ 보험계약자가 A를 위해 보험계약을 체결하려면 A의 위임을 받아야 한다.

**문제풀이** S·O·L·U·T·I·O·N

② 타인은 당연히 그 계약의 이익을 받으므로(제639조 제2항 본문) 수익의 의사표시는 요건이 아니다.
③ 최고하여야 보험계약을 해지할 수 있다(제650조 제3항).
④ 보험계약자는 타인의 위임여부와 상관없이 타인을 위한 보험계약을 체결할 수 있다(제639조 제1항 본문).

정답 ①

**35** 상법상 타인을 위한 보험에 관한 설명으로 옳지 **않은** 것은? <제9회>

① 보험계약자는 보험자에 대하여 보험료를 지급할 의무가 있다.

② 보험계약자는 위임을 받지 아니하고 타인을 위하여 보험계약을 체결할 수 있다.

③ 타인은 계약 성립 시 특정되어야 한다.

④ 보험계약자가 파산선고를 받은 때에는 그 타인이 그 권리를 포기하지 아니하는 한 그 타인도 보험료를 지급할 의무가 있다.

**문제풀이** S·O·L·U·T·I·O·N

③ 보험계약자는 위임을 받거나 위임을 받지 아니하고 특정 또는 불특정의 타인을 위하여 보험계약을 체결할 수 있으므로 타인은 계약 성립 당시는 물론 계약 성립 후 사고발생 전에 특정되어도 무방하다(제639조 1항).

정답 ③

**36** B는 A의 위임을 받아 A를 위하여 자신의 명의로 보험자 C와 손해보험계약을 체결하였다. (단, B는 C에게 A를 위한 계약임을 명시하였고, A에게는 피보험이익이 존재함) 다음 설명으로 옳지 <u>않은</u> 것은? (다툼이 있으면 판례에 따름)  <제4회>

① A는 당연히 보험계약의 이익을 받는 자이므로, 특별한 사정이 없는 한 B의 동의 없이 보험금지급청구권을 행사할 수 있다.

② B가 파산선고를 받은 경우 A가 그 권리를 포기하지 아니하는 한 A도 보험료를 지급할 의무가 있다.

③ 만일 A의 위임이 없었다면 B는 이를 C에게 고지하여야 한다.

④ A는 위험변경증가의 통지의무를 부담하지 않는다.

> **문제풀이** SOLUTION
>
> A는 피보험자 또는 보험수익자이므로 사고발생의 위험이 현저하게 변경 또는 증가된 사실을 안 때에는 지체없이 보험자에게 통지하여야 한다(제652조 1항).
>
> 정답 ④

**37** 甲이 乙 소유의 농장에 대해 乙의 허락 없이 乙을 피보험자로 하여 A보험회사와 화재보험계약을 체결한 경우, 그 법률관계에 관한 설명으로 옳지 <u>않은</u> 것은?  <제10회>

① 보험계약 체결시 A보험회사가 서면으로 질문한 사항은 중요한 사항으로 추정한다.

② 보험사고가 발생하기 전에는 甲은 언제든지 계약의 전부 또는 일부를 해지할 수 있다.

③ 甲이 乙의 위임이 없음을 A보험회사에게 고지하지 않을 때에는 乙이 그 보험계약이 체결된 사실을 알지 못하였다는 사유로 A보험회사에게 대항하지 못한다.

④ 보험계약당시에 甲 또는 乙이 고의 또는 중대한 과실로 인하여 중요한 사항을 고지하지 아니하거나 부실의 고지를 한 때에는 A보험회사는 그 사실을 안 날로부터 1월내에, 계약을 체결한 날로부터 3년 내에 계약을 해지할 수 있다.

> **문제풀이** SOLUTION
>
> ② 타인을 위한 보험계약의 경우 보험계약자는 그 타인의 동의를 얻지 아니하거나 보험증권을 소지하지 아니하면 그 계약을 해지하지 못한다.(제649조 제1항 후단)
>
> 정답 ②

## CHAPTER 04 보험료

**01** 다음 (    ) 안에 들어갈 용어 중 순서대로 옳은 것은?

> 보험계약자는 계약체결 후 지체 없이 보험료의 전부 또는 제1회 보험료를 지급하여야 하며, 보험계약자가 이를 지급하지 아니하는 경우에는 다른 약정이 없는 한 계약성립 후 (       )이 경과하면 그 계약은 (       )된 것으로 (       ).

① 2월, 해제, 본다            ② 2월, 해지, 추정한다

③ 1월, 해제, 추정한다        ④ 1월, 해지, 본다

**문제풀이** SOLUTION

① 보험계약자는 계약체결 후 지체 없이 보험료의 전부 또는 제1회 보험료를 지급하여야 하며, 보험계약자가 이를 지급하지 아니하는 경우에는 다른 약정이 없는 한 계약성립 후 2월이 경과하면 그 계약은 해제된 것으로 본다(제650조 제1항).

정답 ①

**02** 보험자가 손해를 보상할 경우에 보험료의 지급을 받지 아니한 잔액이 있는 경우, 상법규정으로 옳은 것은?

<제5회>

① 보상할 금액을 전액 지급한 후 그 지급기일이 도래한 때 보험자는 잔액의 상환을 청구할 수 있다.

② 그 지급기일이 도래하지 아니한 때라도 보상할 금액에서 이를 공제할 수 있다.

③ 그 지급기일이 도래하지 아니한 때라면 보상할 금액에서 이를 공제할 수 없다.

④ 상법은 보험소비자의 보호를 위하여 어떠한 경우에도 보상할 금액에서 이를 공제할 수 없다고 규정한다.

**문제풀이** SOLUTION

①, ③, ④ 보험자가 손해를 보상할 경우에 보험료의 지급을 받지 아니한 잔액이 있으면 그 지급기일이 도래하지 아니한 때라도 보상할 금액에서 이를 공제할 수 있다(제677조).

정답 ②

**03** 보험계약의 해지와 특별위험의 소멸에 관한 설명으로 옳은 것은?     <제2회>

① 타인을 위한 보험계약의 경우 보험증권을 소지하지 않은 보험계약자는 그 타인의 동의를 얻지 않은 경우에도 보험사고가 발생하기 전에는 언제든지 계약의 전부 또는 일부를 해지할 수 있다.

② 보험사고의 발생으로 보험자가 보험금액을 지급한 때에도 보험금액이 감액되지 아니하는 보험의 경우에는 보험계약자는 그 사고발생 후에도 보험계약을 해지할 수 있다.

③ 보험사고가 발생하기 전에 보험계약의 전부 또는 일부를 해지하는 경우에 보험계약자는 당사자 간에 다른 약정이 없으면 미경과보험료의 반환을 청구할 수 없다.

④ 보험계약의 당사자가 특별한 위험을 예기하여 보험료의 액을 정한 경우에 보험기간 중 그 예기한 위험이 소멸한 때에도 보험계약자는 그 후의 보험료의 감액을 청구할 수 없다.

> **문제풀이**   S·O·L·U·T·I·O·N
>
> ① 타인을 위한 보험계약의 경우 보험증권을 소지하지 않거나 그 타인의 동의를 얻지 않은 경우에는 그 계약을 해지할 수 없다.
> ③, ④ 청구할 수 있다.
>
> 정답 ②

**04** 상법(보험편)에 관한 설명으로 옳은 것은? <제4회>

① 보험사고가 발생하기 전에 보험계약의 전부 또는 일부를 해지하는 경우에 보험계약자는 당사자 간에 다른 약정이 없으면 미경과보험료의 반환을 청구할 수 없다.

② 보험계약자는 계약체결후 지체없이 보험료의 전부 또는 제1회 보험료를 지급하여야 하며, 보험계약자가 이를 지급하지 아니하는 경우에는 다른 약정이 없는 한 계약성립후 2월이 경과하면 그 계약은 해제된 것으로 본다.

③ 고지의무위반으로 인하여 보험계약이 해지되고 해지환급금이 지급되지 아니한 경우에 보험계약자는 일정한 기간내에 연체보험료에 약정이자를 붙여 보험자에게 지급하고 그 계약의 부활을 청구할 수 있다.

④ 보험계약의 일부가 무효인 경우에는 보험계약자와 피보험자에게 중대한 과실이 있어도 보험자에 대하여 보험료 일부의 반환을 청구할 수 있다.

**문제풀이** S·O·L·U·T·I·O·N

① 청구할 수 있다(제649조 3항).

③ 부활의 청구는 계속보험료가 약정한 시기에 지급되지 아니하여 보험계약이 해지되는 경우에 인정된다(제650조의2).

④ 보험계약의 전부 또는 일부가 무효인 경우에 보험계약자와 피보험자가 선의이며 중대한 과실이 없는 때에는 보험자에 대하여 보험료의 전부 또는 일부의 반환을 청구할 수 있다(제648조).

정답 ②

**05** 보험계약의 해지에 관한 설명으로 옳지 <u>않은</u> 것은?　　　　　　　　<제7회>

① 보험계약자가 보험계약을 전부 해지했을 때에는 언제든지 미경과보험료의 반환을 청구할 수 있다.

② 타인을 위한 보험의 경우를 제외하고, 보험사고가 발생하기 전에는 보험계약자는 언제든지 보험계약의 전부를 해지할 수 있다.

③ 타인을 위한 보험계약의 경우 보험사고가 발생하기 전에는 그 타인의 동의를 얻으면 그 계약을 해지할 수 있다.

④ 보험금액이 지급된 때에도 보험금액이 감액되지 아니하는 보험의 경우에는 보험계약자는 그 사고 발생 후에도 보험계약을 해지할 수 있다.

**문제풀이**　S · O · L · U · T · I · O · N

보험계약자가 보험계약을 전부 해지했을 때에는 다른 약정이 없으면 미경과보험료의 반환을 청구할 수 있다.

정답 ①

**06** 상법상 보험료의 지급 및 반환 등에 관한 설명으로 옳은 것은?　　　　　　　　<제9회>

① 보험사고가 발생하기 전에 보험계약자가 계약을 해지한 경우 당사자 간에 약정을 한 경우에 한해 보험계약자는 미경과보험료의 반환을 청구할 수 있다.

② 보험계약자가 계약체결후 제1회 보험료를 지급하지 아니하는 경우 다른 약정이 없는 한 보험자가 계약성립 후 2월 이내에 그 계약을 해제하지 않으면 그 계약은 존속한다.

③ 계속보험료가 약정한 시기에 지급되지 아니한 때에는 보험자는 보험계약자에 대하여 최고 없이 그 계약을 해지할 수 있다.

④ 특정한 타인을 위한 보험의 경우에 보험계약자가 보험료의 지급을 지체한 때에는 보험자는 그 타인에게 상당한 기간을 정하여 보험료의 지급을 최고한 후가 아니면 그 계약을 해제 또는 해지하지 못한다.

**문제풀이**　S · O · L · U · T · I · O · N

① 보험계약자는 당사자 간에 다른 약정이 없으면 미경과보험료의 반환을 청구할 수 있다.
② 보험계약자는 계약체결 후 지체없이 보험료의 전부 또는 제1회 보험료를 지급하여야 하며, 보험계약자가 이를 지급하지 아니하는 경우에는 다른 약정이 없는 한 계약성립 후 2월이 경과하면 그 계약은 해제된 것으로 본다.
③ 계속보험료가 약정한 시기에 지급되지 아니한 때에는 보험자는 상당한 기간을 정하여 보험계약자에게 최고하고 그 기간 내에 지급되지 아니한 때에는 그 계약을 해지할 수 있다.

정답 ④

**07** 보험자가 손해를 보상할 때에 보험료의 지급을 받지 아니한 잔액이 있는 경우에 관한 설명으로 옳은 것은?  <제10회>

① 보험자는 보험료의 지급을 받지 아니한 잔액이 있으면 보험계약을 즉시 해지할 수 있다.

② 보험자는 지급기일이 도래하였으나 지급받지 않은 보험료 잔액을 보상할 금액에서 공제하여야 한다.

③ 보험자는 지급받지 않은 보험료 잔액이 있으면 그 지급기일이 도래하지 아니한 때라도 보상할 금액에서 이를 공제할 수 있다.

④ 보험자는 지급기일이 도래한 보험료 잔액의 지급이 있을 때까지 그 손해보상을 전부 거절할 수 있다.

**문제풀이** SOLUTION

①② 그 지급기일이 도래하지 아니한 때라도 보상할 금액에서 이를 공제할 수 있다(제677조).
④ 보험자는 지급기일이 도래한 보험료 잔액에 대해 보상할 금액에서 이를 공제할 수 있고 그 손해보상을 전부 거절할 수는 없다.

정답 ③

**08** 보험료 부지급에 관한 설명으로 옳지 **않은** 것은?  <제3회>

① 계약성립 후 2월 이내에 제1회 보험료를 지급하지 아니하는 경우에는 다른 약정이 없는 한 그 계약은 해제된 것으로 본다.

② 보험계약자가 계속보험료의 지급을 지체한 경우에 보험자는 상당한 기간을 정하여 이행을 최고하여야 하고 그 최고기간 내에 지급되지 아니한 때에는 그 계약을 해지할 수 있다.

③ 특정한 타인을 위한 보험의 경우에 보험계약자가 계속보험료의 지급을 지체한 때에는 보험자는 그 타인에게도 상당한 기간을 정하여 보험료의 지급을 최고한 후가 아니면 그 계약을 해지하지 못한다.

④ 대법원 전원합의체 판결에 의하면 약관에서 2회 분납보험료가 그 지급유예기간까지 납입되지 아니하였음을 이유로 상법 소정의 최고절차를 거치지 않고, 막바로 보험계약이 실효됨을 규정한 이른바 실효약관은 유효하다.

**문제풀이** SOLUTION

실효약관은 보험계약자 등에게 불이익하게 변경된 조항으로 무효라고 판시하고 있다.

정답 ④

**09** 보험계약자 甲은 보험자 乙과 보험계약을 체결하면서 일정한 보험료를 매월 균등하게 10년간 지급하기로 약정하였다. 이에 관한 설명으로 옳지 <u>않은</u> 것은?     <제6회>

① 甲은 약정한 최초의 보험료를 계약체결 후 지체없이 납부하여야 한다.

② 甲이 계약이 성립한 후에 2월이 경과하도록 최초의 보험료를 지급하지 아니하면, 그 계약은 법률에 의거해 효력을 상실한다. 이에 관한 당사자 간의 특약은 계약의 효력에 영향을 미치지 않는다.

③ 甲이 계속보험료를 약정한 시기에 지급하지 아니하여 乙이 보험계약을 해지하려면 상당한 기간을 정하여 甲에게 최고하여야 한다.

④ 甲이 계속보험료를 지급하지 않아서 乙이 계약해지권을 적법하게 행사하였더라도 해지환급금이 지급되지 않았다면 甲은 일정한 기간 내에 연체보험료에 약정이자를 붙여 乙에게 지급하고 그 계약의 부활을 청구할 수 있다.

> **문제풀이**   S·O·L·U·T·I·O·N ───
>
> 보험계약자는 계약체결 후 지체없이 보험료의 전부 또는 1회 보험료를 지급하여야 하며, 보험계약자가 이를 지급하지 아니하는 경우에는 다른 약정이 없는 한 계약성립 후 2월이 경과하면 그 계약은 해제된 것으로 본다(제650조 제1항).
>
> 정답 ②

**10** 보험료의 지급과 지체의 효과에 관한 설명으로 옳은 것은?     <제7회>

① 보험계약자는 계약체결 후 지체 없이 보험료의 전부 또는 제1회 보험료를 지급하여야 한다.

② 계속보험료가 약정한 시기에 지급되지 아니한 때에는 보험자는 상당한 기간을 정하여 보험계약자에게 최고하고 그 기간 내에 지급되지 아니한 때에는 그 계약은 해지된 것으로 본다.

③ 특정한 타인을 위한 보험의 경우에 보험계약자가 보험료의 지급을 지체한 때에는 보험자는 그 계약을 해제 또는 해지할 수 있다.

④ 보험계약자가 최초보험료를 지급하지 아니한 경우에는 다른 약정이 없는 한 계약성립 후 1월이 경과하면 그 계약은 해제된 것으로 본다.

> **문제풀이**   S·O·L·U·T·I·O·N ───
>
> ② 그 기간 내에 지급되지 아니한 때에는 그 계약을 해지할 수 있다.
> ③ 보험자는 그 타인에게도 상당한 기간을 정하여 보험료의 지급을 최고한 후가 아니면 그 계약을 해제 또는 해지하지 못한다.
> ④ 1월 ⇨ 2월
>
> 정답 ①

**11**  상법상 보험계약자가 보험자와 보험료를 분납하기로 약정한 경우에 관한 설명으로 옳지 <u>않은</u> 것은?

<제8회>

① 보험계약 체결 후 보험계약자가 제1회 보험료를 지급하지 아니한 경우, 다른 약정이 없는 한 계약 성립 후 2월이 경과하면 보험계약은 해제된 것으로 본다.

② 계속보험료가 연체된 경우 보험자는 즉시 그 계약을 해지할 수는 없다.

③ 계속보험료가 연체된 경우 보험대리상이 아니면서 특정한 보험자를 위하여 계속적으로 보험계약의 체결을 중개하는 자는 보험계약자에 대해 해지의 의사표시를 할 수 있는 권한이 있다.

④ 보험대리상이 아니면서 특정한 보험자를 위하여 계속적으로 보험계약의 체결을 중개하는 자는 보험자가 작성한 영수증을 보험계약자에게 교부하는 경우에 한하여 보험료를 수령할 권한이 있다.

**문제풀이**  S·O·L·U·T·I·O·N

③ 보험대리상이 아니면서 특정한 보험자를 위하여 계속적으로 보험계약의 체결을 중개하는 자는 의사표시권 및 의사표시수령권은 인정되지 않고, 보험증권교부권 및 보험료수령권(보험자가 작성한 영수증을 보험계약자에게 교부하는 경우에 한함)이 인정된다.

정답 ③

**12** 상법상 보험료에 관한 설명으로 옳은 것을 모두 고른 것은? <제10회>

> ㄱ. 보험계약의 당사자가 특별한 위험을 예기하여 보험료의 액을 정한 경우에 보험기간 중 그 예기한 위험이 소멸한 때에는 보험계약자는 그 후의 보험료의 감액을 청구할 수 있다.
> ㄴ. 보험계약의 전부 또는 일부가 무효인 경우에 보험계약자와 피보험자가 선의이며 중대한 과실이 없는 때에는 보험자에 대하여 보험료의 전부 또는 일부의 반환을 청구할 수 있다.
> ㄷ. 보험계약자는 계약체결 후 지체 없이 보험료의 전부 또는 제1회 보험료를 지급하여야 하며, 이를 지급하지 아니한 경우에는 보험자는 다른 약정이 없는 한 계약성립 후 2월이 경과하면 그 계약을 해제할 수 있다.
> ㄹ. 계속보험료가 약정한 시기에 지급되지 아니한 때에는 보험자는 상당한 기간을 정하여 보험계약자에게 최고하고 그 기간 내에 지급되지 아니한 때는 그 계약은 해지된 것으로 본다.

① ㄱ, ㄴ      ② ㄱ, ㄷ
③ ㄴ, ㄹ      ④ ㄷ, ㄹ

**문제풀이** SOLUTION

ㄷ. 보험계약자는 계약체결 후 지체없이 보험료의 전부 또는 제1회 보험료를 지급하여야 하며, 보험계약자가 이를 지급하지 아니하는 경우에는 다른 약정이 없는 한 계약성립 후 2월이 경과하면 그 계약은 해제된 것으로 본다. (제650조 제1항)

ㄹ. 계속보험료가 약정한 시기에 지급되지 아니한 때에는 보험자는 상당한 기간을 정하여 보험계약자에게 최고하고 그 기간 내에 지급되지 아니한 때에는 그 계약을 해지할 수 있다.(제650조 제2항)

정답 ①

**13** 상법상 보험료에 관한 설명으로 옳은 것은?　　　　　　　　　　　　　　　　　　　<제11회>

① 보험계약의 일부가 무효인 경우에 보험계약자와 피보험자가 선의이며 중대한 과실이 없는 때에도 보험자에 대하여 보험료의 일부의 반환을 청구할 수 없다.

② 보험계약의 전부가 무효인 경우에 보험계약자와 보험수익자가 선의이며 중대한 과실이 없는 때에도 보험자에 대하여 보험료의 반환을 청구할 수 없다.

③ 보험계약의 당사자가 특별한 위험을 예기하여 보험료의 액을 정한 경우에 보험기간중 그 예기한 위험이 소멸한 때에는 보험계약자는 그 후의 보험료의 감액을 청구할 수 있다.

④ 보험사고가 발생하기 전에 보험계약자가 보험계약의 전부를 해지한 경우에도 보험 계약자는 당사자 간에 다른 약정이 없으면 미경과보험료의 반환을 청구할 수 없다.

**문제풀이**　SOLUTION

①② 보험계약의 전부 또는 일부가 무효인 경우에 보험계약자와 피보험자가 선의이며 중대한 과실이 없는 때에는 보험자에 대하여 보험료의 전부 또는 일부의 반환을 청구할 수 있다.

④ 보험사고가 발생하기 전에는 보험계약자는 언제든지 계약의 전부 또는 일부를 해지할 수 있고, 이 경우 보험계약자는 당사자 간에 다른 약정이 없으면 미경과보험료의 반환을 청구할 수 있다(제649조 제1항, 제3항).

정답 ③

**14** 상법상 보험료의 지급에 관한 설명으로 옳은 것은?　　　　　　　　　　　　　　　　　<제11회>

① 보험계약자가 계약체결 후 지체없이 제1회 보험료를 지급하지 아니하는 경우에는 다른 약정이 없는 한 계약성립 후 2월이 경과하면 그 계약은 해제된 것으로 본다.

② 계속보험료가 약정한 시기에 지급되지 아니한 때에는 보험자는 바로 그 계약을 해지할 수 있다.

③ 타인을 위한 보험의 경우에 보험계약자가 보험료의 지급을 지체한 때에 보험자가 계약을 해지하기 위해서 그 타인에게 보험료 지급을 최고할 필요는 없다.

④ 보험자의 책임은 당사자 간에 다른 약정이 없으면 보험계약자의 보험료 지급 여부에 관계없이 계약이 성립한 때부터 개시한다.

**문제풀이**　SOLUTION

② 계속보험료가 약정한 시기에 지급되지 아니한 때에는 보험자는 상당한 기간을 정하여 보험계약자에게 최고하고 그 기간 내에 지급되지 아니한 때에는 그 계약을 해지할 수 있다.

③ 특정한 타인을 위한 보험의 경우에 보험계약자가 보험료의 지급을 지체한 때에는 보험자는 그 타인에게도 상당한 기간을 정하여 보험료의 지급을 최고한 후가 아니면 그 계약을 해제 또는 해지하지 못한다.

④ 보험자의 책임은 당사자 간에 다른 약정이 없으면 최초의 보험료의 지급을 받은 때로부터 개시한다.

정답 ①

**15** 보험료에 관한 설명으로 옳지 <u>않은</u> 것은?  <제1회>

① 보험계약자는 계약체결 후 지체없이 보험료의 전부 또는 최초보험료를 지급하여야 한다.

② 보험계약자의 최초보험료 미지급시 다른 약정이 없는 한 계약성립 후 2월의 경과로 그 계약은 해제된 것으로 본다.

③ 계속보험료 미지급으로 보험자가 계약을 해지하기 위해서는 보험계약자에게 상당기간을 정하여 그 기간 내에 지급할 것을 최고하여야 한다.

④ 타인을 위한 보험의 경우 보험계약자의 보험료지급 지체시 보험자는 그 타인에게 보험료지급을 최고하지 않아도 계약을 해지할 수 있다.

**문제풀이** SOLUTION

타인을 위한 보험의 경우에 보험계약자가 보험료의 지급을 지체한 때에는 보험자는 그 타인에게도 상당한 기간을 정하여 보험료의 지급을 최고한 후가 아니면 그 계약을 해제 또는 해지하지 못한다(제650조 제3항).

정답 ④

**16** 보험계약 부활에 관한 설명으로 옳은 것은?  <제1회>

① 보험계약자의 고지의무위반으로 보험자가 보험계약을 해지하여야 한다.

② 보험계약자의 최초보험료 미지급으로 보험자가 보험계약을 해지하여야 한다.

③ 보험계약자가 연체보험료에 법정이자를 더하여 보험자에게 지급하여야 한다.

④ 보험자가 보험계약을 해지하고 해지환급금을 지급하지 않았어야 한다.

**문제풀이** SOLUTION

①, ②, ③ 계속보험료 미지급으로 보험계약이 해지되고 해지환급금이 지급되지 아니한 경우에 보험계약자는 일정한 기간 내에 연체보험료에 약정이자를 붙여 보험자에게 지급하고 그 계약의 부활을 청구할 수 있다(제650조의 2).

정답 ④

**17** 상법상 손해보험계약의 부활에 관한 설명으로 옳지 <u>않은</u> 것은? <제8회>

① 제1회 보험료의 지급이 이루어지지 않아 보험계약이 해제된 경우 보험계약자는 보험계약의 부활을 청구할 수 있다.

② 계속보험료의 연체로 인하여 보험계약이 해지되고 해지환급금이 지급되지 아니한 경우 보험계약자는 보험계약의 부활을 청구할 수 있다.

③ 계속보험료의 연체로 인하여 보험계약이 해지된 경우 보험계약자가 보험계약의 부활을 청구하려면 연체보험료에 약정이자를 붙여 보험자에게 지급해야 한다.

④ 보험계약자가 상법상의 요건을 갖추어 계약의 부활을 청구하는 경우 보험자는 30일 이내에 낙부통지를 발송해야 한다.

**문제풀이** S·O·L·U·T·I·O·N

① 보험계약의 부활은 계속보험료가 약정한 시기에 지급되지 아니하여 계약이 해지된 경우 인정된다(제650조의2).

정답 ①

**18** 상법상 보험계약 부활에 관한 설명으로 옳은 것은? <제11회>

① 보험계약의 해지 사유에 관계없이 보험계약자는 보험계약의 부활을 청구할 수 있다.

② 보험계약이 해지된 후 보험계약자가 해지환급금을 지급받은 뒤에도 해지환급금을 반환한다면 부활을 청구할 수 있다.

③ 보험계약자가 계약의 부활을 청구하는 경우 보험자는 이를 승낙하여야 한다.

④ 계속보험료의 연체로 인하여 보험계약이 해지되고 해지환급금이 지급되지 아니한 경우에 보험계약자는 일정한 기간 내에 연체보험료에 약정이자를 붙여 보험자에게 지급하고 그 계약의 부활을 청구할 수 있다.

**문제풀이** S·O·L·U·T·I·O·N

①② 계속보험료가 약정한 시기에 지급되지 아니하여 보험계약이 해지되고 해지환급금이 지급되지 아니한 경우에 보험계약자는 일정한 기간 내에 연체보험료에 약정이자를 붙여 보험자에게 지급하고 그 계약의 부활을 청구할 수 있다.

③ 보험자의 승낙은 의무사항이 아니므로 보험계약자의 계약의 부활의 청구에 대해 반드시 승낙해야 하는 것은 아니다.

정답 ④

**19** 상법상 보험계약자가 부활을 청구할 수 있는 경우는 모두 몇 개인가? (단, 어느 경우든 해지환급금은 지급되지 않음)  <제9회>

- 보험계약자가 계속보험료를 지급하지 않아 보험자가 계약을 해지한 경우
- 피보험자의 고지의무 위반을 이유로 보험자가 계약을 해지한 경우
- 위험이 현저하게 변경되어 보험자가 계약을 해지한 경우
- 위험이 현저하게 증가하여 보험자가 계약을 해지한 경우

① 1개  ② 2개  ③ 3개  ④ 4개

**문제풀이** S O L U T I O N

① 계속보험료가 약정한 시기에 지급되지 아니하여 보험자가 계약을 해지한 경우 그 계약의 부활을 청구할 수 있다.

정답 ①

# CHAPTER 05  보험금의 지급

**01** 보험계약의 당사자 간에 다른 약정이 없는 경우 보험자의 책임개시 시기는?  <제3회>

① 최초의 보험료의 지급을 받은 때로부터 개시한다.
② 보험계약자의 청약에 대하여 보험자가 승낙하여 계약이 성립한 때로부터 개시한다.
③ 보험사고 발생사실이 통지된 때로부터 개시한다.
④ 보험자가 재보험에 가입하여 보험자의 보험금지급위험에 대한 보장이 확보된 때로부터 개시한다.

**문제풀이** S O L U T I O N

최초의 보험료의 지급을 받은 때로부터 개시한다(제656조).

정답 ①

**02 상법상 (     ) 안에 들어갈 내용으로 옳은 것은?**

> 보험자의 책임은 당사자 간에 다른 약정이 없으면 (          )로부터 개시한다.

① 청약일
② 계약성립일
③ 보장개시일로부터 90일
④ 최초의 보험료의 지급을 받은 때

**문제풀이** S·O·L·U·T·I·O·N

④ 보험자의 책임은 당사자 간에 다른 약정이 없으면 최초의 보험료의 지급을 받은 때로부터 개시한다(제656조).

정답 ④

**03 보험사고발생의 통지의무에 관한 설명으로 옳은 것은?** <제7회>

① 상법은 보험사고발생의 통지의무위반 시 보험자의 계약해지권을 규정하고 있다.
② 보험계약자는 보험사고의 발생을 안 때에는 상당한 기간 내에 보험자에게 그 통지를 발송하여야 한다.
③ 피보험자가 보험사고발생의 통지의무를 해태함으로 인하여 손해가 증가된 때에는 보험자는 그 증가된 손해를 보상할 책임이 없다.
④ 보험수익자는 보험사고발생의 통지의무자에 포함되지 않는다.

**문제풀이** S·O·L·U·T·I·O·N

① 상법은 보험사고 발생의 통지의무를 해태함으로 인하여 손해가 증가된 때에는 보험자는 그 증가된 손해를 보상할 책임이 없다고 규정하고 있으며, 보험자의 계약해지권에 대해서는 규정이 없다(제657조).
② 상당한 기간 내에 ⇨ 지체없이
④ 보험수익자는 보험사고 발생의 통지의무자에 포함된다.

정답 ③

**04** 상법상 당사자 간에 다른 약정이 있으면 허용되는 것을 모두 고른 것은?　　　　<제5회>

> ㄱ. 보험사고가 전쟁 기타 변란으로 인하여 생긴 때의 위험을 담보하는 것
> ㄴ. 최초의 보험료의 지급이 없는 때에도 보험자의 책임이 개시되도록 하는 것
> ㄷ. 사고발생 전 임의해지 시 미경과보험료의 반환을 청구하지 않기로 하는 것
> ㄹ. 특정한 타인을 위한 보험의 경우에 보험계약자가 보험료의 지급을 지체한 때에는 보험자가 보험계약자에게만 최고하고 그의 지급이 없는 경우 그 계약을 해지하기로 하는 것

① ㄱ, ㄴ　　　　② ㄴ, ㄷ　　　　③ ㄱ, ㄴ, ㄷ　　　　④ ㄱ, ㄷ, ㄹ

**문제풀이** SOLUTION

ㄱ. 제660조,　ㄴ. 제656조, ㄷ. 제649조 제3항
※ 이 외에 다른 약정이 있으면 허용되는 규정으로는 제638조의2, 제650조, 제667조, 제674조, 제676조 등이 있다.

정답 ③

**05** 상법상 보험금액의 지급에 관한 규정이다. A, B에 들어갈 것을 모은 것으로 옳은 것은?

> 보험자는 보험금액의 지급에 관하여 약정기간이 없는 경우에는 보험사고발생의 통지를 받은 후 ( A ) 지급할 보험금액을 정하고 그 정하여진 날부터 ( B ) 내에 피보험자 또는 보험수익자에게 보험금액을 지급하여야 한다.

① A - 지체없이, B- 10일
② A - 지체없이, B- 10영업일
③ A - 상당한 기간을 정하여, B - 10일
④ A - 상당한 기간을 정하여, B - 10영업일

**문제풀이** SOLUTION

① 보험자는 보험금액의 지급에 관하여 약정기간이 있는 경우에는 그 기간 내에 약정기간이 없는 경우에는 보험사고발생의 통지를 받은 후 지체없이 지급할 보험금액을 정하고 그 정하여진 날부터 10일 내에 피보험자 또는 보험수익자에게 보험금액을 지급하여야 한다(제658조).

정답 ①

**06** 손해보험에 있어서 보험사고와 보험금지급에 관한 설명으로 옳지 <u>않은</u> 것은? <제2회>

① 피보험자는 보험사고의 발생을 안 때에는 지체없이 보험자에게 그 통지를 발송하여야 한다.

② 보험자는 보험금액의 지급에 관하여 약정기간이 없는 경우는 보험사고 발생의 통지를 받은 날로부터 10일내에 피보험자 또는 보험수익자에게 보험금액을 지급하여야 한다.

③ 보험사고가 보험계약자의 중대한 과실로 인하여 생긴 때에는 보험자는 보험금액을 지급할 책임이 없다.

④ 보험사고가 전쟁으로 인하여 생긴 때에는 당사자 간에 다른 약정이 없으면 보험자는 보험금액을 지급할 책임이 없다.

**문제풀이** SOLUTION

약정기간이 없는 경우에는 통지를 받은 후 지체없이 지급할 보험금액을 정하고 그 정하여진 날부터 10일내에 피보험자 또는 보험수익자에게 보험금액을 지급하여야 한다(제658조).

정답 ②

**07** 보험금액의 지급에 관한 설명으로 옳지 <u>않은</u> 것은? (다툼이 있으면 판례에 따름) <제7회>

① 보험금액의 지급에 관하여 약정기간이 있는 경우, 보험자는 그 기간 내에 보험금액을 지급하여야 한다.

② 보험금액의 지급에 관하여 약정기간이 없는 경우, 보험자는 보험사고발생의 통지를 받은 후 지체 없이 지급할 보험금액을 정하여야 한다.

③ 보험금액의 지급에 관하여 약정기간이 없는 경우, 보험금액이 정하여진 날부터 1월 내에 보험수익자에게 보험금액을 지급하여야 한다.

④ 보험계약자의 동의없이 보험자와 피보험자 사이에 한 보험금 지급기한 유예의 합의는 유효하다.

**문제풀이** SOLUTION

③ 1월 내에 ⇨ 10일 내에

④ 특별한 사정이 없는 한 피보험자는 보험계약자의 동의가 없어도 임의로 그 권리를 행사하고 처분할 수 있고, 보험금 지급기한 유예의 합의가 보험계약자에게 불이익한 것이라고 할 수 없으니 이 합의는 유효하다.(대판 80다2699)

정답 ③

**08** 상법상 손해보험 계약에서 보험금액의 지급에 관한 설명으로 옳지 <u>않은</u> 것은? <제9회>

① 보험자는 보험금액의 지급에 관하여 약정기간이 있는 경우에는 그 기간 내에 지급할 보험금액을 정하여야 한다.

② 보험사고가 전쟁으로 인하여 생긴 때에도 당사자 간에 다른 약정이 없으면 보험자는 보험금액을 지급할 책임이 있다.

③ 보험사고가 피보험자의 중대한 과실로 인하여 생긴 때에는 보험자는 보험금액을 지급할 책임이 없다.

④ 보험자는 보험금액의 지급에 관하여 약정기간이 없는 경우에는 보험사고 발생의 통지를 받은 후 지체없이 지급할 보험금액을 정하고 그 정하여진 날부터 10일내에 피보험자에게 보험금액을 지급하여야 한다.

**문제풀이** SOLUTION

② 보험사고가 전쟁 기타의 변란으로 인하여 생긴 때에는 당사자 간에 다른 약정이 없으면 보험자는 보험금액을 지급할 책임이 없다.

정답 ②

**09** 보험자의 보험금액의 지급에 관한 설명으로 옳지 <u>않은</u> 것은? <제10회>

① 보험수익자의 중과실로 인하여 보험사고가 생긴 때에는 보험자는 보험금액을 지급할 책임이 없다.

② 보험계약자의 고의로 보험사고가 생긴 때에는 보험자는 보험금액을 지급할 책임이 없다.

③ 보험금액의 지급에 관하여 약정기간이 없는 경우에는 보험자는 보험사고 발생의 통지를 받은 후 지체없이 지급할 보험금액을 정해야 한다.

④ 보험자가 파산선고를 받았으나 보험계약자가 계약을 해지하지 않은 채 3월이 경과한 후에 보험사고가 발생하여도 보험자는 보험금액 지급 책임이 있다.

**문제풀이** SOLUTION

④ 보험자가 파산의 선고를 받은 때에는 보험계약자는 계약을 해지할 수 있고, 해지하지 아니한 보험계약은 파산선고 후 3월을 경과한 때에는 실효되므로 3월이 경과한 후에 보험사고가 발생하여도 보험자는 보험금액 지급 책임이 없다.(제654조)

정답 ④

**10** 상법상 보험사고 발생의 통지의무에 관한 설명으로 옳지 <u>않은</u> 것은?     <제11회>

① 보험계약자가 통지의무를 위반할 경우 보험자는 보험금 전액의 지급책임을 면한다.

② 피보험자는 보험사고의 발생을 안 때에는 지체없이 보험자에게 그 통지를 발송하여야 한다.

③ 보험수익자는 보험사고의 발생을 안 때에는 지체없이 보험자에게 그 통지를 발송하여야 한다.

④ 보험계약자가 통지의무를 해태함으로 인하여 손해가 증가된 때에는 보험자는 그 증가된 손해를 보상할 책임이 없다.

**문제풀이**   SOLUTION

보험계약자 또는 피보험자나 보험수익자가 보험사고 발생의 통지의무를 해태함으로 인하여 손해가 증가된 때에는 보험자는 그 증가된 손해를 보상할 책임이 없다. 따라서 통지여부와 상관없이 이미 발생한 손해는 보험자가 보상하여야 한다.

정답 ①

**11** 상법상 보험사고의 발생에 따른 보험자의 책임에 관한 설명으로 옳은 것은?     <제8회>

① 보험수익자가 보험사고의 발생을 안 때에는 보험자에게 그 통지를 할 의무가 없다.

② 보험사고가 보험계약자의 고의로 인하여 생긴 때에는 보험자는 보험금액을 지급할 책임이 없다.

③ 보험자는 보험금액의 지급에 관하여 약정기간이 없는 경우 지급할 보험금액이 정하여진 날로부터 5일내에 지급하여야 한다.

④ 보험자의 책임은 당사자 간에 다른 약정이 없으면 보험계약자가 보험계약의 체결을 청약한 때로부터 개시한다.

**문제풀이**   SOLUTION

① 보험수익자는 보험사고의 발생을 안 때에는 보험자에게 그 통지를 할 의무가 있다.

③ 보험자는 보험금액의 지급에 관하여 약정기간이 있는 경우에는 그 기간 내에, 약정기간이 없는 경우에는 보험사고 발생 통지를 받은 후 지체없이 지급할 보험금액을 정하고 그 정하여진 날부터 10일내에 보험금액을 지급하여야 한다(제658조).

④ 보험자의 책임은 당사자 간에 다른 약정이 없으면 최초의 보험료의 지급을 받은 때로부터 개시한다.

정답 ②

**12** 손해보험에서 보험자의 보험금액 지급과 면책사유에 관한 설명으로 옳지 <u>않은</u> 것은? <제3회>

① 보험자는 보험금액의 지급에 관하여 약정기간이 있는 경우에는 그 기간내에 피보험자에게 보험금액을 지급하여야 한다.

② 보험자는 보험금액의 지급에 관하여 약정기간이 없는 경우에는 보험사고발생의 통지를 받은 후 지체없이 지급할 보험금액을 정하고, 그 정하여진 날부터 10일내에 피보험자에게 보험금액을 지급하여야 한다.

③ 보험사고가 보험계약자 또는 피보험자의 중대한 과실로 인하여 생긴 때에는 보험자는 언제나 보험금액을 지급할 책임이 있다.

④ 보험사고가 전쟁 기타의 변란으로 인하여 생긴 때에는 당사자간에 다른 약정이 없으면 보험자는 보험금액을 지급할 책임이 없다.

> **문제풀이** SOLUTION
>
> 보험자는 보험금액을 지급할 책임이 없다(제659조).
>
> 정답 ③

**13** 보험자의 보험금액 지급과 면책에 관한 설명으로 옳지 <u>않은</u> 것은? <제4회>

① 약정기간이 없는 경우에는 보험자는 보험사고발생의 통지를 받은 후 지체없이 지급할 보험금액을 정하여야 한다.

② 보험자가 보험금액을 정하면 정하여진 날부터 10일내에 보험금액을 지급하여야 한다.

③ 보험사고가 전쟁 기타의 변란으로 인하여 생긴 때에는 보험자의 보험금액 지급 책임에 대하여 당사자간에 다른 약정을 할 수 없다.

④ 보험사고가 보험계약자의 고의 또는 중대한 과실로 인하여 생긴 때에는 보험자는 보험금액을 지급할 책임이 없다.

> **문제풀이** SOLUTION
>
> 당사자 간에 다른 약정을 할 수 있다(제660조).
>
> 정답 ③

**14** 상법상 보험금액의 지급 및 면책사유에 관한 설명으로 옳은 것은?　〈제11회〉

① 보험자가 지급할 보험금액을 정하면 그 정하여진 날부터 1개월 내에 보험금액을 지급하여야 한다.

② 손해보험계약에서 보험사고가 보험계약자의 경과실로 인하여 생긴 때에는 보험자는 보험금액을 지급할 책임이 없다.

③ 손해보험계약에서 보험사고가 피보험자의 중과실로 인하여 생긴 때에는 보험자는 보험금액을 지급할 책임이 없다.

④ 손해보험계약에서 보험사고가 보험수익자의 경과실로 인하여 생긴 때에는 보험자는 보험금액을 지급할 책임이 없다.

**문제풀이**　S·O·L·U·T·I·O·N

① 보험자는 보험금액의 지급에 관하여 약정기간이 있는 경우에는 그 기간 내에, 약정기간이 없는 경우에는 보험사고 발생의 통지를 받은 후 지체없이 지급할 보험금액을 정하고 그 정하여진 날부터 10일 내에 피보험자 또는 보험수익자에게 보험금액을 지급하여야 한다.

②④ 보험사고가 보험계약자 또는 피보험자나 보험수익자의 고의 또는 중대한 과실로 인하여 생긴 때에는 보험자는 보험금액을 지급할 책임이 없다.

정답 ③

**15** 보험사고가 발생한 경우 그 법률관계에 관한 설명으로 옳지 <u>않은</u> 것은?　〈제10회〉

① 보험수익자가 보험사고의 발생을 안 때에는 지체없이 보험자에게 그 통지를 발송하여야 한다.

② 보험계약자가 보험사고의 발생을 알았음에도 지체없이 보험자에게 그 통지를 발송하지 않은 경우 보험자는 계약을 해지할 수 있다.

③ 보험계약의 당사자 간에 따른 약정이 없으면 최초보험료를 보험자가 지급받은 때로부터 보험자의 책임이 개시된다.

④ 위험이 현저하게 변경 또는 증가된 사실이 보험사고 발생에 영향을 미친 경우, 보험자가 위험변경증가의 통지를 못 받았음을 이유로 유효하게 계약을 해지하면 보험금을 지급할 책임이 없다.

**문제풀이**　S·O·L·U·T·I·O·N

② 보험계약자가 보험사고의 발생을 알았음에도 지체없이 보험자에게 그 통지를 발송하지 않은 경우라도 보험자가 계약을 해지할 수 있다는 규정은 없다. 단, 통지의무를 해태함으로 인하여 손해가 증가된 때에는 보험자는 그 증가된 손해를 보상할 책임이 없다.(제657조 제2항)

정답 ②

## CHAPTER 06 보험계약의 해지

**01 임의해지에 관한 설명으로 옳지 않은 것은?** <제6회>

① 보험계약자는 원칙적으로 보험사고가 발생하기 전에는 언제든지 계약의 전부 또는 일부를 해지할 수 있다.

② 보험사고가 발생하기 전이라도 타인을 위한 보험의 경우에 보험계약자는 그 타인의 동의를 얻지 못하거나 보험증권을 소지하지 않은 경우에는 계약의 전부 또는 일부를 해지할 수 없다.

③ 보험사고의 발생으로 보험자가 보험금액을 지급한 때에도 보험금액이 감액되지 아니하는 보험의 경우에는 보험계약자는 그 사고발생 후에도 보험계약을 해지할 수 없다.

④ 보험사고 발생 전에 보험계약자가 계약을 해지하는 경우, 당사자 사이의 특약으로 미경과 보험료의 반환을 제한할 수 있다.

**문제풀이** SOLUTION

그 사고발생 후에도 보험계약을 해지할 수 있다(제649조 제2항).

정답 ③

**02** 보험계약에 관한 내용으로 옳은 것을 모두 고른 것은?  <제5회>

> ㄱ. 보험계약의 당사자가 특별한 위험을 예기하여 보험료의 액을 정한 경우에 보험기간 중 그 예기한 위험이 소멸한 때에는 보험계약자는 그 후의 보험료의 감액을 청구할 수 있다.
> ㄴ. 보험계약의 전부 또는 일부가 무효인 경우에 보험계약자와 피보험자가 선의이며 중대한 과실이 없는 때에는 보험자에 대하여 보험료의 전부 또는 일부의 반환을 청구할 수 있다.
> ㄷ. 보험사고가 발생하기 전 보험계약자나 보험자는 언제든지 보험계약을 해지할 수 있다.
> ㄹ. 타인을 위한 보험계약의 경우에는 보험계약자는 그 타인의 동의를 얻지 아니하거나 보험증권을 소지하지 아니하면 그 계약을 해지하지 못한다.

① ㄱ, ㄴ, ㄷ  ② ㄱ, ㄴ, ㄹ  ③ ㄱ, ㄷ, ㄹ  ④ ㄴ, ㄷ, ㄹ

**문제풀이** S·O·L·U·T·I·O·N

ㄷ. 보험계약자나 보험자 ⇨ 보험계약자

정답 ②

**03** 보험계약자의 고지의무위반으로 인한 보험자의 계약해지권에 관한 설명으로 옳은 것은?  <제1회>

① 고지의무위반 사실이 보험사고의 발생에 영향을 미치지 않은 경우 보험자는 계약을 해지하더라도 보험금을 지급할 책임이 있다.
② 보험자는 보험사고 발생 전에 한하여 해지권을 행사할 수 있다.
③ 보험자가 계약을 해지한 경우 보험금을 지급할 책임이 없으며 이미 지급한 보험금에 대해서는 반환을 청구할 수 없다.
④ 보험자는 고지의무위반사실을 안 날로부터 3월내에 해지권을 행사할 수 있다.

**문제풀이** S·O·L·U·T·I·O·N

② 보험자는 보험사고 발생 전·후를 불문하고 고지의무위반을 이유로 해지권을 행사할 수 있다.
③ 이미 지급한 보험금에 대해서 반환을 청구할 수 있다. 다만, 고지의무를 위반한 사실 또는 위험이 현저하게 변경되거나 증가된 사실이 보험사고 발생에 영향을 미치지 아니하였음이 증명된 경우에는 보험금을 지급할 책임이 있다.
④ 안 날로부터 1월 내에, 계약을 체결한 날로부터 3년 내에 한하여 계약을 해지할 수 있다.

정답 ①

**04** 고지의무에 관한 설명으로 옳지 <u>않은</u> 것은?　　　　　　　　<제4회>

① 보험계약당시에 보험계약자 또는 피보험자가 고의 또는 중대한 과실로 인하여 중요한 사항을 부실의 고지를 한 때에는 보험자는 그 사실을 안 날로부터 3년 내에 계약을 해지할 수 있다.

② 보험자가 서면으로 질문한 사항은 중요한 사항으로 추정한다.

③ 손해보험의 피보험자는 고지의무자에 해당한다.

④ 보험자가 계약당시에 고지의무 위반의 사실을 알았거나 중대한 과실로 인하여 알지 못한 때에는 보험자는 그 계약을 해지할 수 없다.

**문제풀이** ｜ S·O·L·U·T·I·O·N

① 보험자는 그 사실을 안 날로부터 1월 내에, 계약을 체결한 날로부터 3년 내에 계약을 해지할 수 있다.

정답 ①

**05** 고지의무 위반으로 인한 계약해지에 관한 내용으로 옳지 <u>않은</u> 것은?　　　　　<제5회>

① 보험자가 보험계약당시에 보험계약자나 피보험자의 고지의무 위반 사실을 경미한 과실로 알지 못했던 때라도 계약을 해지할 수 없다.

② 보험계약당시에 피보험자가 중대한 과실로 부실의 고지를 한 경우에 보험자는 해지권을 행사할 수 있다.

③ 보험자가 보험계약당시에 보험계약자나 피보험자의 고지의무 위반 사실을 알았던 경우에는 계약을 해지할 수 없다.

④ 보험계약당시에 보험계약자가 고의로 중요한 사항을 고지하지 아니한 경우 보험자는 해지권을 행사할 수 있다.

**문제풀이** ｜ S·O·L·U·T·I·O·N

보험자가 보험계약 당시에 보험계약자의 고지의무 위반 사실을 알았거나 중대한 과실로 인하여 알지 못한 때에는 계약을 해지할 수 없다.

정답 ①

**06** 보험계약자 甲은 보험자 乙과 손해보험계약을 체결하면서 계약에 관한 사항을 고지하지 않았다. 이에 대한 보험자 乙의 상법상 계약해지권에 관한 설명으로 옳은 것은? <제6회>

① 甲의 고지의무위반 사실에 대한 乙의 계약해지권은 계약체결일로부터 최대 1년 내에 한하여 행사할 수 있다.

② 乙은 甲의 중과실을 이유로 상법상 보험계약해지권을 행사할 수 없다.

③ 乙의 계약해지권은 甲이 고지의무를 위반했다는 사실을 계약당시에 乙이 알 수 있었는지 여부와 상관없이 행사할 수 있다.

④ 甲이 고지하지 않은 사실이 계약과 관련하여 중요하지 않은 것이라면 乙은 상법상 고지의무위반을 이유로 보험계약을 해지할 수 없다.

**문제풀이** S·O·L·U·T·I·O·N

① 계약을 체결한 날로부터 3년 내에 한하여 계약을 해지할 수 있다.

② 보험계약당시에 보험계약자 또는 피보험자가 고의 또는 중대한 과실로 인하여 중요한 사항을 고지하지 아니하거나 부실의 고지를 한 때에는 보험자는 보험계약해지권을 행사할 수 있다.

③ 보험자가 계약당시에 그 사실을 알았거나 중대한 과실로 인하여 알지 못한 때에는 해지할 수 없다.

정답 ④

**07** 다음 설명 중 옳은 것을 모두 고른 것은? <제3회>

> ㄱ. 보험자가 서면으로 질문한 사항은 중요한 사항으로 간주하므로 보험계약자는 그 중요성을 다툴 수 없다.
> ㄴ. 보험계약자뿐만 아니라 피보험자도 고지의무를 진다.
> ㄷ. 고지의무 위반의 요건으로 보험계약자 또는 피보험자의 고의 또는 중대한 과실은 필요 없다.
> ㄹ. 보험자가 계약당시에 고지의무 위반 사실을 알았거나 중대한 과실로 인하여 알지 못한 때에는 고지의무 위반을 이유로 계약을 해지할 수 없다.

① ㄱ, ㄴ      ② ㄴ, ㄷ      ③ ㄴ, ㄹ      ④ ㄷ, ㄹ

**문제풀이** S·O·L·U·T·I·O·N

ㄱ. 보험자가 서면으로 질문한 사항은 중요한 사항으로 추정하므로 보험계약자는 그 중요성을 다툴 수 있다.

ㄷ. 고지의무 위반의 요건으로 보험계약자 또는 피보험자의 고의 또는 중대한 과실을 요한다(제651조).

정답 ③

**08** 고지의무에 관한 설명으로 옳지 <u>않은</u> 것은?  <제7회>

① 고지의무를 부담하는 자는 보험계약상의 보험계약자 또는 보험수익자이다.

② 보험계약자가 고의로 중요한 사항을 고지하지 아니한 경우, 보험자는 계약 체결일로부터 1월이 된 시점에는 계약을 해지할 수 있다.

③ 보험자가 계약당시에 보험계약자의 고지의무위반 사실을 알았을 때에는 계약을 해지할 수 없다.

④ 보험계약자가 중대한 과실로 중요한 사항을 고지하지 아니한 경우, 보험자는 계약체결일로부터 5년이 경과한 시점에는 계약을 해지할 수 없다.

**문제풀이** SOLUTION

고지의무를 부담하는 자는 보험계약상의 보험계약자(대리인) 또는 피보험자이고, 보험수익자는 해당하지 않는다.

정답 ①

**09** 상법상 고지의무에 관한 설명으로 옳은 것은?  <제8회>

① 타인을 위한 손해보험계약에서 그 타인은 고지의무를 부담하지 않는다.

② 보험자가 서면으로 질문한 사항은 중요한 사항으로 본다.

③ 고지의무자가 고의 또는 중과실로 중요한 사항을 불고지 또는 부실고지 한 사실을 보험자가 보험계약 체결직후 알게 된 경우, 보험자가 그 사실을 안 날로부터 1월이 경과하면 보험계약을 해지할 수 없다.

④ 고지의무자가 고의 또는 중과실로 중요한 사항을 불고지 또는 부실고지한 경우 보험자가 계약 당시에 그 사실을 알았을지라도 보험자는 보험계약을 해지할 수 있다.

**문제풀이** SOLUTION

① 타인을 위한 손해보험계약에서 그 타인, 즉 피보험자도 고지의무를 부담한다.
② 보험자가 서면으로 질문한 사항은 중요한 사항으로 추정한다.
④ 보험자가 계약 당시 고지의무위반 사실을 알았거나 중대한 과실로 알지 못한 때에는 보험계약을 해지할 수 없다.

정답 ③

**10** **상법상 고지의무에 관한 설명으로 옳은 것은?** <제9회>

① 보험수익자는 고지의무를 부담한다.

② 보험계약당시에 고지의무와 관련 보험자가 서면으로 질문한 사항은 중요한 사항으로 의제한다.

③ 고지의무자의 고지의무 위반을 이유로 보험자가 계약을 해지한 경우 보험자는 이미 받은 보험료의 전부를 반환하여야 한다.

④ 고지의무자가 고지의무를 위반한 사실이 보험사고 발생에 영향을 미치지 아니하였음이 증명된 경우 보험자는 보험금을 지급할 책임이 있다.

**문제풀이** SOLUTION

① 고지의무자는 보험계약자, 피보험자 또는 대리인(대리인에 의하여 체결되는 경우)이다

② 보험자가 서면으로 질문한 사항은 중요한 사항으로 추정한다

③ 고지의무를 위반한 사실이 보험사고 발생에 영향을 미친 경우라면 지나간 보험료기간의 보험료를 반환할 필요가 없고, 또한 보험금액을 지급할 책임이 없으며, 이미 지급한 보험금액이 있으면 그 반환을 청구할 수 있다. 만일 보험사고 발생 전에 해지한 경우라면 보험자는 해지 전까지 이미 받은 보험료를 반환할 필요가 없고, 해지 때까지의 미수보험료를 청구할 수 있다.

정답 ④

**11** 상법상 고지의무 위반으로 인한 계약해지에 관한 설명으로 옳지 **않은** 것은?  <제11회>

① 보험자는 보험계약 당시에 보험계약자의 고지의무 위반 사실을 중대한 과실로 알지 못했던 때에는 계약을 해지할 수 없다.

② 보험계약 당시에 피보험자가 경과실로 인하여 중요한 사항에 대하여 부실의 고지를 한 경우 보험자는 계약을 해지할 수 있다.

③ 보험자는 보험계약 당시에 피보험자의 고지의무 위반 사실을 알았던 경우에는 계약을 해지할 수 없다.

④ 보험계약 당시에 보험계약자가 고의로 중요한 사항을 고지하지 아니한 경우 보험자는 계약을 해지할 수 있다.

> **문제풀이** S·O·L·U·T·I·O·N
>
> 보험계약 당시에 보험계약자 또는 피보험자가 고의 또는 중대한 과실로 인하여 중요한 사항을 고지하지 아니하거나 부실의 고지를 한 때에는 보험자는 그 사실을 안 날로부터 1월 내에, 계약을 체결한 날로부터 3년 내에 한하여 계약을 해지할 수 있다. 그러나 보험자가 계약 당시에 그 사실을 알았거나 중대한 과실로 인하여 알지 못한 때에는 그러하지 아니하다.
>
> 정답 ②

**12** 위험의 변경증가에 관한 설명으로 옳은 것을 모두 고른 것은?  <제1회>

> ㄱ. 위험변경증가통지의무는 보험계약자 또는 피보험자가 부담한다.
> ㄴ. 보험계약자의 위험변경증가통지의무는 피보험자의 행위로 인한 위험변경의 경우에 한한다.
> ㄷ. 보험자는 위험변경증가통지를 받은 때로부터 1월 이내에 보험료의 증액을 청구할 수 있다.
> ㄹ. 보험자는 위험변경증가의 사실을 안 날로부터 6월 이내에 한하여 계약을 해지할 수 있다.

① ㄱ, ㄴ      ② ㄱ, ㄷ      ③ ㄴ, ㄹ      ④ ㄷ, ㄹ

> **문제풀이** S·O·L·U·T·I·O·N
>
> ㄴ. 위험의 변경·증가가 보험계약자 또는 피보험자의 행위로 말미암은 것이 아니어야 한다(객관적 위험의 변경·증가).
> ㄹ. 1월 이내에 한하여 계약을 해지할 수 있다.
>
> 정답 ②

**13** **위험변경증가의 통지의무에 관한 설명으로 옳지 <u>않은</u> 것은?**  <제2회>

① 보험자는 보험계약자 또는 피보험자가 위험변경증가의 통지의무를 고의 또는 중과실로 해태한 경우에만 그 통지의무 위반을 이유로 계약을 해지할 수 있다.

② 보험기간 중에 보험계약자는 사고발생의 위험의 현저한 증가 사실을 안 때에는 지체없이 보험자에게 통지하여야 한다.

③ 보험기간 중에 피보험자는 사고발생의 위험의 현저한 변경 사실을 안 때에는 지체없이 보험자에게 통지하여야 한다.

④ 보험자가 피보험자로부터 위험변경증가의 통지를 받은 때에는 1월내에 보험료의 증액을 청구하거나 계약을 해지할 수 있다.

**문제풀이** ─ S·O·L·U·T·I·O·N ─

보험자는 보험계약자 또는 피보험자가 위험변경증가 통지의무를 이행하지 않은 경우 그 사실을 안 때로부터 1월 내에 한하여 계약을 해지할 수 있고, 보험자가 위험 변경·증가의 통지를 받은 때에는 1월 내에 보험료의 증액을 청구하거나 계약을 해지할 수 있다(제652조).

정답 ①

**14** **상법상 위험변경·증가에 관한 설명으로 옳지 <u>않은</u> 것은?**  <제11회>

① 보험계약자가 사고발생의 위험이 현저하게 변경·증가된 사실을 안 때에는 지체없이 보험자에게 통지하여야 한다.

② 보험자가 위험변경·증가의 통지를 받은 때에는 1월 내에 보험료의 증액을 청구할 수 있다.

③ 보험계약자의 고의로 인하여 사고발생의 위험이 현저하게 변경된 때에는 보험자는 그 사실을 안 날부터 1월 내에 보험료의 증액을 청구할 수 있다.

④ 피보험자의 중대한 과실로 인하여 사고발생의 위험이 현저하게 증가된 때에는 보험자는 그 사실을 안 날부터 3월 내에 계약을 해지할 수 있다.

**문제풀이** ─ S·O·L·U·T·I·O·N ─

보험기간 중에 보험계약자, 피보험자 또는 보험수익자의 고의 또는 중대한 과실로 인하여 사고발생의 위험이 현저하게 변경 또는 증가된 때에는 보험자는 그 사실을 안 날부터 1월 내에 보험료의 증액을 청구하거나 계약을 해지할 수 있다.

정답 ④

**15** 위험변경증가시 통지와 보험계약해지에 관한 설명으로 옳지 <u>않은</u> 것은?　　　　　　<제3회>

① 보험기간 중에 피보험자가 사고발생의 위험이 현저하게 변경 또는 증가된 사실을 안 때에는 지체없이 보험자에게 통지하여야 한다.

② 보험기간 중에 보험계약자의 고의로 사고발생의 위험이 현저하게 변경 또는 증가된 때에는 보험자는 그 사실을 안 날로부터 1월내에 계약을 해지할 수 있다.

③ 보험기간 중에 피보험자의 중대한 과실로 인하여 사고발생의 위험이 현저하게 변경 또는 증가된 때에는 보험자는 그 사실을 안 날부터 1월내에 계약을 해지할 수 있다.

④ 보험기간 중에 피보험자의 고의로 인하여 사고발생의 위험이 현저하게 변경 또는 증가된 경우에는 보험자는 계약을 해지할 수 없다.

**문제풀이**　S·O·L·U·T·I·O·N

보험자는 그 사실을 안 날부터 1월내에 보험료의 증액을 청구하거나 계약을 해지할 수 있다(제653조).

정답 ④

**16** 위험변경증가와 계약해지에 관한 설명으로 옳은 것을 모두 고른 것은?　　　　　　<제6회>

> ㄱ. 위험변경증가의 통지를 해태한 때에는 보험자는 그 사실을 안 날부터 1월내에 보험료의 증액을 청구하거나 계약을 해지할 수 있다.
>
> ㄴ. 보험계약자 등의 고의나 중과실로 인하여 위험이 현저하게 변경 또는 증가된 때에는 보험자는 그 사실을 안 날부터 1월내에 보험료의 증액을 청구하거나 계약을 해지할 수 있다.
>
> ㄷ. 보험사고가 발생한 후라도 보험사가 위험변경증가에 따라 계약을 해지하였을 때에는 보험금을 지급할 책임이 없고 이미 지급한 보험금의 반환을 청구할 수 있다. 다만, 위험이 현저하게 변경되거나 증가된 사실이 보험사고 발생에 영향을 미치지 아니하였음이 증명된 경우에는 보험금을 지급할 책임이 있다.

① ㄱ, ㄴ　　　　② ㄱ, ㄷ　　　　③ ㄴ, ㄷ　　　　④ ㄱ, ㄴ, ㄷ

**문제풀이**　S·O·L·U·T·I·O·N

ㄱ. 통지를 해태한 때에는 보험자는 그 사실을 안 날로부터 1월 내에 한하여 계약을 해지할 수 있다(제652조 제1항).

정답 ③

**17** 위험변경증가의 통지와 계약해지에 관한 설명으로 옳은 것은?  <제7회>

① 보험기간 중에 피보험자가 사고발생의 위험이 현저하게 변경 또는 증가된 사실을 안 때에는 지체 없이 보험자에게 통지하여야 한다.

② 보험계약체결 직전에 보험계약자가 사고발생의 위험이 변경 또는 증가된 사실을 안 때에는 지체 없이 보험자에게 통지하여야 한다.

③ 보험기간 중에 위험변경증가의 통지를 받은 때에는 보험자는 3개월 내에 보험료의 증액을 청구할 수 있다.

④ 보험기간 중에 위험변경증가의 통지를 받은 때에는 보험자는 3개월 내에 계약을 해지할 수 있다.

**문제풀이**  S O L U T I O N

② 보험계약체결 직전에 ➡ 보험기간 중에
③, ④ 1개월 내에 보험료의 증액을 청구하거나 계약을 해지할 수 있다.

정답 ①

**18** 보험계약자 등의 고의나 중과실로 인한 위험증가와 계약해지에 관한 설명으로 옳지 <u>않은</u> 것은? (다툼이 있으면 판례에 따름) <제7회>

① 보험기간 중에 보험계약자의 중대한 과실로 인하여 사고발생의 위험이 현저하게 증가된 때에는 보험자는 그 사실을 안 날부터 1월 내에 보험료의 증액을 청구할 수 있다.

② 위험의 현저한 변경이나 증가된 사실과 보험사고 발생과의 사이에 인과관계가 부존재한다는 점에 관한 주장·입증책임은 보험자 측에 있다.

③ 보험기간 중에 피보험자의 고의로 인하여 사고발생의 위험이 현저하게 증가된 때에는 보험자는 그 사실을 안 날부터 1월 내에 계약을 해지할 수 있다.

④ 사고 발생의 위험이 현저하게 변경 또는 증가된 사실이라 함은 그 변경 또는 증가된 위험이 보험계약의 체결 당시에 존재하고 있었다면 보험자가 보험계약을 체결하지 않았거나 적어도 그 보험료로는 보험을 인수하지 않았을 것으로 인정되는 정도의 것을 말한다.

---

**문제풀이** S·O·L·U·T·I·O·N

② 제653조에 정한 "사고 발생의 위험이 현저하게 변경 또는 증가된 사실"이라 함은 그 변경 또는 증가된 위험이 보험계약의 체결 당시에 존재하고 있었다면 보험자가 보험계약을 체결하지 않았거나 적어도 그 보험료로는 보험을 인수하지 않았을 것으로 인정되는 정도의 것을 말한다. 고지의무이 위반한 사실 또는 위험의 현저한 변경이나 증가된 사실과 보험사고 발생과의 사이에 인과관계가 부존재한다는 점에 관한 주장·입증책임은 보험계약자 측에 있다.(대판 95다25268)

정답 ②

**19** 보험기간 중 사고발생의 위험이 현저하게 변경된 경우에 관한 설명으로 옳은 것을 모두 고른 것은?

<제8회>

> ㄱ. 보험수익자가 이 사실을 안 때에는 지체없이 보험자에게 통지하여야 한다.
> ㄴ. 보험자가 보험계약자로부터 위험변경의 통지를 받은 때로부터 2월이 경과하면 계약을 해지할 수 없다.
> ㄷ. 보험수익자의 고의로 인하여 위험이 현저하게 변경된 때에는 보험자는 보험료의 증액을 청구할 수 있다.
> ㄹ. 피보험자의 중대한 과실로 인하여 위험이 현저하게 변경된 때에는 보험자는 계약을 해지할 수 없다.

① ㄱ, ㄴ      ② ㄴ, ㄷ      ③ ㄷ, ㄹ      ④ ㄱ, ㄴ, ㄷ, ㄹ

**문제풀이**   S·O·L·U·T·I·O·N

ㄱ. 통지의무자는 보험계약자, 피보험자이며 보험수익자는 해당하지 않는다.(제652조)
ㄹ. 피보험자의 중대한 과실로 인하여 위험이 현저하게 변경된 때에는 보험자는 계약을 해지할 수 있다.(제653조)

정답 ②

**20** 상법상 보험기간 중에 사고발생의 위험이 현저하게 변경 또는 증가된 경우에 관한 설명으로 옳은 것은?

<제9회>

① 보험수익자가 사고발생의 위험이 현저하게 변경된 사실을 안 때에는 지체없이 보험자에게 통지하여야 한다.
② 통지의무자가 사고발생의 위험이 현저하게 증가된 사실의 통지를 해태한 때에는 보험자는 그 사실을 안 날부터 3월내에 한하여 계약을 해지할 수 있다.
③ 보험수익자의 중대한 과실로 인하여 사고발생의 위험이 현저하게 증가된 때에는 보험자는 그 사실을 안 날부터 2월내에 계약을 해지할 수 있다.
④ 보험자가 사고발생의 위험변경증가의 통지를 받은 때에는 1월내에 보험료의 증액을 청구할 수 있다.

**문제풀이**   S·O·L·U·T·I·O·N

① 통지의무자는 보험계약자 또는 피보험자이다.
②③ 보험자는 그 사실을 안 날로부터 1월 내에 한하여 계약을 해지할 수 있다.

정답 ④

**21** 보험기간 중에 보험사고의 발생 위험이 현저하게 변경 또는 증가된 경우의 법률관계에 관한 설명으로 옳은 것은?

<제10회>

① 보험수익자의 고의로 인하여 사고 발생의 위험이 현저하게 증가된 때에는 보험자는 그 사실을 안 날로부터 1월 내에 보험계약을 해지할 수 있을 뿐이고, 보험료의 증액을 청구할 수는 없다.

② 보험계약자가 지체없이 위험변경증가의 통지를 한 때에는 보험자는 1월내 보험료증액을 청구할 수 있을 뿐이고 보험계약을 해지할 수는 없다.

③ 보험계약자가 위험변경증가의 통지를 해태한 때에는 보험자는 그 사실을 안 날로부터 1월내에 한하여 계약을 해지할 수 있다.

④ 타인을 위한 손해보험의 타인이 사고발생 위험이 현저하게 변경 또는 증가된 사실을 알게 된 경우 이를 보험자에게 통지할 의무는 없다.

---

**문제풀이** SOLUTION

① 보험자는 그 사실을 안 날로부터 1월 내에 보험료의 증액을 청구하거나 계약을 해지할 수 있다(제653조)

② 보험자는 1월 내에 보험료의 증액을 청구하거나 계약을 해지할 수 있다.(제652조 제2항)

④ 보험계약자 뿐만 아니라 피보험자(타인을 위한 보험계약의 경우 타인)도 사고발생 위험이 현저하게 변경 또는 증가된 사실을 알게 된 경우 이를 보험자에게 통지할 의무가 있다.

정답 ③

**22** 보험자의 계약해지와 보험금청구권에 관한 설명으로 옳은 것을 모두 고른 것은? <제7회>

> ㄱ. 보험사고 발생 후라도 보험계약자의 계속보험료 지급지체를 이유로 보험자가 계약을 해지하였을 때에는 보험금을 지급할 책임이 있다.
> ㄴ. 보험사고 발생 후에 보험계약자가 고지의무를 위반한 사실이 보험사고 발생에 영향을 미치지 아니하였음이 증명된 경우에는 보험자는 보험금을 지급할 책임이 있다.
> ㄷ. 보험수익자의 중과실로 인하여 사고발생의 위험이 현저하게 변경되거나 증가된 사실이 보험사고 발생에 영향을 미치지 아니하였음이 증명된 경우에는 보험자는 보험금을 지급할 책임이 있다.

① ㄷ          ② ㄱ, ㄴ          ③ ㄴ, ㄷ          ④ ㄱ, ㄴ, ㄷ

**문제풀이** S·O·L·U·T·I·O·N

ㄱ. 보험사고 발생 후라도 보험계약자의 계속보험료 지급지체를 이유로 보험자가 계약을 해지하였을 때에는 보험금을 지급할 책임이 없고 이미 지급한 보험금의 반환을 청구할 수 있다.

정답 ③

**23** 다음 설명 중 옳은 것은? <제5회>

① 상법상 보험계약자 또는 피보험자는 보험자가 서면으로 질문한 사항에 대하여만 답변하면 된다.
② 상법에 따르면 보험기간 중에 보험계약자 등의 고의로 인하여 사고발생의 위험이 현저하게 증가된 때에는 보험자는 계약체결일로부터 3년 이내에 한하여 계약을 해지할 수 있다.
③ 보험자는 보험금액의 지급에 관하여 약정기간이 없는 경우에는 보험사고 발생의 통지를 받은 후 지체없이 보험금액을 지급하여야 한다.
④ 보험자가 파산의 선고를 받은 때에는 보험계약자는 계약을 해지할 수 있다.

**문제풀이** S·O·L·U·T·I·O·N

① 서면상 없는 내용이라도 보험계약자가 알고 있는 사실이 계약내용에 중요한 사실에 해당할 경우 고지의 대상이 될 수 있다.
② 보험자는 그 사실을 안 날부터 1월 내에 보험료의 증액을 청구하거나 계약을 해지할 수 있다.
③ 보험자는 보험금액의 지급에 관하여 약정기간이 없는 경우에는 통지를 받은 후 지체없이 지급할 보험금액을 정하고 그 정하여진 날부터 10일 내에 피보험자 또는 보험수익자에게 보험금액을 지급하여야 한다.

정답 ④

**24** 보험계약의 해지에 관한 설명으로 옳지 <u>않은</u> 것은? (다툼이 있으면 판례에 따름) <제8회>

① 보험자가 파산의 선고를 받은 때에는 보험계약자는 계약을 해지할 수 있다.

② 보험자가 보험기간 중에 사고발생의 위험이 현저하게 증가하여 보험계약을 해지한 경우 이미 지급한 보험금의 반환을 청구할 수 없다.

③ 보험자가 파산의 선고를 받은 경우 해지하지 아니한 보험계약은 파산선고 후 3월을 경과한 때에는 그 효력을 잃는다.

④ 보험자가 보험기간 중 사고발생의 위험이 현저하게 변경되었음을 이유로 계약을 해지하려는 경우 그 사실을 입증하여야 한다.

**문제풀이** SOLUTION

보험사고가 발생한 후라도 계약을 해지한 경우에는 보험자는 보험금을 지급하지 않으며, 이미 지급한 보험금이 있을 때에는 그 반환을 청구할 수 있다(제655조).

정답 ②

**25** 상법상 보험계약해지 및 보험사고발생에 관한 설명으로 옳지 <u>않은</u> 것은? <제9회>

① 보험자가 파산의 선고를 받은 때에는 보험계약자는 계약을 해지할 수 있다.

② 보험수익자는 보험사고의 발생을 안 때에는 지체없이 보험계약자에게 그 통지를 발송하여야 한다.

③ 보험계약자가 사고발생의 통지의무를 해태함으로 인하여 손해가 증가된 때에는 보험자는 그 증가된 손해를 보상할 책임이 없다.

④ 보험자의 파산선고에도 불구하고 보험계약자가 해지하지 아니한 보험계약은 파산선고 후 3월을 경과한 때에는 그 효력을 잃는다.

**문제풀이** SOLUTION

② 보험계약자 또는 피보험자나 보험수익자는 보험사고의 발생을 안 때에는 지체없이 보험자에게 그 통지를 발송하여야 한다.

정답 ②

## CHAPTER 07  재보험(再保險)과 소멸시효 등

**01** 재보험에 관한 설명으로 옳지 <u>않은</u> 것은? (다툼이 있으면 판례에 따름)  <제4회>

① 재보험에 대하여도 제3자에 대한 보험자대위가 적용된다.
② 재보험은 원보험자가 인수한 위험의 전부 또는 일부를 분산시키는 기능을 한다.
③ 재보험계약은 원보험계약의 효력에 영향을 미친다.
④ 재보험자는 손해보험의 원보험자와 재보험계약을 체결할 수 있다.

**문제풀이** S·O·L·U·T·I·O·N

영향을 미치지 않는다.

정답 ③

**02** 재보험에 관한 설명으로 옳지 <u>않은</u> 것은? (다툼이 있는 경우 판례에 의함)

① 원보험계약과 재보험계약은 법률상 독립된 별개의 계약이므로 재보험계약은 원보험계약의 효력에 영향을 미치지 아니한다.
② 책임보험에 관한 규정은 그 성질에 반하지 아니하는 범위 내에서 재보험계약에 준용한다.
③ 재보험자가 원보험자에게 재보험금을 지급하면 그 지급한 금액의 범위 내에서 원보험자의 보험자대위권이 재보험자에 이전한다.
④ 보험자대위에 의하여 취득한 제3자에 대한 권리는 재보험자가 이를 직접 자기 명의로 그 권리를 행사하며 이를 통하여 회수한 금액을 원보험자와 비율에 따라 교부하는 방식으로 이루어지는 것이 상관습이다.

**문제풀이** S·O·L·U·T·I·O·N

④ 재보험계약에서 제3자에 대한 대위권이 발생하면 재보험자가 이를 직접 자기 명의로 행사하는 것이 아니라 원보험자가 자기 명의로 대위권을 행사하면 차후 회수한 금액을 재보험금 비율에 따라 재보험자와 배분하는 것이 상관습이다.

정답 ④

**03** 보험계약자 등의 불이익변경금지에 관한 설명으로 옳지 <u>않은</u> 것은?　　　　<제7회>

① 상법 보험편의 규정은 당사자 간의 특약으로 피보험자의 이익으로 변경하지 못한다.
② 상법 보험편의 규정은 당사자 간의 특약으로 보험수익자의 불이익으로 변경하지 못한다.
③ 해상보험의 경우 보험계약자 등의 불이익변경금지 규정은 적용되지 아니한다.
④ 재보험의 경우 보험계약자 등의 불이익변경금지 규정은 적용되지 아니한다.

> **문제풀이**　SOLUTION
>
> 이 편의 규정은 당사자 간의 특약으로 보험계약자 또는 피보험자나 보험수익자의 불이익으로 변경하지 못한다. 그러나 재보험 및 해상보험 기타 이와 유사한 보험의 경우에는 그러하지 아니하다(제663조).
>
> 정답 ①

**04** 가계보험의 약관조항 중 상법상 불이익변경금지원칙에 위반하지 <u>않는</u> 것은?　　　　<제10회>

① 보험계약자가 계약 체결시 과실없이 중요한 사항을 불고지한 경우에도 보험자의 해지권을 인정한 약관조항
② 보험료청구권의 소멸시효 기간을 단축하는 약관조항
③ 보험수익자가 보험계약 체결시 고지의무를 부담하도록 하는 약관조항
④ 보험사고 발생 전이지만 일정한 기간 동안 보험계약자의 계약 해지를 금지하는 약관조항

> **문제풀이**　SOLUTION
>
> ② 보험료청구권의 소멸시효 기간을 단축하는 약관조항은 보험계약자에게 불이익이 아니므로 불이익변경금지 원칙에 위반되지 않는다.
>
> 정답 ②

**05** 상법 제663조(보험계약자 등의 불이익변경금지) 규정이다. (    )에 들어갈 내용은?  <제9회>

> 이 편의 규정은 당사자간의 특약으로 보험계약자 또는 피보험자나 보험수익자의 불이익으로 변경하지 못한다. 그러나 ( ㄱ ) 및 ( ㄴ ) 기타 이와 유사한 보험의 경우에는 그러하지 아니하다.

① ㄱ : 책임보험,  ㄴ : 해상보험
② ㄱ : 책임보험,  ㄴ : 화재보험
③ ㄱ : 재보험,    ㄴ : 해상보험
④ ㄱ : 재보험,    ㄴ : 화재보험

**문제풀이** S·O·L·U·T·I·O·N

③ 이 편의 규정은 당사자 간의 특약으로 보험계약자 또는 피보험자나 보험수익자의 불이익으로 변경하지 못한다. 그러나 재보험 및 해상보험 기타 이와 유사한 보험의 경우에는 그러하지 아니하다(제663조).

정답 ③

**06** 상법상 소멸시효에 관하여 (    )에 들어갈 내용으로 옳은 것은?  <제8회>

> 보험금청구권은 ( ㄱ )년간, 보험료청구권은 ( ㄴ )년간, 적립금의 반환청구권은 ( ㄷ )년간 행사하지 아니하면 시효의 완성으로 소멸한다.

① ㄱ : 2, ㄴ : 3, ㄷ : 2
② ㄱ : 2, ㄴ : 3, ㄷ : 3
③ ㄱ : 3, ㄴ : 2, ㄷ : 3
④ ㄱ : 3, ㄴ : 3, ㄷ : 2

**문제풀이** S·O·L·U·T·I·O·N

보험금청구권은 3년간, 보험료청구권은 2년간, 적립금의 반환청구권은 3년간 행사하지 아니하면 시효의 완성으로 소멸한다.(제662조)

정답 ③

**07** 상법상 보험계약 관련 소멸시효의 기간으로 옳은 것은? <제9회>

① 보험금청구권 : 2년
② 보험료청구권 : 3년
③ 보험료의 반환청구권 : 2년
④ 적립금의 반환청구권 : 3년

**문제풀이** S·O·L·U·T·I·O·N

④ 보험금청구권은 3년간, 보험료 또는 적립금의 반환청구권은 3년간, 보험료청구권은 2년간 행사하지 아니하면 시효의 완성으로 소멸한다.

정답 ④

**08** 상법상 보험계약 관련 소멸시효에 관한 설명이다. (　　　)에 들어갈 숫자를 모두 합한 것으로 옳은 것은? <제11회>

> 보험금청구권은 (　)년간, 보험료 또는 적립금의 반환청구권은 (　)년간, 보험료청구권은 (　)년간 행사하지 아니하면 시효의 완성으로 소멸한다.

① 6　　　　　　② 7　　　　　　③ 8　　　　　　④ 9

**문제풀이** S·O·L·U·T·I·O·N

보험금청구권은 (3)년간, 보험료 또는 적립금의 반환청구권은 (3)년간, 보험료청구권은 (2)년간 행사하지 아니하면 시효의 완성으로 소멸한다. 따라서 모두 합하면 3 + 3 + 2 = 8이 된다.

정답 ③

**09** 상법 보험편에 관한 설명으로 옳지 <u>않은</u> 것은? (다툼이 있으면 판례에 따름)  <제8회>

① 재보험에서는 당사자 간의 특약에 의하여 상법 보험편의 규정을 보험계약자의 불이익으로 변경할 수 있다.
② 보험계약자 등의 불이익변경 금지원칙은 보험계약자와 보험자가 서로 대등한 경제적 지위에서 계약조건을 정하는 기업보험에 있어서는 그 적용이 배제된다.
③ 상법 보험편의 규정은 그 성질에 반하지 아니하는 범위에서 공제에도 준용된다.
④ 상법 보험편의 규정은 약관에 의하여 피보험자나 보험수익자의 이익으로 변경할 수 없다.

**문제풀이**  SOLUTION

상법 보험편의 규정은 당사자 간의 특약으로 보험계약자 또는 피보험자나 보험수익자의 불이익으로 변경하지 못하므로 이익으로는 변경할 수 있다.(제663조)

정답 ④

**10** 甲은 자기 소유의 건물에 대해 A보험회사와 화재보험계약을 체결하였고, A보험회사는 이 화재보험계약으로 인하여 부담할 책임에 대하여 B보험회사와 재보험계약을 체결한 경우 그 법률관계에 관한 설명으로 옳은 것은?  <제10회>

① 화재보험계약의 보험기간 개시 전에 화재가 발생한 경우 B보험회사는 A보험회사에게 보험금 지급의무가 없다.
② 甲의 고의로 화재보험계약의 보험기간 중에 화재가 발생한 경우 B보험회사는 A보험회사에게 보험금 지급의무가 있다.
③ A보험회사의 B보험회사에 대한 보험금청구권은 1년간 행사하지 아니하면 시효의 완성으로 소멸한다.
④ B보험회사의 A보험회사에 대한 보험료청구권은 6개월간 행사하지 아니하면 시효의 완성으로 소멸한다.

**문제풀이**  SOLUTION

② 보험사고가 보험계약자 또는 피보험자나 보험수익자의 고의 또는 중대한 과실로 인하여 생긴 때에는 보험자는 보험금액을 지급할 책임이 없다(제659조). 따라서 B보험회사의 A보험회사에 대한 보험금 지급 의무도 없다.
③ 보험금청구권은 3년간 행사하지 아니하면 시효의 완성으로 소멸한다.
④ 보험료청구권은 2년간 행사하지 아니하면 시효의 완성으로 소멸한다.

정답 ①

## CHAPTER 01   통칙

**01** 손해보험계약에서의 피보험이익에 관한 설명으로 옳지 <u>않은</u> 것은?   <제1회>

① 피보험이익은 보험의 도박화를 방지하는 기능이 있다.

② 피보험이익은 적법한 것이어야 한다.

③ 피보험이익은 보험자의 책임범위를 정하는 표준이 된다.

④ 동일한 건물에 대하여 소유권자와 저당권자는 각자 독립한 보험계약을 체결할 수 없다.

**문제풀이**  S O L U T I O N

피보험이익이 다르면 동일한 목적물에 대한 보험계약이라도 별개의 보험계약이 된다. 따라서 동일한 건물에 대하여 소유권자와 저당권자는 각자 다른 피보험이익을 가지므로 독립한 보험계약을 체결할 수 있다.

정답 ④

**02** 피보험이익에 관한 설명으로 옳지 <u>않은</u> 것은?   <제5회>

① 우리 상법은 손해보험뿐만 아니라 인보험에서도 피보험이익이 있을 것을 요구한다.

② 상법은 피보험이익을 보험계약의 목적이라고 표현하며 보험의 목적과는 다르다.

③ 밀수선이 압류되어 입을 경제적 손실은 피보험이익이 될 수 없다.

④ 보험계약의 동일성을 판단하는 표준이 된다.

**문제풀이**  S O L U T I O N

피보험이익은 금전으로 산정할 수 있는 이익에 한한다. 따라서 인간의 생명이나 신체는 금전으로 산정할 수 없어 인보험에서는 피보험이익이라는 개념이 없다.

정답 ①

**03** 손해보험에 관한 설명으로 옳지 <u>않은</u> 것은?　　　　　　　　　　　　　　　<제6회>

① 보험자는 보험사고로 인하여 생길 보험계약자의 재산상의 손해를 보상할 책임이 있다.
② 금전으로 산정할 수 있는 이익에 한하여 보험계약의 목적으로 할 수 있다.
③ 보험계약의 목적은 상법 보험편 손해보험 장에서 규정하고 있으나 인보험 장에서는 그러하지 아니하다.
④ 중복보험의 경우에 보험자 1인에 대한 권리의 포기는 다른 보험자의 권리의무에 영향을 미치지 아니한다.

**문제풀이**　SOLUTION

보험자는 보험사고로 인하여 생길 피보험자의 재산상의 손해를 보상할 책임이 있다(제665조).

정답 ①

**04** 상법상 손해보험계약에 관한 설명으로 옳은 것은?　　　　　　　　　　　　　　<제8회>

① 피보험자는 보험계약에서 정한 불확정한 사고가 발생한 경우 보험금의 지급을 보험자에게 청구할 수 없다.
② 보험자가 보험계약자로부터 보험계약의 청약과 함께 보험료 상당액의 전부 또는 일부의 지급을 받은 때는 다른 약정이 없으면 30일 이내에 낙부통지를 발송해야 한다.
③ 보험자는 보험사고가 발생한 경우 보험금이 아닌 형태의 보험급여를 지급할 것을 약정할 수 없다.
④ 보험기간의 시기(始期)는 보험계약 체결시점과 같아야 한다.

**문제풀이**　SOLUTION

① 손해보험에서 보험사고 발생시 피보험자는 보험금지급을 청구할 수 있다.
③ 현금보상을 원칙으로 하나 그 밖의 급여를 지급할 것을 약정할 수 있다.(제638조)
④ 보험기간은 보험계약기간과 일치하지만, 양자가 반드시 일치해야 하는 것은 아니다.(예정보험, 소급보험 등)

정답 ②

**05** **상법상 손해보험에 관한 설명으로 옳은 것은?** <제9회>

① 보험자는 보험사고로 인하여 생길 보험수익자의 재산상의 손해를 보상할 책임이 있다.

② 보험사고로 인하여 상실된 피보험자가 얻을 이익이나 보수는 보험자가 보상할 손해액에 산입한다.

③ 대리인에 의하여 손해보험계약을 체결한 경우에 대리인이 안 사유는 그 본인이 안 것과 동일한 것으로 할 수 없다.

④ 보험계약은 금전으로 산정할 수 있는 이익에 한하여 보험계약의 목적으로 할 수 있다.

**문제풀이** SOLUTION

① 손해보험계약의 보험자는 보험사고로 인하여 생길 피보험자의 재산상의 손해를 보상할 책임이 있다.

② 보험사고로 인하여 상실된 피보험자가 얻을 이익이나 보수는 당사자 간에 다른 약정이 없으면 보험자가 보상할 손해액에 산입하지 아니한다.

③ 대리인에 의하여 보험계약을 체결한 경우에 대리인이 안 사유는 그 본인이 안 것과 동일한 것으로 한다.

정답 ④

**06** **손해보험에 관한 설명으로 옳지 <u>않은</u> 것은? (단, 다른 약정이 없음을 전제로 함)** <제7회>

① 보험사고로 인하여 상실된 피보험자가 얻을 보수는 보험자가 보상할 손해액에 산입하여야 한다.

② 보험계약은 금전으로 산정할 수 있는 이익에 한하여 보험계약의 목적으로 할 수 있다.

③ 무효와 실권의 사유는 손해보험증권의 기재사항이다.

④ 당사자 간에 보험가액을 정하지 아니한 때에는 사고발생시의 가액을 보험가액으로 한다.

**문제풀이** SOLUTION

보험사고로 인하여 상실된 피보험자가 얻을 이익이나 보수는 당사자 간에 다른 약정이 없으면 보험자가 보상할 손해액에 산입하지 아니한다.

정답 ①

**07** 보험자의 손해보상의무에 관한 설명으로 옳지 <u>않은</u> 것은?　　　　　　　　　<제1회>

① 손해보험계약의 보험자는 보험사고로 인하여 생길 피보험자의 재산상의 손해를 보상할 책임이 있다.

② 보험자의 보험금 지급의무는 2년의 단기시효로 소멸한다.

③ 화재보험계약의 목적을 건물의 소유권으로 한 경우 보험사고로 인하여 피보험자가 얻을 임대료수입은 특약이 없는 한 보험자가 보상할 손해액에 산입하지 않는다.

④ 신가보험은 손해보험의 이득금지원칙에도 불구하고 인정된다.

**문제풀이** S·O·L·U·T·I·O·N

3년의 단기시효로 소멸한다.

정답 ②

**08** 손해보험의 목적에 관한 설명으로 옳은 것은?　　　　　　　　　<제10회>

① 피보험자가 보험의 목적을 양도한 때에는 양수인은 보험계약상의 권리와 의무를 승계한 것으로 본다.

② 금전으로 산정할 수 있는 이익에 한하여 보험의 목적으로 할 수 있다.

③ 보험의 목적에 관하여 보험자가 부담할 손해가 생긴 경우에는 그 후 그 목적이 보험자가 부담하지 아니하는 보험사고와 발생으로 인하여 멸실된 때에도 보험자는 이미 생긴 손해를 보상할 책임을 면하지 못한다.

④ 보험의 목적의 성질, 하자 또는 자연소모로 인한 손해는 보험자가 이를 보상할 책임이 있다.

**문제풀이** S·O·L·U·T·I·O·N

① 피보험자가 보험의 목적을 양도한 때에는 양수인은 보험계약상의 권리와 의무를 승계한 것으로 추정한다(679조 제1항).
② 보험계약은 금전으로 산정할 수 있는 이익에 한하여 보험계약의 목적으로 할 수 있다(제668조).
④ 보험의 목적의 성질, 하자 또는 자연소모로 인한 손해는 보험자가 이를 보상할 책임이 없다(제678조).

정답 ③

## CHAPTER 02 보험계약의 목적 및 보험가액

**01** 보험가액에 관한 설명으로 옳지 <u>않은</u> 것은? <제6회>

① 당사자 간에 보험가액을 정한 때에는 그 가액은 사고발생시의 가액으로 정한 것으로 추정한다.

② 당사자 간에 정한 보험가액이 사고발생시의 가액을 현저하게 초과할 때에는 그 원인에 따라 당사자 간에 정한 보험가액과 사고발생시의 가액 중 협의하여 보험가액을 정한다.

③ 상법상 초과보험을 판단하는 보험계약의 목적의 가액은 계약당시의 가액에 의하여 정하는 것이 원칙이다.

④ 당사자 간에 보험가액을 정하지 아니한 때에는 사고발생시의 가액을 보험가액으로 한다.

**문제풀이** SOLUTION

당사자 간에 보험가액을 정한 때에는 그 가액은 사고발생시의 가액으로 정한 것으로 추정한다. 그러나 그 가액이 사고발생시의 가액을 현저하게 초과할 때에는 사고발생시의 가액을 보험가액으로 한다(제670조).

정답 ②

**02** 기평가보험과 미평가보험에 관한 설명으로 옳지 <u>않은</u> 것은? <제4회>

① 당사자 간에 보험계약체결 시 보험가액을 미리 약정하는 보험은 기평가보험이다.

② 기평가보험에서 보험가액은 사고발생시의 가액으로 정한 것으로 추정한다. 그러나 그 가액이 사고발생시의 가액을 현저하게 초과할 때에는 사고발생시의 가액을 보험가액으로 한다.

③ 미평가보험이란 보험사고의 발생 이전에는 보험가액을 산정하지 않고, 그 이후에 산정하는 보험을 말한다.

④ 미평가보험은 보험계약체결 당시의 가액을 보험가액으로 한다.

**문제풀이** SOLUTION

보험계약체결 당시 ⇨ 사고발생당시

정답 ④

**03** 상법상 기평가보험과 미평가보험에 관한 설명으로 옳은 것은? <제5회>

① 당사자 간에 보험가액을 정하지 아니한 때에는 계약체결시의 가액을 보험가액으로 한다.

② 당자자 간에 보험가액을 정한 때 그 가액이 사고발생시의 가액을 현저하게 초과할 때에는 사고발생시의 가액을 보험가액으로 한다.

③ 당사자 간에 보험가액을 정한 때에는 그 가액은 계약체결시의 가액으로 정한 것으로 추정한다.

④ 당사자 간에 보험가액을 정한 때에는 그 가액은 사고발생시의 가액을 정한 것으로 본다.

**문제풀이** S·O·L·U·T·I·O·N

①, ③ 계약체결시 ⇨ 사고발생시
④ 본다 ⇨ 추정한다

정답 ②

**04** 상법상 기평가보험과 미평가보험에 관한 설명으로 옳은 것은? <제11회>

① 당사자 간에 보험가액을 정한 때에는 그 가액은 사고발생시의 가액으로 정한 것으로 간주한다.

② 협정보험가액이 사고발생 시의 가액을 현저하게 초과할 때에는 협정보험가액을 보험가액으로 한다.

③ 당사자 간에 보험가액을 정하지 아니한 때에는 사고발생 시의 가액을 보험가액으로 한다.

④ 보험가액을 정하지 않은 경우 그 보험계약은 무효로 한다.

**문제풀이** S·O·L·U·T·I·O·N

① 당사자 간에 보험가액을 정한 때에는 그 가액은 사고발생시의 가액으로 정한 것으로 추정한다.
② 협정보험가액이 사고발생 시의 가액을 현저하게 초과할 때에는 사고발생시의 가액을 보험가액으로 한다.
④ 당사자 간에 보험가액을 정하지 아니한 때에는 사고발생 시의 가액을 보험가액으로 한다.

정답 ③

**05** 상법상 손해보험에 관한 설명으로 옳지 <u>않은</u> 것은?  <제8회>

① 당사자 간에 보험가액을 정한 때에는 그 가액은 사고발생시의 가액으로 정한 것으로 본다.

② 당사자는 약정에 의하여 보험사고로 인하여 상실된 피보험자가 얻을 보수를 보험자가 보상할 손해액에 산입할 수 있다.

③ 화재보험의 보험자는 화재의 소방 또는 손해의 감소에 필요한 조치로 인하여 생긴 손해를 보상할 책임이 있다.

④ 보험계약은 금전으로 산정할 수 있는 이익에 한하여 보험계약의 목적으로 할 수 있다.

> **문제풀이** SOLUTION
>
> 당사자 간에 보험가액을 정한 때에는 그 가액은 사고발생시의 가액으로 정한 것으로 추정한다.
>
> 정답 ①

**06** 상법상 보험가액에 관한 설명으로 옳지 <u>않은</u> 것은?  <제9회>

① 보험가액이란 피보험이익을 금전적으로 산정 또는 평가한 액수이다.

② 당사자간에 보험가액을 정한 때에는 그 가액은 사고발생시의 가액으로 정한 것으로 본다.

③ 당사자간에 보험가액을 정하지 아니한 때에는 사고발생시의 가액을 보험가액으로 한다.

④ 기평가보험에서 당사자간에 정한 보험가액이 사고발생시의 가액을 현저하게 초과할 때에는 사고발생시의 가액을 보험가액으로 한다.

> **문제풀이** SOLUTION
>
> ② 당사자 간에 보험가액을 정한 때에는 그 가액은 사고발생시의 가액으로 정한 것으로 추정한다.
>
> 정답 ②

**07** 상법상 물건보험의 보험가액에 관한 설명으로 옳지 <u>않은</u> 것은?  <제10회>

① 보험가액과 보험금액은 일치하지 않을 수 있다.

② 보험계약 당사자 간에 보험가액을 정하지 아니한 때에는 사고발생시 가액을 보험가액으로 한다.

③ 보험계약의 당사자 간에 보험가액을 정한 경우 그 가액이 사고발생시의 가액을 현저하게 초과할 경우 보험계약은 무효이다.

④ 보험계약의 당사자 간에 보험가액을 정한 경우 그 가액은 사고발생시의 가액으로 정한 것으로 추정한다.

**문제풀이** · S·O·L·U·T·I·O·N

③ 당사자 간에 보험가액을 정한 때에는 그 가액은 사고발생시의 가액으로 정한 것으로 추정한다. 그러나 그 가액이 사고발생시의 가액을 현저하게 초과할 때에는 사고발생시의 가액을 보험가액으로 한다(제670조)

정답 ③

---

## CHAPTER 03 손해액의 산정 및 손해방지의무

**01** 손해액 산정에 관한 설명으로 옳지 <u>않은</u> 것은?  <제7회>

① 보험사고로 인하여 상실된 피보험자가 얻을 이익은 당사자 간에 다른 약정이 없으면 보험자가 보상할 손해액에 산입하지 아니한다.

② 당사자 간에 다른 약정이 있는 때에는 신품가액에 의하여 보험자가 보상할 손해액을 산정할 수 있다.

③ 손해액 산정에 필요한 비용은 보험자와 보험계약자 및 보험수익자가 공동으로 부담한다.

④ 손해보상은 원칙적으로 금전으로 하지만 당사자의 합의로 손해의 전부 또는 일부를 현물로 보상할 수 있다.

**문제풀이** · S·O·L·U·T·I·O·N

손해액 산정에 필요한 비용은 보험자의 부담으로 한다.

정답 ③

**02** 손해액의 산정에 관한 설명으로 옳지 <u>않은</u> 것은?　　　　　　　　　　　　　　　<제6회>

① 보험자가 보상할 손해액은 그 손해가 발생한 때와 곳의 가액에 의하여 산정하는 것이 원칙이다.

② 손해액 산정에 관하여 당사자 간에 다른 약정이 있는 때에는 신품가액에 의하여 산정할 수 있다.

③ 특약이 없는 한 보험자가 보상할 손해액에는 보험사고로 인하여 상실된 피보험자가 얻을 이익이나 보수를 산입하지 않는다.

④ 손해액 산정에 필요한 비용은 보험자와 보험계약자가 공동으로 부담한다.

**문제풀이**　SOLUTION

손해액 산정에 관한 비용은 보험자의 부담으로 한다(제676조 제2항).

정답 ④


**03** 상법상 손해보험에서 손해액의 산정기준 등에 관한 설명으로 옳지 <u>않은</u> 것은?　　　　<제8회>

① 보험자가 보상할 손해액은 그 손해가 발생한 때와 곳의 가액에 의하여 산정하는 것이 원칙이다.

② 손해액의 산정에 관한 비용은 보험계약자의 부담으로 한다.

③ 보험자가 손해를 보상할 경우에 보험료의 지급을 받지 아니한 잔액이 있으면 그 지급기일이 도래하지 아니한 때라도 보상할 금액에서 이를 공제할 수 있다.

④ 보험자는 약정에 따라 신품가액에 의하여 손해액을 산정할 수 있다.

**문제풀이**　SOLUTION

② 손해액의 산정에 관한 비용은 보험자의 부담으로 한다.(제676조 제2항)

정답 ②

**04** 상법상 손해보험에서 손해액의 산정기준 등에 관한 설명으로 옳지 <u>않은</u> 것은?　　<제9회>

① 보험자가 보상할 손해액의 산정에 관한 비용은 보험자의 부담으로 한다.
② 당사자간에 다른 약정이 없는 경우 보험자가 보상할 손해액은 그 손해가 발생한 때의 보험계약 체결지의 가액에 의하여 산정한다.
③ 당사자간의 약정에 의하여 보험의 목적의 신품가액에 의하여 손해액을 산정할 수 있다.
④ 보험의 목적의 성질, 하자 또는 자연소모로 인한 손해는 보험자가 이를 보상할 책임이 없다.

> **문제풀이** S·O·L·U·T·I·O·N
>
> ② 보험자가 보상할 손해액은 그 손해가 발생한 때와 곳의 가액에 의하여 산정한다. 따라서 보험계약 체결지 가액이 아니라 손해발생 장소의 가액에 의해 산정한다.
>
> 정답 ②

**05** 손해보험에서 손해액의 산정에 관한 설명으로 옳은 것은?　　<제10회>

① 보험자가 보상할 손해액은 보험계약을 체결한 때와 곳의 가액에 의하여 산정한다.
② 보험사고로 인하여 상실된 피보험자가 얻을 이익이나 보수는 보험자가 보상할 손해액에 산입하여야 한다.
③ 손해액의 산정에 관한 비용은 보험계약자의 부담으로 한다.
④ 당사자간에 다른 약정이 있을 때에는 그 신품가액에 의하여 손해액을 산정할 수 있다.

> **문제풀이** S·O·L·U·T·I·O·N
>
> ① 보험자가 보상할 손해액은 그 손해가 발생한 때와 곳의 가액에 의하여 산정한다.(제676조 제1항)
> ② 당사자 간에 다른 약정이 없으면 보험자가 보상할 손해액에 산입하지 아니한다(제667조).
> ③ 보험자의 부담으로 한다(제676조 제2항).
>
> 정답 ④

**06** 상법상 손해보험에 있어 보험자의 면책 사유로 옳은 것을 모두 고른 것은?     <제8회>

> ㄱ. 보험의 목적의 성질로 인한 손해
> ㄴ. 보험의 목적의 하자로 인한 손해
> ㄷ. 보험의 목적의 자연소모로 인한 손해
> ㄹ. 보험사고가 보험계약자의 고의 또는 중대한 과실로 인하여 생긴 경우

① ㄱ, ㄴ     ② ㄴ, ㄷ     ③ ㄷ, ㄹ     ④ ㄱ, ㄴ, ㄷ, ㄹ

**문제풀이**   S·O·L·U·T·I·O·N

- 보험의 목적의 성질, 하자 또는 자연소모로 인한 손해는 보험자가 이를 보상할 책임이 없다(제678조).
- 보험사고가 보험계약자 또는 피보험자나 보험수익자의 고의 또는 중대한 과실로 인하여 생긴 때에는 보험자는 보험금액을 지급할 책임이 없다(제659조 제1항).

정답 ④

**07** 손해방지의무 등에 관한 상법 규정의 설명으로 옳은 것은?     <제5회>

① 피보험자뿐만 아니라 보험계약자도 손해방지의무를 부담한다.
② 손해방지비용과 보상액의 합계액이 보험금액을 초과한 때에는 보험자의 지시에 의한 경우에만 보험자가 이를 부담한다.
③ 상법은 피보험자는 보험자에 대하여 손해방지비용의 선급을 청구할 수 있다고 규정한다.
④ 손해의 방지와 경감을 위하여 유익하였던 비용은 보험자가 이를 부담하지 않는다.

**문제풀이**   S·O·L·U·T·I·O·N

②, ④ 보험자의 지시가 없더라도 보험계약자와 피보험자가 손해의 방지와 경감을 위하여 필요 또는 유익하였던 비용과 보상액이 보험금액을 초과한 경우라면 보험자가 이를 부담한다.
③ 피보험자가 보험자에 대하여 손해방지비용의 선급을 청구할 수 있는 규정은 없다.

정답 ①

**08** 손해보험에 관한 설명으로 옳지 <u>않은</u> 것은? <제7회>

① 보험자가 손해를 보상할 경우에 보험료의 지급을 받지 아니한 잔액이 있으면 그 지급기일이 도래하지 아니한 때라도 보상할 금액에서 이를 공제할 수 있다.
② 보험계약자가 손해의 방지와 경감을 위하여 필요 또는 유익하였던 비용과 보상액이 보험금액을 초과한 경우에는 보험자는 보험금액의 한도 내에서 이를 부담한다.
③ 보험의 목적에 관하여 보험자가 부담할 손해가 생긴 경우에는 그 후 그 목적이 보험자가 부담하지 아니하는 보험사고의 발생으로 인하여 멸실된 때에도 보험자는 이미 생긴 손해를 보상할 책임을 면하지 못한다.
④ 보험의 목적의 자연소모로 인한 손해는 보험자가 이를 보상할 책임이 없다.

**문제풀이** S·O·L·U·T·I·O·N

보험계약자가 손해의 방지와 경감을 위하여 필요 또는 유익하였던 비용과 보상액이 보험금액을 초과한 경우라도 보험자가 이를 부담한다.

정답 ②

**09** 상법상 손해보험에서 손해방지의무에 관한 설명으로 옳지 <u>않은</u> 것은? (다툼이 있으면 판례에 따름) <제8회>

① 손해방지의무의 주체는 보험계약자와 피보험자이다.
② 손해방지를 위하여 필요 또는 유익하였던 비용은 보험자가 부담한다.
③ 손해방지를 위하여 필요 또는 유익하였던 비용과 보상액이 보험금액을 초과한 경우에는 보험금액의 한도에서만 보험자가 이를 부담한다.
④ 피보험자가 손해방지의무를 고의 또는 중과실로 위반한 경우 보험자는 손해방지의무위반과 상당인과관계가 있는 손해에 대하여 배상을 청구할 수 있다.

**문제풀이** S·O·L·U·T·I·O·N

③ 보험계약자와 피보험자는 손해의 방지와 경감을 위하여 노력하여야 한다. 그러나 이를 위하여 필요 또는 유익하였던 비용과 보상액이 보험금액을 초과한 경우라도 보험자가 이를 부담한다.(제680조)
④ 보험계약자 또는 피보험자가 손해방지의무를 고의 또는 중과실로 위반한 경우에는 신의성실의 원칙을 위반한 것으로 보험자는 손해방지의무 위반과 상당인과관계가 있는 손해에 대하여 배상을 청구할 수 있다.(대판 2015다209347) 단, 보험계약자, 피보험자의 고의 또는 중과실 여부는 보험자가 입증하여야 한다.

정답 ③

**10** 다음 사례와 관련하여 손해방지 의무 등에 관한 설명으로 옳지 <u>않은</u> 것은? <제9회>

> 甲은 乙이 소유한 창고(시가 1억원)에 대하여 A 보험회사와 화재보험계약(보험금액 1억원)을 체결하였다. 이후 보험기간 중 해당 창고에 화재가 발생하였는데 화재사고 당시 甲은 창고의 연소로 인한 손해방지를 위한 비용을 1천만원 지출하였고, 乙은 창고의 연소로 인한 손해의 경감을 위하여 비용을 3천만원 지출하였다.

① 甲과 乙 모두 손해의 방지와 경감을 위하여 노력하여야 한다.
② 甲이 지출한 1천만원이 손해방지를 위하여 필요하였던 비용일 경우 A보험회사는 甲이 지출한 1천만원의 비용을 부담한다.
③ 乙이 지출한 3천만원이 손해경감을 위하여 유익하였던 비용일 경우 A보험회사는 乙이 지출한 3천만원의 비용을 부담한다.
④ 위 사고로 인하여 乙에 대한 보상액이 8천만원으로 책정될 경우 A보험회사는 甲 및 乙이 지출한 비용과 보상액을 합쳐서 1억원의 한도에서 부담한다.

**문제풀이** SOLUTION

④ 보험계약자(甲)와 피보험자(乙)는 손해의 방지와 경감을 위하여 노력하여야 한다. 그러나 이를 위하여 필요 또는 유익하였던 비용과 보상액이 보험금액을 초과한 경우라도 보험자가 이를 부담한다.

정답 ④

**11** 상법상 손해방지의무에 관한 설명으로 옳은 것은? (다툼이 있으면 판례에 따름)  <제10회>

① 손해방지의무는 보험계약자는 부담하지 않고 피보험자만 부담하는 의무이다.

② 손해방지의무의 이행을 위하여 필요 또는 유익하였던 비용과 보상액이 보험금액을 초과한 경우라도 보험자가 이를 부담한다.

③ 손해방지의무는 보험사고가 발생하기 이전에 부담하는 의무이다.

④ 손해방지의무의 이행을 위하여 필요 또는 유익하였던 비용은 실제로 손해의 방지와 경감에 유효하게 영향을 준 경우에만 보험자가 이를 부담한다.

---

**문제풀이** SOLUTION

① 보험계약자와 피보험자는 손해의 방지와 경감을 위하여 노력하여야 한다(제680조 제1항).

③ 언제 해당 의무를 부담하여야 하는 가에 대하여는 명시적 규정이 없으나, 일반적으로 '보험사고가 생긴 때' 또는 '보험사고가 생긴 것을 안 때'라고 해석하는 것이 타당하다.

④ 손해방지·경감비용이란 손해의 방지 또는 경감을 위하여 필요 또는 유익하였던 비용을 말하는데, 비용지출 결과 실질적으로 손해의 경감이 있었던 것만을 의미하지는 않고 그 상황에서 손해경감 목적을 가지고 한 타당한 행위에 대한 비용이 포함된다고 본다.

정답 ②

---

**12** 상법상 손해방지의무에 관한 설명으로 옳지 <u>않은</u> 것은?  <제11회>

① 보험계약자는 손해방지를 위해 노력해야 한다.

② 피보험자는 보험사고가 발생한 경우 손해의 경감을 위해 노력해야 한다.

③ 보험계약자가 손해방지의무의 이행에 필요했던 비용과 보상액이 보험금액을 초과한 경우 그 초과부분은 보험계약자가 부담한다.

④ 손해방지의무의 주체는 보험계약자와 피보험자이다.

---

**문제풀이** SOLUTION

보험계약자와 피보험자는 손해의 방지와 경감을 위하여 노력하여야 한다. 그러나 이를 위하여 필요 또는 유익하였던 비용과 보상액이 보험금액을 초과한 경우라도 보험자가 이를 부담한다.

정답 ③

## CHAPTER 04  초과보험, 중복보험, 일부보험 등

**01** 손해보험에서 보험가액과 보험금액과의 관계에 관한 설명으로 옳지 <u>않은</u> 것은?  <제2회>

① 보험금액이 보험계약의 목적의 가액을 현저하게 초과한 때에 보험자는 보험금액의 감액을 청구할 수 있지만, 보험계약자는 보험료의 감액을 청구할 수 없다.

② 일부보험의 경우에 보험계약의 당사자들은 보험자가 보험금액의 보험가액에 대한 비율과 상관없이 보험금액의 한도 내에서 그 손해를 보상할 책임이 있다는 약정을 할 수 있다.

③ 중복보험에서 수인의 보험자 중 1인에 대하여 피보험자가 권리를 포기하여도 다른 보험자의 권리의무에 영향을 미치지 않는다.

④ 중복보험에서 보험자가 각자의 보험금액의 한도에서 연대책임을 지는 경우 각 보험자의 보상책임은 각자의 보험금액의 비율에 따른다.

> **문제풀이** S·O·L·U·T·I·O·N
>
> ① 보험금액이 보험계약의 목적의 가액을 현저하게 초과한 때에 보험자는 보험금액의 감액을 청구할 수 있고, 보험계약자는 보험료의 감액을 청구할 수 있다(제669조).
>
> 정답 ①

**02** 초과보험에 관한 설명으로 옳지 <u>않은</u> 것은?  <제5회>

① 보험금액이 보험계약당시의 보험계약의 목적의 가액을 현저히 초과한 때를 말한다.

② 보험자 또는 보험계약자는 보험료와 보험금액의 감액을 청구할 수 있다.

③ 보험료의 감액은 보험계약체결시에 소급하여 그 효력이 있으나 보험금액의 감액은 장래에 대하여만 그 효력이 있다.

④ 보험계약자의 사기로 인하여 체결된 초과보험계약은 무효이며 보험자는 그 사실을 안 때까지의 보험료를 청구할 수 있다.

> **문제풀이** S·O·L·U·T·I·O·N
>
> 보험금액의 감액은 보험계약체결시에 소급하여 그 효력이 있으나 보험료의 감액은 장래에 대하여만 그 효력이 있다.
>
> 정답 ③

**03** 초과보험에 관한 설명으로 옳지 <u>않은</u> 것은? <제6회>

① 보험금액이 보험계약의 목적의 가액을 현저하게 초과한 경우에 성립한다.

② 보험가액이 보험기간 중 현저하게 감소된 때에도 초과보험에 관한 규정이 적용된다.

③ 보험계약자 또는 보험자는 보험료와 보험금액의 감액을 청구할 수 있으나 보험료의 감액은 장래에 대하여서만 그 효력이 있다.

④ 계약이 보험계약자의 사기로 인하여 체결된 때에는 보험자는 그 사실을 안 날로부터 1월 내에 계약을 해지할 수 있다.

**문제풀이** S·O·L·U·T·I·O·N

계약이 보험계약자의 사기로 인하여 체결된 때에는 그 계약은 무효로 한다(제669조 제4항).

정답 ④

**04** 상법상 초과보험에 관한 설명으로 옳지 <u>않은</u> 것은? <제11회>

① 보험가액이 보험금액을 현저하게 초과한 때에는 보험자 또는 보험계약자는 보험료와 보험금액의 감액을 청구할 수 있다.

② 보험가액이 보험기간 중에 현저하게 감소한 때에는 보험자 또는 보험계약자는 보험료와 보험금액의 감액을 청구할 수 있다.

③ 보험계약자의 사기로 인하여 초과보험 계약이 체결된 때에는 그 계약은 무효가 된다.

④ 사기로 인한 초과보험 계약이 체결되어 무효가 된 경우 보험자는 그 사실을 안 때까지의 보험료를 청구할 수 있다.

**문제풀이** S·O·L·U·T·I·O·N

보험금액이 보험계약의 목적의 가액(보험가액)을 현저하게 초과한 때에는 보험자 또는 보험계약자는 보험료와 보험금액의 감액을 청구할 수 있다. 그러나 보험료의 감액은 장래에 대하여서만 그 효력이 있다.

정답 ①

**05** **손해보험에서의 보험가액에 관한 설명으로 옳은 것은?** <제8회>

① 초과보험에 있어서 보험계약의 목적의 가액은 사고 발생시의 가액에 의하여 정한다.
② 보험금액이 보험계약의 목적의 가액을 현저하게 초과한 때에는 보험계약자는 소급하여 보험료의 감액을 청구할 수 있다.
③ 보험가액이 보험계약 당시가 아닌 보험기간 중에 현저하게 감소된 때에는 보험자는 보험료와 보험금액의 감액을 청구할 수 없다.
④ 초과보험이 보험계약자의 사기로 인하여 체결된 때에는 그 계약은 무효이며 보험자는 그 사실을 안 때까지의 보험료를 청구할 수 있다.

> **문제풀이** SOLUTION
>
> ① 사고 발생시의 가액 ⇨ 계약당시의 가액
> ② 장래에 대하여서만 보험료의 감액을 청구할 수 있다.
> ③ 보험가액이 보험기간 중에 현저하게 감소된 때에도 보험자는 보험료와 보험금액의 감액을 청구할 수 있다.
>
> 정답 ④

**06** **상법상 초과보험에 관한 설명으로 옳은 것은?** <제9회>

① 보험자 또는 보험계약자는 보험료와 보험금액의 감액을 청구할 수 있다.
② 보험계약자가 청구한 보험료의 감액은 계약체결일부터 소급하여 그 효력이 있다.
③ 보험가액이 보험기간 중에 현저하게 감소된 때에도 보험계약자는 보험료의 감액을 청구할 수 없다.
④ 보험계약자의 사기로 인하여 체결된 초과보험의 경우 보험자는 그 계약을 체결한 날부터 1월내에 계약을 해지할 수 있다.

> **문제풀이** SOLUTION
>
> ② 보험료의 감액은 장래에 대하여서만 그 효력이 있다.
> ③ 보험가액이 보험기간 중에 현저하게 감소된 때에도 보험계약자는 보험료의 감액을 청구할 수 있다.
> ④ 계약이 보험계약자의 사기로 인하여 체결된 때에는 그 계약은 무효로 한다.
>
> 정답 ①

**07** 상법상 초과보험에 관한 설명으로 옳은 것을 모두 고른 것은? <제10회>

ㄱ. 보험계약자의 사기에 의하여 보험금액이 보험가액을 현저하게 초과하는 보험계약이 체결된 경우 보험기간 중에 보험사고가 발생하면 보험자는 보험가액의 한도 내에서 보험금 지급의무가 있다.

ㄴ. 보험계약 체결 이후 보험기간 중에 보험가액이 보험금액에 비해 현저하게 감소된 때에는 보험자 또는 보험계약자는 보험료와 보험금액의 감액을 청구할 수 있다.

ㄷ. 보험계약 체결 이후 보험기간 중에 보험가액이 보험금액에 비해 현저하게 감소된 때에는 보험자 또는 보험계약자는 보험계약을 취소할 수 있다.

ㄹ. 보험계약자의 사기에 의하여 보험금액이 보험가액을 현저하게 초과하는 계약이 체결된 경우 보험자는 그 사실을 안 때까지의 보험료를 청구할 수 있다.

① ㄱ, ㄷ      ② ㄱ, ㄹ      ③ ㄴ, ㄷ      ④ ㄴ, ㄹ

---

**문제풀이**   S·O·L·U·T·I·O·N

ㄱ. 보험금액이 보험계약의 목적의 가액을 현저하게 초과한 계약이 보험계약자의 사기로 인하여 체결된 때에는 그 계약은 무효로 한다.(제669조 제4항)

ㄷ. 보험계약 체결 이후 보험기간 중에 보험가액이 보험금액에 비해 현저하게 감소된 때에도 보험자 또는 보험계약자는 보험료와 보험금액의 감액을 청구할 수 있다.(제669조 제3항)

정답 ④

**08** 중복보험에 관한 설명으로 옳지 <u>않은</u> 것은? <제4회>

① 동일한 보험계약의 목적과 동일한 사고에 관하여 수개의 보험계약이 동시에 또는 순차로 체결된 경우에 그 보험가액의 총액이 보험금액을 초과한 때에는 보험자는 각자의 보험금액의 한도에서 연대책임을 진다.

② 중복보험의 경우 보험자 1인에 대한 피보험자의 권리의 포기는 다른 보험자의 권리의무에 영향을 미치지 않는다.

③ 중복보험의 경우에는 보험계약자는 각 보험자에 대하여 각 보험계약의 내용을 통지하여야 한다.

④ 사기에 의한 중복보험계약은 무효이나 보험자는 그 사실을 안 때까지의 보험료를 청구할 수 있다.

**문제풀이** S·O·L·U·T·I·O·N

그 보험금액의 총액이 보험가액을 초과한 때에는 보험자는 각자의 보험금액의 한도에서 연대책임을 진다.

정답 ①

**09** 중복보험에 관한 설명으로 옳은 것은? <제5회>

① 동일한 보험계약의 목적과 동일한 사고에 관하여 수개의 보험계약이 동시에 또는 순차로 체결된 경우에 그 보험금액의 총액이 보험가액을 현저히 초과한 경우에만 상법상 중복보험에 해당한다.

② 동일한 보험계약의 목적과 동일한 사고에 관하여 수개의 보험계약을 체결하는 경우에는 보험계약자는 각 보험자에 대하여 각 보험계약의 내용을 통지하여야 한다.

③ 중복보험의 경우 보험자 1인에 대한 피보험자의 권리의 포기는 다른 보험자의 권리의무에 영향을 미친다.

④ 보험자는 보험가액의 한도에서 연대책임을 진다.

**문제풀이** S·O·L·U·T·I·O·N

① 현저히 초과 ⇨ 초과　③ 영향을 미치지 않는다.　④ 보험가액 한도 ⇨ 각자의 보험금액의 한도

정답 ②

**10** 다음은 중복보험에 관한 설명이다. (   )에 들어갈 용어로 옳은 것은?  <제6회>

> 동일한 보험계약의 목적과 동일한 사고에 관하여 수개의 보험계약이 동시에 또는 순차로 체결된 경우에 그 ( ㄱ )의 총액이 ( ㄴ )을 초과한 때에는 보험자는 각자의 ( ㄷ )의 한도에서 연대책임을 진다.

① ㄱ : 보험금액,      ㄴ : 보험가액,      ㄷ : 보험금액

② ㄱ : 보험금액,      ㄴ : 보험가액,      ㄷ : 보험가액

③ ㄱ : 보험료,      ㄴ : 보험가액,      ㄷ : 보험금액

④ ㄱ : 보험료,      ㄴ : 보험금액,      ㄷ : 보험금액

**문제풀이** S·O·L·U·T·I·O·N

동일한 보험계약의 목적과 동일한 사고에 관하여 수개의 보험계약이 동시에 또는 순차로 체결된 경우에 그 보험금액의 총액이 보험가액을 초과한 때에는 보험자는 각자의 보험금액의 한도에서 연대책임을 진다. 이 경우에는 각 보험자의 보상책임은 각자의 보험금액의 비율에 따른다(제672조).

정답 ①

**11** 상법상 중복보험에 관한 설명으로 옳지 <u>않은</u> 것은?  <제8회>

① 보험계약자가 중복보험의 체결사실을 보험자에게 통지하지 아니한 경우 보험자는 보험계약을 취소할 수 있다.

② 중복보험을 체결한 경우 보험계약자는 각 보험자에 대하여 각 보험계약의 내용을 통지하여야 한다.

③ 중복보험이라 함은 동일한 보험계약의 목적과 동일한 사고에 관하여 수개의 보험계약이 동시에 또는 순차로 체결된 경우를 말한다.

④ 중복보험은 하나의 보험계약을 수인의 보험자와 체결한 공동보험과 구별된다.

**문제풀이** S·O·L·U·T·I·O·N

① 중복보험의 체결사실 여부는 중요한 고지의무 대상이 아니기에 보험계약자가 보험자에게 통지하지 아니한 경우에도 보험자는 보험계약을 취소할 수 없다.(대판 2001다49623)

정답 ①

**12** 상법상 손해보험에서 중복보험에 관한 설명으로 옳지 <u>않은</u> 것은?　　　　　　　<제9회>

① 중복보험은 동일한 보험계약의 목적과 동일한 사고에 관하여 수개의 보험계약이 동시에 또는 순차로 체결되는 방식으로 성립할 수 있다.

② 중복보험에서 그 보험금액의 총액이 보험가액을 초과한 때에는 보험자는 각자의 보험금액의 한도에서 연대책임을 지며 이 경우 각 보험자의 보상책임은 각자의 보험금액의 비율에 따른다.

③ 보험계약자의 사기로 인하여 중복보험 계약이 체결된 경우 보험자는 그 사실을 안 때까지의 보험료를 청구할 수 없다.

④ 보험자 1인에 대한 권리의 포기는 다른 보험자의 권리의무에 영향을 미치지 아니한다.

**문제풀이**　S·O·L·U·T·I·O·N

③ 계약이 보험계약자의 사기로 인하여 체결된 때에는 그 계약은 무효로 한다. 그러나 보험자는 그 사실을 안 때까지의 보험료를 청구할 수 있다.

정답 ③

**13** 甲이 가액이 10억원인 자기 소유의 재산에 대해 A, B 보험회사와 보험기간이 동일하고, 보험금액 10억원인 화재보험계약을 순차적으로 각각 체결한 경우 그 법률관계에 관한 설명으로 옳지 <u>않은</u> 것은? (甲의 사기는 없었음)　　　　　　　<제10회>

① 만약 甲이 사기에 의하여 두 개의 화재보험계약을 체결하였다면 보험계약은 무효이다.

② 보험기간 중 화재가 발생하여 甲의 재산이 전소되어 10억원의 손해를 입은 경우 甲은 A, B보험회사에게 각각 5억원까지 보험금청구권을 행사할 수 있다.

③ 甲은 B보험회사와 화재보험계약을 체결할 때 A보험회사와의 화재보험계약의 내용을 통지할 의무가 있다.

④ 甲이 A보험회사에 대한 권리를 포기하더라도 B보험회사의 권리의무에 영향을 미치지 않는다.

**문제풀이**　S·O·L·U·T·I·O·N

② 甲은 A, B보험회사에게 각각 10억원까지 보험금청구권을 행사할 수 있으나 보험자는 각자의 보험금액의 한도에서 연대책임을 지며 각 보험자의 보상책임은 각자의 보험금액의 비율에 따라 각각 5억원의 보험금 지급책임을 지게 된다.

정답 ②

**14** 甲은 자신이 소유한 건물(보험가액 20억원)에 대하여 A보험자와 15억원의 화재보 험계약을 체결하고, B보험자와 10억원의 화재보험계약을 체결하였다. 해당 건물이 화재로 전부 멸실하였을 경우의 법률관계에 관한 설명으로 옳은 것은? (단, 보험기간은 동일하고, 보험자의 면책사유는 없으며, 甲의 사기도 없었다고 가정함) <제11회>

① A보험자는 甲에게 보험금으로 8억원을 지급할 책임이 있다.

② B보험자는 甲에게 보험금으로 6억원을 지급할 책임이 있다.

③ B보험자가 보험금을 지급하지 않은 경우 A보험자는 甲에게 보험금으로 12억원을 지급하여야 한다.

④ B보험자가 보험금을 지급하지 않을 경우 자신이 지급해야 할 몫의 보험금을 지급한 A보험자는 B보험자를 상대로 3억원의 구상권을 행사할 수 있다.

---

**문제풀이** S·O·L·U·T·I·O·N

동일한 보험계약의 목적과 동일한 사고에 관하여 수개의 보험계약이 동시에 또는 순차로 체결된 경우에 그 보험금액의 총액이 보험가액을 초과한 때에는 보험자는 각자의 보험금액의 한도에서 연대책임을 진다. 이 경우에는 각 보험자의 보상책임은 각자의 보험금액의 비율에 따른다(제672조).

① A보험자 분담액 = 20억원 × (15억원 ÷ 25억원) = 12억원

② B보험자 분담액 = 20억원 × (10억원 ÷ 25억원) = 8억원

③④ 따라서 B보험자가 보험금을 지급하지 않은 경우 A보험자는 보험가입금액(15억원) 한도 내에서 甲에게 보험금으로 15억원을 지급한다. 그리고 A보험자는 자신이 분담할 금액(12억원)을 초과하여 지급한 3억원에 대해서 B보험자를 상대로 구상권을 행사할 수 있다.

정답 ④

**15** 다음 (　)에 들어갈 용어로 옳은 것은?　　　　　　　　　　　　　　　　　　　　　　　　　〈제5회〉

> ( ㄱ )의 일부를 보험에 붙인 경우에는 보험자는 ( ㄴ )의 ( ㄷ )에 대한 비율에 따라 보상할 책임을 진다. 그러나 당사자 간에 다른 약정이 있는 때에는 보험자는 ( ㄹ )의 한도 내에서 그 손해를 보상할 책임을 진다.

① ㄱ : 보험금액　　ㄴ : 보험가액　　ㄷ : 보험금액　　ㄹ : 보험금액
② ㄱ : 보험금액　　ㄴ : 보험금액　　ㄷ : 보험가액　　ㄹ : 보험가액
③ ㄱ : 보험가액　　ㄴ : 보험가액　　ㄷ : 보험금액　　ㄹ : 보험가액
④ ㄱ : 보험가액　　ㄴ : 보험금액　　ㄷ : 보험가액　　ㄹ : 보험금액

**문제풀이** ── S·O·L·U·T·I·O·N ──

ㄱ : 보험가액　ㄴ : 보험금액　ㄷ : 보험가액　ㄹ : 보험금액(제674조)

정답 ④

**16** 일부보험에 관한 설명으로 옳지 <u>않은</u> 것은?　　　　　　　　　　　　　　　　　　　　　　〈제6회〉

① 일부보험은 보험금액이 보험가액에 미달하는 보험이다.
② 특약이 없을 경우, 일부보험에서 보험자는 보험금액의 보험가액에 대한 비율에 따라 보상할 책임을 진다.
③ 일부보험에 관하여 당사자 간에 다른 약정이 있는 때에는 보험자는 실제 발생한 손해 전부를 보상할 책임을 진다.
④ 일부보험은 당사자의 의사와 상관없이 발생할 수 있다.

**문제풀이** ── S·O·L·U·T·I·O·N ──

당사자 간에 다른 약정이 있는 때에는 보험자는 보험금액의 한도 내에서 그 손해를 보상할 책임을 진다(제674조).

정답 ③

**17** **일부보험에 관한 설명으로 옳은 것은?** <제7회>

① 계약체결의 시점에 의도적으로 보험가액보다 낮게 보험금액을 약정하는 것은 허용되지 않는다.
② 일부보험에 관한 상법의 규정은 강행규정이다.
③ 일부보험의 경우에는 잔존물 대위가 인정되지 않는다.
④ 일부보험에 있어서 일부손해가 발생하여 비례보상원칙을 적용하면 손해액은 보상액보다 크다.

**문제풀이** SOLUTION

① 계약체결의 시점에 보험가액보다 낮게 보험금액을 약정하는 것이 일부보험이며 상법상 허용된다.
② 일부보험에 관한 상법의 규정(제674조)은 임의규정으로 보험계약자가 선택할 수 있다.
③ 일부보험의 경우에도 잔존물 대위가 인정된다. 단 보험자가 취득할 권리는 보험금액의 보험가액에 대한 비율에 따라 이를 정한다(제681조).

정답 ④

**18** **일부보험에 관한 설명으로 옳지 <u>않은</u> 것은?** <제3회>

① 일부보험에 관한 상법의 규정은 강행규정으로 당사자 간 다른 약정으로 손해보상액을 보험금액의 한도로 변경할 수 없다.
② 일부보험의 경우 당사자 간에 다른 약정이 없는 때에는 보험자는 보험금액의 보험가액에 대한 비율에 따라 보상할 책임을 진다.
③ 일부보험은 보험계약자가 보험료를 절약할 목적 등으로 활용된다.
④ 일부보험은 보험가액의 일부를 보험에 붙인 보험이다.

**문제풀이** SOLUTION

① 일부보험에 관한 상법의 규정은 임의규정으로 당사자 간 다른 약정으로 손해보상액을 보험금액의 한도로 변경할 수 있다.

정답 ①

**19** 상법상 일부보험에 관한 설명으로 옳지 <u>않은</u> 것은?  <제11회>

① 보험금액이 보험가액에 미달하는 보험을 말한다.

② 보험가액의 일부를 보험에 붙인 경우에 발생한다.

③ 보험금액의 보험가액에 대한 비율에 관하여 당사자 사이에 다르게 약정하면 보험자는 보험금액의 한도 내에서 책임을 지게 된다.

④ 일부보험의 보험가액 산정기준은 언제나 계약 체결시로 한다.

**문제풀이**  S·O·L·U·T·I·O·N

일부보험은 보험료를 절감하기 위하여 의식적으로 계약을 체결할 때 발생(의식적 일부보험)하기도 하고, 보험계약이 체결된 이후 물가가 상승하여 보험가액이 인상되거나 보험계약 체결 시에는 저평가되었다가 이후 정상적인 가액으로 평가되어 발생(자연적 일부보험)하기도 한다.

정답 ④

**20** 甲은 보험가액이 2억원인 건물에 대하여 보험금액을 1억원으로 하는 손해보험에 가입하였다. 이에 관한 설명으로 옳지 <u>않은</u> 것은? (단, 다른 약정이 없음을 전제로 함)  <제7회>

① 일부보험에 해당한다.

② 전손(全損)인 경우에는 보험자는 1억원을 지급한다.

③ 1억원의 손해가 발생한 경우에는 보험자는 1억원을 지급한다.

④ 8천만원의 손해가 발생한 경우에는 보험자는 4천만원을 지급한다.

**문제풀이**  S·O·L·U·T·I·O·N

일부보험은 보험금액을 한도로 보험금액의 보험가액에 대한 비율에 따라 보상하므로 1억원 × (1억원 ÷ 2억원) = 5,000만원을 지급한다.

정답 ③

**21** 다음 사례에 관한 설명으로 옳은 것은? (단, 다른 약정이 없고, 보험사고 당시 보험가액은 보험계약 당시와 동일한 것으로 전제함) <제8회>

> **〈사례 1〉** 甲은 보험가액이 3억원인 자신의 아파트를 보험목적으로 하여 A보험회사 및 B보험회사와 보험금액을 3억원으로 하는 화재보험계약을 각각 체결하였다.
>
> **〈사례 2〉** 乙은 보험가액이 10억원인 자신의 건물을 보험목적으로 하여 C보험회사와 보험금액을 5억원으로 하는 화재보험계약을 체결하였다.

① 화재로 인하여 甲의 아파트가 전부 소실된 경우 甲은 A와 B로부터 각각 3억원의 보험금을 수령할 수 있다.

② 화재로 인하여 甲의 아파트가 전부 소실된 경우 甲이 A에 대한 보험금 청구를 포기 하였다면 甲에게 보험금 3억원을 지급한 B는 A에 대해 구상금을 청구할 수 없다.

③ 화재로 인하여 乙의 건물에 5억원의 손해가 발생한 경우 C는 乙에게 5억원을 보험금으로 지급하여야 한다.

④ 화재로 인하여 甲의 아파트가 전부 소실된 경우 A는 甲에 대하여 3억원의 한도에서 B와 연대책임을 부담한다.

---

**문제풀이** S·O·L·U·T·I·O·N

① 중복보험이므로 甲은 A와 B로부터 각각 1억 5천만원의 보험금을 수령할 수 있다.

> - 보험가액 : 3억원
> - A보험회사 : 보험가입금액 3억원
> - B보험회사 : 보험가입금액 3억원
> - 손해액 : 3억원(전부소실)
> - 각 보험회사의 분담액 = 손해액 × (각 보험회사의 가입금액 / 각 보험회사 가입금액의 합계액)
> - A보험회사 분담액 = 3억원 × [ 3억원 / (3억원 + 3억원) ] = 1억 5천만원
> - B보험회사 분담액 = 3억원 × [ 3억원 / (3억원 + 3억원) ] = 1억 5천만원

② 보험회사 1인에 대한 권리포기는 다른 보험자의 권리, 의무에 영향을 미치지 아니한다(제673조). 따라서 甲이 A에 대한 보험금 청구를 포기 하였더라도 甲에게 보험금 3억원을 지급한 B는 A에 대해 구상금을 청구할 수 있다.

③ 일부보험이므로 C는 乙에게 2억 5천만원을 보험금으로 지급하여야 한다.

> [ 보험가액 10억원의 건물에 보험(가입)금액이 5억원으로 일부보험인 경우 ]
> 5억원 × (5억원 /10억원) = 2억 5천만원으로 비례보상한다.

정답 ④

**22** 상법상 손해보험에서 일부보험에 관한 설명으로 옳은 것은? <제9회>

① 일부보험이란 보험가액이 보험금액에 미달되는 경우를 말한다.

② 당사자간에 다른 약정이 없는한 보험자는 보험가액의 보험금액에 대한 비율에 따라 보상할 책임을 진다.

③ 보험자는 보험금액의 한도내에서 그 손해를 전부 보상할 책임을 지는 내용의 약정을 할 수 있다.

④ 전부보험계약 체결후 물가등귀로 인하여 보험가액이 현저히 인상되더라도 일부보험은 발생하지 아니한다.

---

**문제풀이** SOLUTION

① 일부보험이란 보험금액이 보험가액에 미달되는 경우를 말한다.

② 당사자 간에 다른 약정이 없는 한 보험자는 보험금액의 보험가액에 대한 비율에 따라 보상할 책임을 진다.

④ 전부보험계약 체결 후 물가등귀로 인하여 보험가액이 현저히 인상되는 경우에도 일부보험은 발생한다.

정답 ③

---

## CHAPTER 05 보험목적의 양도와 보험자 대위

**01** 다음 (   )에 들어갈 상법 규정으로 옳은 것은? <제5회>

> **상법 제679조 【보험목적의 양도】**
> ① 피보험자가 보험의 목적을 양도한 때에는 양수인은 보험계약상의 권리와 의무를 승계한 것으로 추정한다.
> ② 제1항의 경우에 보험의 목적의 (   )은 보험자에 대하여 지체없이 그 사실을 통지하여야 한다.

① 양도인

② 양수인

③ 양도인과 양수인

④ 양도인 또는 양수인

---

**문제풀이** SOLUTION

양도인 또는 양수인(제679조)

정답 ④

---

**02** 손해보험에 관한 설명으로 옳은 것을 모두 고른 것은?                <제4회>

> ㄱ. 보험의 목적의 성질, 하자 또는 자연소모로 인한 손해는 보험자가 이를 보상할 책임이 없다.
> ㄴ. 피보험자가 보험의 목적을 양도한 때에는 양수인은 보험계약상의 권리와 의무를 승계한 것으로 추정한다.
> ㄷ. 보험의 목적의 양도인 또는 양수인은 보험자에 대하여 지체없이 보험목적의 양도 사실을 통지하여야 한다.
> ㄹ. 손해의 방지와 경감을 위하여 보험계약자와 피보험자의 필요 또는 유익하였던 비용과 보상액이 보험금액을 초과한 경우에는 보험자가 이를 부담하지 아니한다.

① ㄱ            ② ㄱ, ㄹ            ③ ㄱ, ㄴ, ㄷ            ④ ㄴ, ㄷ, ㄹ

**문제풀이**  S·O·L·U·T·I·O·N

ㄹ. 보험자가 이를 부담한다(제680조).

정답 ③

---

**03** 보험계약에 관한 설명으로 옳은 것은?                <제6회>

① 보험의 목적의 성질, 하자 또는 자연소모로 인한 손해는 보험자가 보상할 책임이 없다.
② 피보험자가 보험의 목적을 양도한 때에는 양수인은 보험계약상의 권리와 의무를 승계한 것으로 간주한다.
③ 손해방지의무는 보험계약자에게만 부과되는 의무이다.
④ 보험의 목적이 양도된 경우 보험의 목적의 양도인 또는 양수인은 보험자에 대하여 30일 이내에 그 사실을 통지하여야 한다.

**문제풀이**  S·O·L·U·T·I·O·N

② 간주한다 ⇨ 추정한다(제679조 제1항)
③ 보험계약자와 피보험자는 손해의 방지와 경감을 위하여 노력하여야 한다(제680조 제1항).
④ 30일 이내에 ⇨ 지체없이(제679조 제2항)

정답 ①

**04** 상법상 보험목적의 양도에 관한 설명으로 옳은 것은? <제11회>

① 보험의 목적의 양도인 또는 양수인은 보험자에 대하여 지체없이 그 사실을 통지하여야 한다.
② 피보험자가 보험의 목적을 양도한 때에는 양수인은 보험계약상의 권리만을 승계한다.
③ 피보험자가 보험의 목적을 양도한 때에는 양도인과 양수인이 공동으로 보험자에게 통지하여야 한다.
④ 피보험자가 보험의 목적을 양도한 때에는 양수인은 보험계약상의 의무를 승계한 것으로 간주한다.

문제풀이 　S·O·L·U·T·I·O·N

②④ 피보험자가 보험의 목적을 양도한 때에는 양수인은 보험계약상의 권리와 의무를 승계한 것으로 추정한다.
③ 피보험자가 보험의 목적을 양도한 때에는 보험의 목적의 양도인 또는 양수인은 보험자에 대하여 지체없이 그 사실을 통지하여야 한다.

정답 ①

**05** 甲이 자기 소유 건물에 대하여 A보험회사와 화재보험을 체결한 경우에 관한 설명으로 옳지 <u>않은</u> 것은? <제9회>

① A보험회사가 甲으로부터 보험료의 지급을 받지 아니한 잔액이 있더라도 그 지급기일이 아직 도래하지 아니한 때에는, A보험회사는 甲에게 손해를 보상할 경우에 보상할 금액에서 그 잔액을 공제하여서는 아니된다.
② A보험회사는 보험사고로 인하여 부담할 책임에 대하여 다른 보험자와 재보험계약을 체결할 수 있다.
③ 甲이 보험의 목적인 건물을 乙에게 양도한 때에는 乙은 보험계약상의 권리와 의무를 승계한 것으로 추정한다.
④ 甲이 보험의 목적인 건물을 乙에게 양도한 경우 甲 또는 乙은 A보험회사에 대하여 지체없이 그 사실을 통지하여야 한다.

문제풀이 　S·O·L·U·T·I·O·N

① 보험자가 손해를 보상할 경우에 보험료의 지급을 받지 아니한 잔액이 있으면 그 지급기일이 도래하지 아니한 때라도 보상할 금액에서 이를 공제할 수 있다.

정답 ①

**06** 상법 제681조(보험목적에 관한 보험대위)의 내용이다. (  )에 들어갈 내용을 순서대로 올바르게 연결된 것은? <제2회>

> 보험의 목적의 (  )가 멸실한 경우에 보험금액의 (  )를 지급한 보험자는 그 목적에 대한 피보험자의 권리를 취득한다. 그러나 보험가액의 (  )를 보험에 붙인 경우에는 보험자가 취득할 권리는 보험금액의 보험가액에 대한 비율에 따라 이를 정한다.

① 전부 또는 일부 – 일부 – 전부
② 전부 – 일부 – 일부
③ 전부 또는 일부 – 일부 – 일부
④ 전부 – 전부 – 일부

**문제풀이**  S·O·L·U·T·I·O·N

전부 – 전부 – 일부(제681조)

정답 ④

**07** 보험목적에 관한 보험대위에 관한 설명으로 옳지 <u>않은</u> 것은? <제4회>

① 약관에 보험자의 대위권 포기를 정할 수 있다.
② 보험금액의 일부를 지급한 보험자도 그 목적에 대한 피보험자의 권리를 취득한다.
③ 보험가액의 일부를 보험에 붙인 경우에는 보험자가 취득할 권리는 보험금액의 보험가액에 대한 비율에 따라 이를 정한다.
④ 사고를 당한 보험목적에 대하여 피보험자가 가지고 있던 권리는 법률 규정에 의하여 보험자에게 이전되는 것으로 물권변동의 절차를 요하지 않는다.

**문제풀이**  S·O·L·U·T·I·O·N

전부를 지급해야 그 목적에 대한 피보험자의 권리를 취득한다.

정답 ②

**08** 보험목적에 관한 보험대위(잔존물대위)의 설명으로 옳지 <u>않은</u> 것은?  <제6회>

① 일부보험에서도 보험금액의 보험가액에 대한 비율에 따라 잔존물대위권을 취득할 수 있다.
② 잔존물대위가 성립하기 위해서는 보험목적의 전부가 멸실하여야 한다.
③ 피보험자는 보험자로부터 보험금을 지급받기 전에는 잔존물을 임의로 처분할 수 있다.
④ 잔존물에 대한 권리가 보험자에게 이전되는 시점은 보험자가 보험금액을 전부 지급하고, 물권변동 절차를 마무리한 때이다.

**문제풀이** S·O·L·U·T·I·O·N

보험의 목적의 전부가 멸실한 경우에 보험금액의 전부를 지급한 보험자는 그 목적에 대한 피보험자의 권리를 취득한다(제681조). 즉 보험금액의 전부를 지급한 경우 물권변동 절차 없이 당연히 이전한다.

정답 ④

**09** 보험목적에 관한 보험대위에 관한 설명이다. (　)에 들어갈 내용으로 옳은 것은?  <제8회>

보험의 목적의 전부가 멸실한 경우에 ( ㄱ )의 ( ㄴ )를 지급한 보험자는 그 목적에 대한 ( ㄷ )의 권리를 취득한다. 그러나 ( ㄹ )의 일부를 보험에 붙인 경우에는 보험자가 취득할 권리는 보험금액의 보험가액에 대한 비율에 따라 이를 정한다.

① ㄱ : 보험금액, ㄴ : 전부, ㄷ : 피보험자, ㄹ : 보험가액
② ㄱ : 보험금액, ㄴ : 일부, ㄷ : 보험계약자, ㄹ : 보험금액
③ ㄱ : 보험가액, ㄴ : 일부, ㄷ : 피보험자, ㄹ : 보험가액
④ ㄱ : 보험가액, ㄴ : 전부, ㄷ : 피보험자, ㄹ : 보험가액

**문제풀이** S·O·L·U·T·I·O·N

보험의 목적의 전부가 멸실한 경우에 보험금액의 전부를 지급한 보험자는 그 목적에 대한 피보험자의 권리를 취득한다. 그러나 보험가액의 일부를 보험에 붙인 경우에는 보험자가 취득할 권리는 보험금액의 보험가액에 대한 비율에 따라 이를 정한다(제681조).

정답 ①

**10** 보험목적에 관한 보험대위(잔존물대위)의 설명으로 옳지 <u>않은</u> 것은? <제10회>

① 보험의 목적의 전부가 멸실한 경우에 보험대위가 인정된다.

② 피보험자가 보험자로부터 보험금액의 전부를 지급받은 후에는 잔존물을 임의로 처분할 수 없다.

③ 일부보험의 경우에는 잔존물대위가 인정되지 않는다.

④ 보험자가 보험금액의 전부를 지급한 때 잔존물에 대한 권리는 물권변동절차 없이 보험자에게 이전된다.

---

**문제풀이** S·O·L·U·T·I·O·N

③ 보험가액의 일부를 보험에 붙인 경우에는 보험자가 취득할 권리는 보험금액의 보험가액에 대한 비율에 따라 이를 정한다(제681조).

정답 ③

---

**11** 상법상 보험목적에 관한 보험대위(잔존물대위)의 설명으로 옳은 것은? <제11회>

① 보험목적의 전부가 멸실한 경우에 보험금액 전부를 지급한 보험자는 그 목적에 대한 피보험자의 권리를 취득한다.

② 보험자가 전체 보험금의 일부를 지급한 경우에도 그 지급에 비례하여 보험대위가 성립한다.

③ 잔존하는 보험목적에 관한 피보험자의 권리가 보험자에게 이전하는 시점은 보험자가 보험금을 청구받은 때이다.

④ 일부보험에서는 잔존물대위가 성립할 여지가 없다.

---

**문제풀이** S·O·L·U·T·I·O·N

② 보험사고로 인한 피보험자의 경제적인 수요를 충족시켜 준 다음에야 보험자가 그 권리를 대위할 수 있으므로, 보험자가 보험금의 일부만을 지급한 때에는 그 지급액에 비례한 피보험자의 권리도 취득할 수 없다.

③ 보험자가 보험금을 전부 지급한 때부터 등기 또는 인도 등 물권변동의 절차 없이 당연히 보험의 목적에 대하여 가졌던 모든 권리(소유권뿐만 아니라 채권 등)가 이전된다.

④ 보험의 목적물에 전손이 생긴 경우에는 일부보험인 경우라도 잔존물대위가 인정된다. 이 경우 보험자는 보험금액의 보험가액에 대한 비율에 따라 피보험자의 보험목적에 대한 권리를 취득하게 된다.

정답 ①

**12** 제3자에 대한 보험자대위에 관한 설명으로 옳지 <u>않은</u> 것은?　　　<제5회>

① 손해가 제3자의 행위로 인하여 발생한 경우에 보험금을 지급한 보험자는 그 지급한 금액의 한도에서 그 제3자에 대한 보험계약자 또는 피보험자의 권리를 취득한다.

② 보험자가 보상할 보험금의 일부를 지급한 경우에는 피보험자의 권리를 침해하지 아니하는 범위에서 그 권리를 행사할 수 있다.

③ 보험계약자나 피보험자의 제3자에 대한 권리가 그와 생계를 같이 하는 가족에 대한 것인 경우 보험자는 그 권리를 취득하지 못한다. 다만, 손해가 그 가족의 과실로 인하여 발생한 경우에는 그러하지 아니하다.

④ 보험계약에서 담보하지 아니하는 손해에 해당하여 보험금지급의무가 없음에도 보험자가 피보험자에게 보험금을 지급한 경우라면, 보험자대위가 인정되지 않는다.

**문제풀이**　S·O·L·U·T·I·O·N

그 가족의 과실 ⇨ 고의

정답 ③

**13** 보험대위에 관한 설명으로 옳은 것은? (다툼이 있으면 판례에 따름)　　　<제7회>

① 손해가 제3자의 행위로 인하여 발생한 경우에 보험금을 지급하기 전이라도 보험자는 그 제3자에 대한 보험계약자의 권리를 취득한다.

② 잔존물대위가 성립하기 위해서는 보험목적의 전부가 멸실하여야 한다.

③ 잔존물에 대한 권리가 보험자에게 이전되는 시점은 보험자가 보험금액을 전부 지급하고, 물권변동 절차를 마무리한 때이다.

④ 재보험에 대하여는 제3자에 대한 보험자대위가 적용되지 않는다.

**문제풀이**　S·O·L·U·T·I·O·N

① 손해가 제3자의 행위로 인하여 발생한 경우에 보험금을 지급한 보험자는 그 지급한 금액의 한도에서 그 제3자에 대한 보험계약자 또는 피보험자의 권리를 취득한다.

③ 잔존물에 대한 권리는 보험자가 보험금의 전부를 지급한 때 물권변동의 절차 없이 당연히 그 권리가 이전된다.

④ 재보험에 대하여도 제3자에 대한 보험자대위가 적용된다.(대판 2012다10386)

정답 ②

**14** 제3자에 대한 보험대위에 관한 설명으로 옳지 <u>않은</u> 것은? (다툼이 있으면 판례에 따름) <제8회>

① 제3자에 대한 보험대위의 취지는 이득금지 원칙의 실현과 부당한 면책의 방지에 있다.

② 보험자는 피보험자와 생계를 같이 하는 가족에 대한 피보험자의 권리는 취득하지 못하는 것이 원칙이다.

③ 보험금을 지급한 보험자는 그 지급한 금액의 한도에서 그 제3자에 대한 피보험자의 권리를 취득한다.

④ 보험약관상 보험자가 면책되는 사고임에도 불구하고 보험자가 보험금을 지급한 경우 피보험자의 제3자에 대한 권리를 대위취득 할 수 있다.

> **문제풀이** S·O·L·U·T·I·O·N
>
> 보험계약에서 담보하지 아니하는 손해에 해당하여 보험금지급의무가 없는데도 보험자가 피보험자에게 보험금을 지급한 경우, 보험자대위는 인정되지 않는다.(대판 2017. 6. 29. 선고, 2017다218307)
>
> 정답 ④

**15** 상법상 손해보험에서 제3자에 대한 보험대위에 관한 설명으로 옳지 <u>않은</u> 것은? <제11회>

① 손해가 제3자의 행위로 인하여 발생한 경우에 보험금을 지급한 보험자는 그 지급한 금액의 한도에서 그 제3자에 대한 보험계약자 또는 피보험자의 권리를 취득하는 것으로 추정한다.

② 보험자가 보상할 보험금의 일부를 지급한 경우에 보험자는 피보험자의 권리를 침해하지 아니하는 범위에서 그 권리를 행사할 수 있다.

③ 손해가 보험계약자와 생계를 같이 하는 가족의 고의로 인하여 발생한 경우 보험금을 지급한 보험자는 그 지급한 금액의 한도에서 그 권리를 취득한다.

④ 제3자에 대한 보험대위의 취지는 이득금지 원칙의 실현과 부당한 면책의 방지에 있다.

> **문제풀이** S·O·L·U·T·I·O·N
>
> 손해가 제3자의 행위로 인하여 발생한 경우에 보험금을 지급한 보험자는 그 지급한 금액의 한도에서 그 제3자에 대한 보험계약자 또는 피보험자의 권리를 취득한다.
>
> 정답 ①

**16** 다음 사례와 관련하여 보험자대위에 관한 설명으로 옳은 것은? <제9회>

> 보리 농사를 대규모로 영위하는 甲은 금년에 수확하여 팔고남은 보리를 자신의 창고에 보관하면서, 해당 보리 재고를 보험목적으로 하고 자신을 피보험자로 하는 화재보험계약을 A보험회사와 체결하였다. 그런데 甲의 창고를 방문한 乙이 화재를 일으켰고 그 결과 위 보리 재고가 전소되었다. 이에 A보험회사는 甲에게 보험금을 전액 지급하였다.

① 중과실로 화재를 일으킨 乙이 甲의 이웃집 친구일 경우, A보험회사는 그에게 보험금 지급 사실의 통지를 발송하는 시점에 乙에 대한 甲의 권리를 취득한다.

② 경과실로 화재를 일으킨 乙이 甲의 거래처 지인일 경우, A보험회사는 그 지급한 금액의 한도에서 乙에 대한 甲의 권리를 취득한다.

③ 중과실로 화재를 일으킨 乙이 甲과 생계를 달리 하는 자녀일 경우, A보험회사는 乙에 대한 甲의 권리를 취득하지 못한다.

④ 고의로 방화한 乙이 甲과 생계를 같이 하는 배우자일 경우, A보험회사는 乙에 대한 甲의 권리를 취득하지 못한다.

---

**문제풀이** SOLUTION

① 손해가 제3자의 행위로 인하여 발생한 경우 보험금을 지급한 보험자는 그 지급한 금액의 한도에서 그 제3자에 대한 보험계약자 또는 피보험자의 권리를 취득한다. 즉, 보험금을 지급하면 보험금 지급사실의 통지 발송과 무관하게 취득한다.

③ 보험계약자나 피보험자의 제3에 대한 권리가 그와 생계를 달리 하는 가족에 대한 것인 경우 보험자는 그 권리를 취득한다.

④ 보험계약자나 피보험자의 제3에 대한 권리가 그와 생계를 같이 하는 가족에 대한 것인 경우 보험자는 그 권리를 취득하지 못하지만, 손해가 그 가족의 고의로 인하여 발생한 경우에는 그러하지 아니하다.

정답 ②

## CHAPTER 06  화재보험 및 집합보험

**01** 화재보험에 관한 설명으로 옳지 **않은** 것은? (다툼이 있으면 판례에 따름)  <제6회>

① 화재보험에서는 일반적으로 위험개별의 원칙이 적용된다.

② 화재가 발생한 건물의 철거비와 폐기물처리비는 화재와 상당인과관계가 있는 건물수리비에 포함된다.

③ 화재보험계약의 보험자는 화재로 인하여 생긴 손해를 보상할 책임이 있다.

④ 보험자는 화재의 소방 또는 손해의 감소에 필요한 조치로 인하여 생긴 손해에 대해서도 보상할 책임이 있다.

> **문제풀이** ─ S·O·L·U·T·I·O·N ─
>
> 화재로 인하여 보험의 목적에 손해가 생긴 때에는 그 화재가 어떤 원인에 의하여 발생하였는가를 불문하고 보험자는 피보험자에게 발생한 모든 손해를 보상하는 위험보편의 원칙이 적용된다.
>
> 정답 ①

**02** 화재보험에 관한 설명으로 옳은 것은? (다툼이 있으면 판례에 따름)  <제7회>

① 화재가 발생한 건물을 수리하면서 지출한 철거비와 폐기물처리비는 화재와 상당인과 관계가 있는 건물수리비에는 포함되지 않는다.

② 피보험자가 화재 진화를 위해 살포한 물로 보험목적이 훼손된 손해는 보상하지 않는다.

③ 불에 탈 수 있는 목조교량은 화재보험의 목적이 될 수 없다.

④ 보험자가 손해를 보상함에 있어서 화재와 손해 간에 상당인과관계가 필요하다.

> **문제풀이** ─ S·O·L·U·T·I·O·N ─
>
> ① 화재가 발생한 건물을 수리하면서 지출한 철거비와 폐기물처리비는 화재와 상당인과 관계가 있는 건물수리비에 포함된다.(대판 2002다64520)
> ② 보험자는 화재의 소방 또는 손해의 감소에 필요한 조치로 인하여 생긴 손해를 보상할 책임이 있다.
> ③ 불에 탈 수 있는 유체물은 화재보험의 목적이 될 수 있다.
>
> 정답 ④

**03** 화재보험에 있어서 보험자의 보상의무에 관한 설명으로 옳지 <u>않은</u> 것은? (다툼이 있으면 판례에 따름)

<제8회>

① 보험사고의 발생은 보험금 지급을 청구하는 보험계약자 등이 입증해야 한다.

② 보험자의 보험금지급의무는 보험기간 내에 보험사고가 발생하고 그 보험사고의 발생으로 인하여 피보험자의 피보험이익에 손해가 생기면 성립된다.

③ 손해란 피보험이익의 전부 또는 일부가 멸실됐거나 감손된 것을 말한다.

④ 보험의 목적에 관하여 보험자가 부담할 손해가 생긴 경우에는 그 후 그 목적이 보험자가 부담하지 아니하는 보험사고의 발생으로 인하여 멸실된 때에는 보험자는 이미 생긴 손해를 보상할 책임을 면한다.

**문제풀이** SOLUTION

보험의 목적에 관하여 보험자가 부담할 손해가 생긴 경우에는 그 후 그 목적이 보험자가 부담하지 아니하는 보험사고의 발생으로 인하여 멸실된 때에도 보험자는 이미 생긴 손해를 보상할 책임을 면하지 못한다.(제675조)

정답 ④

**04** 상법상 화재보험계약에 관한 설명으로 옳지 <u>않은</u> 것은?

<제9회>

① 보험자는 화재와 상당인과관계에 있는 손해를 보상하여야 한다.

② 보험자는 화재의 소방 또는 손해의 감소에 필요한 조치로 인하여 생긴 손해를 보상할 책임이 있다.

③ 동일한 건물에 관한 화재보험계약일 경우 그 소유자와 담보권자가 갖는 피보험이익은 같다.

④ 연소 작용이 아닌 열의 작용으로 발생한 손해는 보험자가 보상하지 아니한다.

**문제풀이** SOLUTION

③ 동일한 목적에 대하여 경제적인 이해관계가 다름에 따라 수개의 피보험이익이 있을 수 있고, 피보험이익이 다르면 동일한 목적물에 대하여 별개의 보험계약이 체결될 수 있다. 따라서 동일한 건물에 관한 화재보험계약일 경우 그 소유자와 담보권자가 갖는 피보험이익은 서로 다르다.

정답 ③

**05** 화재보험증권에 관한 설명으로 옳은 것은? <제6회>

① 화재보험증권의 교부는 화재보험계약의 성립요건이다.
② 화재보험증권은 불요식증권의 성질을 가진다.
③ 화재보험계약에서 보험가액을 정했다면 이를 화재보험증권에 기재하여야 한다.
④ 건물을 화재보험의 목적으로 한 경우에는 건물의 소재지, 구조와 용도는 화재보험증권의 법정기재사항이 아니다.

**문제풀이** SOLUTION

① 보험계약은 불요식계약이다. 보험증권에 보험약관이 인쇄되어 있고 특약조항이 기입되어 있어서 보험계약의 내용을 증명하는 유력한 증거로 이용되므로 계약성립과 동시에 보험증권이 작성·교부되고 있으나 증권의 작성·교부는 계약당사자의 편의에 의한 것이지 계약의 성립요건은 아니다.
② 화재보험증권은 일정한 사항이 기재되어야 하는 요식증권이다.
④ 법정기재사항이다(제685조 제1항).

정답 ③

**06** 건물을 화재보험의 목적으로 한 경우 화재보험증권의 법정기재사항이 <u>아닌</u> 것은? <제7회>

① 건물의 소재지, 구조와 용도
② 보험가액을 정한 때에는 그 가액
③ 보험기간을 정한 때에는 그 시기와 종기
④ 설계감리법인의 주소와 성명 또는 상호

**문제풀이** SOLUTION

손해보험증권(제666조)에 기재한 사항 외에 다음 사항을 추가로 기재하여야 한다.
**[화재보험증권 기재사항(제685조)]**
1. 건물을 보험의 목적으로 한 때에는 그 소재지, 구조와 용도
2. 동산을 보험의 목적으로 한 때에는 그 존치한 장소의 상태와 용도
3. 보험가액을 정한 때에는 그 가액

정답 ④

**07** 상법상 화재보험증권에 기재해야 할 사항으로 옳은 것을 모두 고른 것은?  <제11회>

> ㄱ. 보험계약자의 주소와 성명 및 주민등록번호
> ㄴ. 보험기간을 정한 때에는 그 시기와 종기
> ㄷ. 건물을 보험의 목적으로 한 때에는 그 소재지, 구조와 용도
> ㄹ. 보험가액을 정한 때에는 그 가액
> ㅁ. 보험금액과 그 지급방법 및 시기

① ㄱ, ㄴ, ㅁ  
② ㄱ, ㄷ, ㅁ  
③ ㄴ, ㄷ, ㄹ  
④ ㄱ, ㄴ, ㄷ, ㄹ, ㅁ

**문제풀이** SOLUTION

ㄱ. 주민등록번호는 기재사항이 아니다.
ㅁ. 보험금액은 기재사항이지만 그 지급방법 및 시기는 기재사항이 아니다.

정답 ③


**08** 화재보험에 관한 설명으로 옳지 **않은** 것은?  <제4회>

① 집합된 물건을 일괄하여 화재보험의 목적으로 하여도 피보험자의 가족의 물건은 화재보험의 목적에 포함되지 않는다.

② 집합된 물건을 일괄하여 화재보험의 목적으로 한 때에는 그 목적에 속한 물건이 보험기간 중에 수시로 교체된 경우에도 보험사고의 발생 시에 현존하는 물건은 화재보험의 목적에 포함된 것으로 한다.

③ 건물을 화재보험의 목적으로 한 때에는 그 소재지, 구조와 용도는 화재보험증권의 기재사항이다.

④ 유가증권은 화재보험증권에 기재하여 화재보험의 목적으로 할 수 있다.

**문제풀이** SOLUTION

피보험자의 가족과 사용인의 물건도 보험의 목적에 포함된 것으로 한다(제686조).

정답 ①

**09 화재보험에 관한 설명으로 옳지 <u>않은</u> 것은?** <제10회>

① 건물을 보험의 목적으로 한 때에는 그 소재지, 구조와 용도를 화재보험증권에 기재하여야 한다.

② 동산을 보험의 목적으로 한 때에는 그 존치한 장소의 상태와 용도를 화재보험증권에 기재하여야 한다.

③ 동일한 건물에 대하여 소유권자와 저당권자는 각각 다른 피보험이익을 가지므로, 각자는 독립한 화재보험계약을 체결할 수 있다.

④ 건물을 보험의 목적으로 한 때 그 보험가액의 일부를 보험에 붙인 경우, 당사자 간에 다른 약정이 없다면 보험자는 보험금액의 한도 내에서 그 손해를 보상할 책임을 진다.

---

**문제풀이** S·O·L·U·T·I·O·N

④ 당사자 간에 다른 약정이 있는 때에는 보험자는 보험금액의 한도 내에서 그 손해를 보상할 책임을 진다(제674조).

정답 ④

---

**10 상법상 손해보험에 관한 설명으로 옳은 것은?** <제11회>

① 보험계약은 금전으로 산정할 수 없는 이익에 대해서도 보험계약의 목적으로 할 수 있다.

② 보험자는 보험사고로 인하여 부담할 책임에 대하여 다른 보험자와 재보험계약을 체결할 수 있다.

③ 화재보험에서 동산을 보험의 목적으로 한 때에는 보험증권에 그 위치한 장소를 기재 하면 되고 그 상태나 용도까지 기재할 필요는 없다.

④ 보험자가 보상할 손해액의 산정에 관한 비용은 보험계약자의 부담으로 한다.

---

**문제풀이** S·O·L·U·T·I·O·N

① 보험계약은 금전으로 산정할 수 있는 이익에 한하여 보험계약의 목적으로 할 수 있다.

③ 화재보험에서 동산을 보험의 목적으로 한 때에는 보험증권에 그 위치한 동산을 보험의 목적으로 한 때에는 그 존치한 장소의 상태와 용도를 기재하여야 한다.

④ 보험자가 보상할 손해액의 산정에 관한 비용은 보험자의 부담으로 한다.

정답 ②

**11** 화재보험자가 보상할 손해에 관한 설명으로 옳은 것을 모두 고른 것은?　　　　<제10회>

> ㄱ. 화재가 발생한 건물의 철거비와 폐기물처리비
> ㄴ. 화재의 소방 또는 손해의 감소에 필요한 조치로 인하여 생긴 손해
> ㄷ. 화재로 인하여 다른 곳에 옮겨 놓은 물건의 도난으로 인한 손해

① ㄱ, ㄴ　　　　② ㄱ, ㄷ　　　　③ ㄴ, ㄷ　　　　④ ㄱ, ㄴ, ㄷ

문제풀이　SOLUTION

ㄱ, ㄷ. 화재시 다른 곳으로 대피시켜 놓은 물건을 도난(분실)당한 경우 화재사고와 상당인과관계를 인정할 수 없으므로 보험자는 보상책임이 없으나, 화재로 인한 건물 수리에 지출한 비용과 철거비 및 폐기물처리비는 상당인과관계가 있는 손해에 포함된다(대판, 2002다64520).

ㄴ. 보험자는 화재의 소방 또는 손해의 감소에 필요한 조치로 인하여 생긴 손해를 보상할 책임이 있다(제684조).

정답 ①

**12** 집합보험에 관한 설명으로 옳은 것은? (다툼이 있으면 판례에 따름)　　　　<제6회>

① 집합보험에서는 피보험자의 가족과 사용인의 물건도 보험의 목적에 포함된다.

② 집합보험 중에서 보험의 목적이 특정되어 있는 것을 담보하는 보험을 총괄보험이라고 하며, 보험목적의 일부 또는 전부가 수시로 교체될 것을 예정하고 있는 보험을 특정보험이라 한다.

③ 집합된 물건을 일괄하여 보험의 목적으로 한 때에는 그 목적에 속한 물건이 보험기간 중에 수시로 교체된 경우에 보험사고의 발생 시에 현존한 물건에 대해서는 보험의 목적에서 제외된 것으로 한다.

④ 집합보험에서 보험목적의 일부에 대해서 고지의무 위반이 있는 경우, 보험자는 원칙적으로 계약 전체를 해지할 수 있다.

② 보험의 목적이 특정되어 있는 것을 담보하는 보험을 특정보험이라고 하며, 보험목적의 일부 또는 전부가 수시로 교체될 것을 예정하고 있는 보험을 총괄보험이라 한다.

③ 포함된 것으로 한다(제687조).

④ 집합보험에서 보험목적의 일부에 대해서 고지의무 위반이 있는 경우, 보험자는 나머지 부분에 대하여도 동일한 조건으로 그 부분 만에 대하여 보험계약을 체결하지 않았으리라는 사정이 없는 한 그 고지의무 위반이 있는 물건에 대하여만 보험계약을 해지할 수 있고 나머지 부분에 대하여는 보험계약의 효력에 영향이 없다고 본다(대판 1999. 4. 23, 99다8599). 즉, 보험자는 고지의무 위반이 있는 물건에 대해서만 보험계약을 해지할 수 있다.

정답 ①

## 13  집합보험에 관한 설명으로 옳은 것은? <제7회>

① 피보험자의 가족의 물건은 보험의 목적에 포함되지 않는 것으로 한다.

② 피보험자의 사용인의 물건은 보험의 목적에 포함되지 않는 것으로 한다.

③ 보험의 목적에 속한 물건이 보험기간 중에 수시로 교체된 경우에는 보험사고의 발생 시에 현존한 물건이라도 보험의 목적에 포함되지 않는 것으로 한다.

④ 집합보험이란 경제적으로 독립한 여러 물건의 집합물을 보험의 목적으로 한 보험을 말한다.



①, ② 피보험자의 가족과 사용인의 물건도 보험의 목적에 포함된 것으로 한다.

③ 보험의 목적에 속한 물건이 보험기간 중에 수시로 교체된 경우에는 보험사고의 발생 시에 현존한 물건이라도 보험의 목적에 포함된 것으로 한다.

정답 ④

**14** **상법상 집합보험에 관한 설명으로 옳지 <u>않은</u> 것은?** <제11회>

① 집합보험은 경제적으로 보아 독립된 수개의 물건을 마치 하나의 물건(집합물)처럼 취급하여 보험목적으로 한 것이다.

② 집합된 물건을 일괄하여 보험의 목적으로 한 때에는 피보험자의 가족의 물건도 보험 목적에 포함되는 것으로 한다.

③ 집합된 물건을 일괄하여 보험의 목적으로 한 때에는 피보험자에게 고용된 사용자의 물건은 보험목적에 포함되지 않는다.

④ 집합된 물건을 일괄하여 보험의 목적으로 한 때에는 그 목적에 속한 물건이 보험기간 중에 수시로 교체된 경우에도 보험사고의 발생 시에 현존한 물건은 보험의 목적에 포함된 것으로 한다.

**문제풀이** S·O·L·U·T·I·O·N

집합된 물건을 일괄하여 보험의 목적으로 한 때에는 피보험자의 가족과 사용인의 물건도 보험의 목적에 포함된 것으로 한다. 이 경우에는 그 보험은 그 가족 또는 사용인을 위하여서도 체결한 것으로 본다.

정답 ③

**15** **화재보험에 관한 설명으로 옳지 <u>않은</u> 것은?**

① 화재의 소방에 필요한 조치로 인하여 생긴 손해는 보험자가 보상해야 한다.

② 화재손해 감소에 필요한 조치로 인하여 생긴 손해에 대해서는 보험자는 특약이 있는 경우에만 보상책임을 진다.

③ 건물을 보험의 목적으로 한 화재보험증권에는 그 건물의 구조와 용도도 기재해야 한다.

④ 집합된 물건을 일괄하여 화재보험의 목적으로 한 때에는 피보험자의 사용인의 물건도 보험의 목적에 포함된 것으로 한다.

**문제풀이** S·O·L·U·T·I·O·N

② 보험자는 화재의 소방 또는 손해의 감소에 필요한 조치로 인하여 생긴 손해를 보상할 책임이 있다(제684조).

정답 ②

**16** 상법상 집합된 물건을 일괄하여 화재보험의 목적으로 한 경우 해당 화재보험에 관한 설명으로 옳은 것을 모두 고른 것은? <제9회>

> ㄱ. 집합된 물건에 피보험자의 가족의 물건이 있는 경우 해당 물건도 보험의 목적에 포함 것으로 한다.
> ㄴ. 집합된 물건에 피보험자의 사용인의 물건이 있는 경우 그 보험은 그 사용인을 위하여서도 체결한 것으로 본다.
> ㄷ. 보험의 목적에 속한 물건이 보험기간 중에 수시로 교체된 경우 보험계약의 체결 시에 현존한 물건은 그 보험의 목적에 포함된 것으로 한다.

① ㄱ, ㄴ      ② ㄱ, ㄷ      ③ ㄴ, ㄷ      ④ ㄱ, ㄴ, ㄷ

**문제풀이** S·O·L·U·T·I·O·N

ㄷ. 집합된 물건을 일괄하여 보험의 목적으로 한 때에는 그 목적에 속한 물건이 보험기간 중에 수시로 교체된 경우에도 보험사고의 발생 시에 현존한 물건은 보험의 목적에 포함된 것으로 한다.

정답 ①

**17** 집합보험에 관한 설명으로 옳지 <u>않은</u> 것은? <제10회>

① 집합보험은 집합된 물건을 일괄하여 보험의 목적으로 한다.
② 보험의 목적에 속한 물건이 보험기간 중에 수시로 교체된 경우에도 보험계약의 체결 시에 현존한 물건은 보험의 목적에 포함된 것으로 한다.
③ 피보험자의 가족과 사용인의 물건도 보험의 목적에 포함된 것으로 한다.
④ 보험의 목적에 피보험자의 가족의 물건이 포함된 경우, 그 보험은 피보험자의 가족을 위하여서도 체결한 것으로 본다.

**문제풀이** S·O·L·U·T·I·O·N

② 집합된 물건을 일괄하여 보험의 목적으로 한 때에는 그 목적에 속한 물건이 보험기간 중에 수시로 교체된 경우에도 보험사고의 발생 시에 현존한 물건은 보험의 목적에 포함된 것으로 한다(제687조).

정답 ②

# 농어업재해보험법령

## CHAPTER **01** 총칙

**01** 농어업재해보험법상 용어의 설명으로 옳지 **않은** 것은?     <제7회>

① "농어업재해보험"은 농어업재해로 발생하는 인명 및 재산 피해에 따른 손해를 보상하기 위한 보험을 말한다.

② "어업재해"란 양식수산물 및 어업용 시설물에 발생하는 자연재해·질병 또는 화재를 말한다.

③ "농업재해"란 농작물·임산물·가축 및 농업용 시설물에 발생하는 자연재해·병충해·조수해(鳥獸害)·질병 또는 화재를 말한다.

④ "보험료"란 보험가입자와 보험사업자 간의 약정에 따라 보험가입자가 보험사업자에게 내야 하는 금액을 말한다.

---

**문제풀이**   S·O·L·U·T·I·O·N

① "농어업재해보험"이란 농어업재해로 발생하는 재산 피해에 따른 손해를 보상하기 위한 보험을 말한다.

정답 ①

---

**02** 농어업재해보험법상 농어업재해에 관한 설명이다. ( )에 들어갈 내용을 순서대로 옳게 나열한 것은?     <제6회>

> "농어업재해"란 농작물·임산물·가축 및 농업용 시설물에 발생하는 자연재해·병충해·( ㄱ )·질병 또는 화재와 양식수산물 및 어업용 시설물에 발생하는 자연재해·질병 또는 ( ㄴ )를 말한다.

① ㄱ: 지진,               ㄴ: 조수해(鳥獸害)

② ㄱ: 조수해(鳥獸害),      ㄴ: 풍수해

③ ㄱ: 조수해(鳥獸害),      ㄴ: 화재

④ ㄱ: 지진,               ㄴ: 풍수해

**문제풀이** S·O·L·U·T·I·O·N

③ "농어업재해"란 농작물·임산물·가축 및 농업용 시설물에 발생하는 자연재해·병충해·조수해(鳥獸害)·질병 또는 화재와 양식수산물 및 어업용 시설물에 발생하는 자연재해·질병 또는 화재를 말한다(법 제2조 제1호).

정답 ③

**03** 농어업재해보험법상 용어의 정의로 옳지 <u>않은</u> 것은?  <제9회>

① "농업재해"란 농작물 : 임산물 가축 및 농업용 시설물에 발생하는 자연재해·병충해·조수해(鳥獸害)·질병 또는 화재를 말한다.

② "농어업재해보험"이란 농어업재해로 발생하는 재산 피해에 따른 손해를 보상하기 위한 보험을 말한다.

③ "보험금"이란 보험가입자와 보험사업자 간의 약정에 따라 보험가입자가 보험사업자에게 내야 하는 금액을 말한다.

④ "보험가입금액"이란 보험가입자의 재산 피해에 따른 손해가 발생한 경우 보험에서 최대로 보상할 수 있는 한도액으로서 보험가입자와 보험사업자 간에 약정한 금액을 말한다.

**문제풀이** S·O·L·U·T·I·O·N

③ "보험금"이란 보험가입자에게 재해로 인한 재산 피해에 따른 손해가 발생한 경우 보험가입자와 보험사업자 간의 약정에 따라 보험사업자가 보험가입자에게 지급하는 금액을 말한다.

정답 ③

**04** 농어업재해보험법령상 용어의 정의에 따를 때 "보험가입자와 보험사업자 간의 약정에 따라 보험가입자가 보험사업자에게 내야 하는 금액"은?

<제10회>

① 보험금
② 보험료
③ 보험가액
④ 보험가입금액

**문제풀이** S·O·L·U·T·I·O·N

보험료란 보험가입자와 보험사업자 간의 약정에 따라 보험가입자가 보험사업자에게 내야 하는 금액을 말한다.

정답 ②

**05** 농어업재해보험법령상 용어의 정의로 옳지 <u>않은</u> 것은?

<제11회>

① "어업재해"란 양식수산물 및 어업용 시설물에 발생하는 자연재해·병충해·조수해 (鳥獸害)를 말한다.
② "농어업재해보험"이란 농어업재해로 발생하는 재산 피해에 따른 손해를 보상하기 위한 보험을 말한다.
③ "보험가입금액"이란 보험가입자의 재산 피해에 따른 손해가 발생한 경우 보험에서 최대로 보상할 수 있는 한도액으로서 보험가입자와 보험사업자 간에 약정한 금액을 말한다.
④ "보험료"란 보험가입자와 보험사업자 간의 약정에 따라 보험가입자가 보험사업자에게 내야 하는 금액을 말한다.

**문제풀이** S·O·L·U·T·I·O·N

"어업재해"란 양식수산물 및 어업용 시설물에 발생하는 자연재해·질병 또는 화재를 말한다.

정답 ①

**06** 농어업재해보험법상 재해보험 발전 기본계획에 포함되어야 하는 사항으로 명시되지 <u>않은</u> 것은?

<제8회>

① 재해보험의 종류별 가입률 제고 방안에 관한 사항
② 손해평가인의 정기교육에 관한 사항
③ 재해보험사업에 대한 지원 및 평가에 관한 사항
④ 재해보험의 대상 품목 및 대상 지역에 관한 사항

**문제풀이** SOLUTION

**[기본계획 포함 사항]**
1. 재해보험사업의 발전 방향 및 목표
2. 재해보험의 종류별 가입률 제고 방안에 관한 사항
3. 재해보험의 대상 품목 및 대상 지역에 관한 사항
4. 재해보험사업에 대한 지원 및 평가에 관한 사항
5. 그 밖에 재해보험 활성화를 위하여 농장 또는 해장이 필요하다고 인정하는 사항

정답 ②

**07** 농어업재해보험법령상 재해보험 발전 기본계획 및 시행계획의 수립·시행에 관한 설명으로 옳은 것은?

<제11회>

① 농림축산식품부장관과 해양수산부장관은 기본계획을 3년마다 수립·시행하여야 한다.
② 재해보험의 대상 품목에 관한 사항은 기본계획에 포함되지 않는다.
③ 농림축산식품부장관과 해양수산부장관은 기본계획에 따라 2년마다 시행계획을 수립·시행하여야 한다.
④ 농림축산식품부장관은 시행계획의 수립·시행을 위하여 필요한 경우에는 지방자치 단체의 장에게 관련 정보의 제공을 요청할 수 있다.

**문제풀이** SOLUTION

① 3년 → 5년
② 포함되지 않는다. → 포함된다.
③ 2년마다 → 매년

정답 ④

**08** 농어업재해보험법상 농업재해보험심의회의 심의사항에 해당되는 것을 모두 고른 것은? <제8회>

> ㄱ. 재해보험에서 보상하는 재해의 범위에 관한 사항
> ㄴ. 손해평가의 방법과 절차에 관한 사항
> ㄷ. 농어업재해재보험사업에 대한 정부의 책임범위에 관한 사항
> ㄹ. 농어업재해재보험사업 관련 자금의 수입과 지출의 적정성에 관한 사항

① ㄱ, ㄴ     ② ㄴ, ㄷ     ③ ㄱ, ㄷ, ㄹ     ④ ㄱ, ㄴ, ㄷ, ㄹ

**문제풀이**   S·O·L·U·T·I·O·N

※ 농업재해보험심의회 심의사항
1. 재해보험에서 보상하는 재해의 범위에 관한 사항
2. 재해보험사업에 대한 재정지원에 관한 사항
3. 손해평가의 방법과 절차에 관한 사항
4. 재보험사업에 대한 정부의 책임범위에 관한 사항
5. 재보험사업 관련 자금의 수입과 지출의 적정성에 관한 사항
6. 그 밖에 농업재해보험심의회의 위원장 또는 중앙 수산업·어촌정책심의회의 위원장이 재해보험 및 재보험에 관하여 회의에 부치는 사항
7. 재해보험 목적물의 선정에 관한 사항
8. 기본계획의 수립·시행에 관한 사항
9. 다른 법령에서 심의회의 심의사항으로 정하고 있는 사항

정답 ④

**09** 농어업재해보험법령상 농업재해보험심의회의 심의사항에 해당하는 것을 모두 고른 것은? <제5회>

> ㄱ. 재해보험목적물의 선정에 관한 사항
> ㄴ. 재해보험사업에 대한 재정지원에 관한 사항
> ㄷ. 손해평가의 방법과 절차에 관한 사항

① ㄱ, ㄴ     ② ㄱ, ㄷ     ③ ㄴ, ㄷ     ④ ㄱ, ㄴ, ㄷ

**문제풀이**   S·O·L·U·T·I·O·N

④ 모두 해당한다.

정답 ④

**10** 농어업재해보험법령상 농업재해보험심의회 또는 어업재해보험심의회에 관한 설명으로 옳지 <u>않은</u> 것은?　　　　　　　　　　　　　　　　　　　　　　　　　　　　　　<제6회>

① 심의회는 위원장 및 부위원장 각 1명을 포함한 21명 이내의 위원으로 구성한다.

② 심의회의 위원장은 각각 농림축산식품부장관 및 해양수산부장관으로 하고, 부위원장은 위원 중에서 호선(互選)한다.

③ 심의회의 회의는 재적위원 3분의 1 이상의 요구가 있을 때 또는 위원장이 필요하다고 인정할 때에 소집한다.

④ 심의회의 회의는 재적위원 과반수의 출석으로 개의(開議)하고, 출석위원 과반수의 찬성으로 의결한다.

문제풀이　S·O·L·U·T·I·O·N

② 심의회의 위원장은 각각 농림축산식품부차관 및 해양수산부차관으로 하고, 부위원장은 위원 중에서 호선(互選)한다(법 제3조 제3항).

정답 ②

**11** 다음 중 농업재해보험심의회(이하 '심의회'라 한다)에 대한 설명으로 옳은 것은?

① 심의회의 위원장은 농림축산식품부장관으로, 부위원장은 농림축산식품부차관으로 한다.

② 심의회에 출석한 모든 위원에게는 예산의 범위에서 수당, 여비 또는 그 밖에 필요한 경비를 지급할 수 있다.

③ 심의회의 모든 위원의 임기는 3년으로 한다.

④ 심의회의 운영에 필요한 사항은 심의회의 의결을 거쳐 위원장이 정한다.

문제풀이　S·O·L·U·T·I·O·N

① 심의회의 위원장은 농림축산식품부차관이고, 부위원장은 위원 중에서 호선한다.
② 공무원인 위원이 그 소관 업무와 직접 관련하여 심의회에 출석한 경우에는 그러하지 아니하다.
③ 심의회의 위원 중 농림축산식품부장관 또는 해양수산부장관이 재해보험이나 농어업에 관한 학식과 경험이 풍부하다고 인정하는 자의 임기만 3년으로 한다.

정답 ④

**12**  농어업재해보험법령상 농업재해보험심의회에 관한 설명으로 옳지 <u>않은</u> 것은?  <제9회>

① 심의회는 위원장 및 부위원장 각 1명을 포함한 21명 이내의 위원으로 구성한다.

② 심의회의 위원장은 농림축산식품부장관이 위촉한다.

③ 심의회는 그 심의 사항을 검토·조정하고, 심의회의 심의를 보조하게 하기 위하여 심의회에 분과위원회를 둘 수 있다.

④ 심의회의 회의는 재적위원 과반수의 출석으로 개의(開議)하고, 출석위원 과반수의 찬성으로 의결한다.

**문제풀이**  SOLUTION

② 심의회의 위원장은 농림축산식품부차관으로 한다.

정답 ②

**13**  농어업재해보험법령상 농업재해보험심의회(이하 '심의회')에 관한 설명으로 옳지 <u>않은</u> 것은?

<제10회>

① 심의회의 위원장은 농림축산식품부차관으로 하고, 부위원장은 위원 중에서 농림축산식품부차관이 지명한다.

② 심의회의 회의는 재적위원 과반수의 출석으로 개의(開議)하고, 출석위원 과반수의 찬성으로 의결한다.

③ 심의회는 위원장 및 부위원장 각 1명을 포함한 21명 이내의 위원으로 구성한다.

④ 심의회의 회의는 재적위원 3분의 1 이상의 요구가 있을 때 또는 위원장이 필요하다고 인정할 때에 소집한다.

**문제풀이**  SOLUTION

① 부위원장은 위원 중에서 호선(互選)한다.

정답 ①

**14** 농어업재해보험법령상 농업재해보험심의회 위원을 해촉할 수 있는 사유로 명시된 것이 <u>아닌</u> 것은?

<제4회>

① 심신장애로 인하여 직무를 수행할 수 없게 된 경우
② 직무와 관련 없는 비위사실이 있는 경우
③ 품위손상으로 인하여 위원으로 적합하지 아니하다고 인정되는 경우
④ 위원 스스로 직무를 수행하는 것이 곤란하다고 의사를 밝히는 경우

**문제풀이** ─ S·O·L·U·T·I·O·N ─

② 직무와 관련된 비위사실이 있는 경우가 해촉사유이다.

**[위원의 해촉사유]**
1. 심신장애로 인하여 직무를 수행할 수 없게 된 경우
2. 직무와 관련된 비위사실이 있는 경우
3. 직무태만, 품위손상이나 그 밖의 사유로 인하여 위원으로 적합하지 아니하다고 인정되는 경우
4. 위원 스스로 직무를 수행하는 것이 곤란하다고 의사를 밝히는 경우

정답 ②

**15** 농어업재해보험법령상 농업재해보험심의회(이하 "심의회"라 한다) 및 분과위원회에 관한 설명으로 옳은 것은?

<제11회>

① 심의회의 위원장은 농림축산식품부장관으로 하고, 부위원장은 위원 중에서 호선(互選) 한다.
② 심의회의 회의는 재적위원 3분의 1의 출석으로 개의(開議)하고, 출석위원 과반수의 찬성으로 의결한다.
③ 심의회는 그 심의 사항을 검토·조정하고, 심의회의 심의를 보조하게 하기 위하여 심의회에 분과위원회를 둔다.
④ 분과위원회는 분과위원장 1명을 포함한 5명 이내의 분과위원으로 성별을 고려하여 구성한다.

**문제풀이** ─ S·O·L·U·T·I·O·N ─

① 심의회의 위원장은 농림축산식품부차관으로 한다.
② 심의회의 회의는 재적위원 과반수의 출석으로 개의(開議)한다.
④ 분과위원회는 분과위원장 1명을 포함한 9명 이내의 분과위원으로 성별을 고려하여 구성한다.

정답 ③

**16** 다음 중 분과위원회에 대한 설명으로 **틀린** 것은?

① 분과위원회의 위원장은 위원 중에서 호선한다.

② 분과위원장 1명을 포함한 9명 이내의 분과위원으로 성별을 고려하여 구성한다.

③ 분과위원은 심의회의 위원 중에서 전문적인 지식과 경험 등을 고려하여 위원장이 지명한다.

④ 회의는 심의위원장 또는 분과위원장이 필요하다고 인정할 때 소집한다.

> **문제풀이** S·O·L·U·T·I·O·N
>
> ① 분과위원회의 위원장은 심의회의 위원 중에서 전문적인 지식과 경험 등을 고려하여 위원장이 지명한다.
>
> 정답 ①

## CHAPTER 02 재해보험사업

**01** 농어업재해보험법령상 재해보험의 종류 등에 관한 설명으로 옳지 **않은** 것은? <제10회>

① 재해보험의 종류는 농작물재해보험, 임산물재해보험, 가축재해보험 및 양식수산물재해보험으로 한다.

② 가축재해보험의 보험목적물은 가축 및 축산시설물이다.

③ 양식수산물재해보험과 관련된 사항은 농림축산식품부장관이 관장한다.

④ 정부는 보험목적물의 범위를 확대하기 위하여 노력하여야 한다.

> **문제풀이** S·O·L·U·T·I·O·N
>
> ③ 양식수산물재해보험과 관련된 사항은 해양수산부장관이 관장한다.
>
> 정답 ③

**02** 농어업재해보험법령상 재해보험사업에 관한 내용으로 옳지 <u>않은</u> 것은?     <제6회>

① 재해보험의 종류는 농작물재해보험, 임산물재해보험, 가축재해보험 및 양식수산물재해보험으로 한다.

② 재해보험에서 보상하는 재해의 범위는 해당 재해의 발생 범위, 피해 정도 및 주관적인 손해평가방법 등을 고려하여 재해보험의 종류별로 대통령령으로 정한다.

③ 정부는 재해보험에서 보상하는 재해의 범위를 확대하기 위하여 노력하여야 한다.

④ 가축재해보험에서 보상하는 재해의 범위는 자연재해, 화재 및 보험목적물별로 농림축산식품부장관이 정하여 고시하는 질병이다.

**문제풀이**    S·O·L·U·T·I·O·N ────

② 재해보험에서 보상하는 재해의 범위는 해당 재해의 발생 범위, 피해 정도 및 객관적인 손해평가방법 등을 고려하여 재해보험의 종류별로 대통령령으로 정한다(법 제6조 제1항).

정답 ②

**03** 농어업재해보험법령상 재해보험의 종류에 따른 보험가입자의 기준에 해당하지 <u>않는</u> 것은?

<제3회>

① 농작물재해보험: 농업재해보험심의회를 거쳐 농림축산식품부장관이 고시하는 농작물을 재배하는 개인

② 임산물재해보험: 농업재해보험심의회를 거쳐 농림축산식품부장관이 고시하는 임산물을 재배하는 법인

③ 가축재해보험: 농업재해보험심의회를 거쳐 농림축산식품부장관이 고시하는 가축을 사육하는 개인

④ 양식수산물재해보험: 어업재해보험심의회를 거쳐 해양수산부장관이 고시하는 자연수산물을 채취하는 법인

**문제풀이**    S·O·L·U·T·I·O·N ────

④ 양식수산물재해보험 : 어업재해보험심의회를 거쳐 해양수산부장관이 고시하는 양식수산물을 양식하는 자

정답 ④

**04** 농어업재해보험법상 재해보험사업을 할 수 <u>없는</u> 자는?  <제7회>

① 농업협동조합법에 따른 농업협동조합중앙회
② 수산업협동조합법에 따른 수산업협동조합중앙회
③ 보험업법에 따른 보험회사
④ 산림조합법에 따른 산림조합중앙회

**문제풀이** S·O·L·U·T·I·O·N

① 농업협동조합법에 따른 농업협동조합중앙회는 할 수 없다.

**[재해보험사업을 할 수 있는 자]**
1. 「수산업협동조합법」에 따른 수산업협동조합중앙회(수협중앙회)
2. 「산림조합법」에 따른 산림조합중앙회
3. 「보험업법」에 따른 보험회사

정답 ①

**05** 농어업재해보험법령상 재해보험사업을 할 수 있는 자를 모두 고른 것은?  <제10회>

ㄱ. 「수산업협동조합법」에 따른 수산업협동조합중앙회
ㄴ. 「산림조합법」에 따른 산림조합중앙회
ㄷ. 「보험업법」에 따른 보험회사
ㄹ. 「새마을금고법」에 따른 새마을금고중앙회

① ㄱ, ㄹ  ② ㄱ, ㄴ, ㄷ  ③ ㄴ, ㄷ, ㄹ  ④ ㄱ, ㄴ, ㄷ, ㄹ

**문제풀이** S·O·L·U·T·I·O·N

ㄹ. 「새마을금고법」에 따른 새마을금고중앙회는 그 대상이 아니다.

정답 ②

**06** 농어업재해보험법령상 재해보험사업의 약정을 체결하려는 자가 농림축산식품부장관 또는 해양수산부장관에게 제출하여야 하는 서류에 해당하지 <u>않는</u> 것은?　　　　<제3회>

① 정관
② 사업방법서
③ 보험약관
④ 보험요율의 산정자료

**문제풀이** S·O·L·U·T·I·O·N

[제출서류]
1. 사업방법서, 보험약관, 보험료 및 책임준비금산출방법서
2. 그 밖에 대통령령으로 정하는 서류(정관)

정답 ④

**07** 농어업재해보험법령상 농림축산식품부장관 또는 해양수산부장관이 재해보험사업을 하려는 자와 재해보험사업의 약정을 체결할 때에 포함되어야 하는 사항이 <u>아닌</u> 것은?　　　　<제6회>

① 약정기간에 관한 사항
② 재해보험사업의 약정을 체결한 자가 준수하여야 할 사항
③ 국가에 대한 재정지원에 관한 사항
④ 약정의 변경·해지 등에 관한 사항

**문제풀이** S·O·L·U·T·I·O·N

③ 재해보험사업자에 대한 재정지원에 관한 사항이 해당사항이다.
[약정을 체결할 때에 포함되어야 할 사항]
1. 약정기간에 관한 사항
2. 재해보험사업의 약정을 체결한 자(이하 "재해보험사업자"라 한다)가 준수하여야 할 사항
3. 재해보험사업자에 대한 재정지원에 관한 사항
4. 약정의 변경·해지 등에 관한 사항
5. 그 밖에 재해보험사업의 운영에 관한 사항

정답 ③

**08** 농어업재해보험법령상 농림축산식품부장관이 재해보험사업을 하려는 자와 재해 보험사업의 약정을 체결할 때에 약정서에 포함되어야 하는 사항이 <u>아닌</u> 것은? <제11회>

① 국가에 대한 재정지원
② 약정기간
③ 약정의 변경·해지 등
④ 재해보험사업의 약정을 체결한 자가 준수하여야 할 사항

문제풀이 　ＳＯＬＵＴＩＯＮ

① 재해보험사업자에 대한 재정지원에 관한 사항이 약정서에 포함될 사항이다.

정답 ①

**09** 농어업재해보험법령상 재해보험사업 및 보험료율의 산정에 관한 설명으로 옳지 <u>않은</u> 것은? <제5회>

① 재해보험사업의 약정을 체결하려는 자는 보험료 및 책임준비금 산출방법서 등을 농림축산식품부장관 또는 해양수산부장관에게 제출하여야 한다.
② 재해보험사업자는 보험료율을 객관적이고 합리적인 통계자료를 기초로 산정하여야 한다.
③ 보험료율은 보험목적물별 또는 보상방식별로 산정한다.
④ 보험료율은 대한민국 전체를 하나의 단위로 산정하여야 한다.

문제풀이 　ＳＯＬＵＴＩＯＮ

④ 재해보험의 보험료율을 객관적이고 합리적인 통계자료를 기초로 하여 보험목적물별 또는 보상방식별로 산정하되, 대통령령으로 정하는 행정구역 단위 또는 권역 단위로 산정하여야 한다.

정답 ④

**10**  농어업재해보험법상 보험료율의 산정에 관한 내용이다. (   )에 들어갈 용어는?  <제9회>

> 농림축산식품부장관 또는 해양수산부장관과 재해보험사업의 약정을 체결한 자는 재해보험의 보험료율을 객관적이고 합리적인 통계자료를 기초로 하여 (  ㄱ  ) 또는 (  ㄴ )로 산정하되, 행정구역과 권역의 구분에 따른 단위로 산정하여야 한다.

① ㄱ : 보험목적물별,　　　　　　　　ㄴ : 보상방식별
② ㄱ : 보상방식별,　　　　　　　　　ㄴ : 보험종류별
③ ㄱ : 보험종류별,　　　　　　　　　ㄴ : 보험가입금액별
④ ㄱ : 보험가입금액별,　　　　　　　ㄴ : 보험료별

**문제풀이**　S·O·L·U·T·I·O·N

① 재해보험사업자는 재해보험의 보험료율을 객관적이고 합리적인 통계자료를 기초로 하여 보험목적물별 또는 보상방식별로 산정하되, 행정구역과 권역의 구분에 따른 단위로 산정하여야 한다(제8조제2항).

정답 ①

**11**  농어업재해보험법상 재해보험을 모집할 수 있는 자에 해당하지 <u>않는</u> 것은?  <제8회>

① 산림조합중앙회의 임직원
② 「수산업협동조합법」에 따라 설립된 수협은행의 임직원
③ 「산림조합법」 제48조의 공제규정에 따른 공제모집인으로서 농림축산식품부장관이 인정하는 자
④ 「보험업법」 제83조제1항에 따라 보험을 모집할 수 있는 자

**문제풀이**　S·O·L·U·T·I·O·N

**[재해보험을 모집할 수 있는 재]**
① 산림조합중앙회와 그 회원조합의 임직원, 수협중앙회와 그 회원조합 및 「수산업협동조합법」에 따라 설립된 수협은행의 임직원
② 「수산업협동조합법」의 공제규약에 따른 공제모집인으로서 수협중앙회장 또는 그 회원조합장이 인정하는 자
③ 「산림조합법」 48조의 공제규정에 따른 공제모집인으로서 산림조합중앙회장이나 그 회원조합장이 인정하는 자
④ 「보험업법」 제83조제1항에 따라 보험을 모집할 수 있는 자

정답 ③

**12** 농어업재해보험법상 재해보험에 관한 설명으로 옳지 <u>않은</u> 것은?  <제7회>

① 재해보험에 가입할 수 있는 자는 농림업, 축산업, 양식수산업에 종사하는 개인 또는 법인으로 하고, 구체적인 보험가입자의 기준은 대통령령으로 정한다.

② 산림조합법의 공제규정에 따른 공제모집인으로서 산림조합중앙회장이나 그 회원조합장이 인정하는 자는 재해보험을 모집할 수 있다.

③ 재해보험사업자는 사고 예방을 위하여 보험가입자가 납입한 보험료의 일부를 되돌려 줄 수 있다.

④ 수산업협동조합법에 따른 조합이 그 조합원에게 재해보험의 보험료 일부를 지원하는 경우에는 보험업법상 해당 보험계약의 체결 또는 모집과 관련한 특별이익의 제공으로 본다.

**문제풀이** SOLUTION

④ 수산업협동조합법에 따른 조합이 그 조합원에게 재해보험의 보험료 일부를 지원하는 경우에는 「보험업법」 제98조에도 불구하고 해당 보험계약의 체결 또는 모집과 관련한 특별이익의 제공으로 보지 아니한다(법 제10조 제2항).

정답 ④

**13** 농어업재해보험법령상 손해평가에 관한 설명으로 옳은 것은?  <제7회>

① 재해보험사업자는 보험업법에 따른 손해평가인에게 손해평가를 담당하게 할 수 있다.

② 고등교육법에 따른 전문대학에서 임산물재배 관련 학과를 졸업한 사람은 손해평가인으로 위촉될 자격이 인정된다.

③ 농림축산식품부장관은 손해평가사가 공정하고 객관적인 손해평가를 수행할 수 있도록 연 1회 이상 정기교육을 실시하여야 한다.

④ 농림축산식품부장관 또는 해양수산부장관은 손해평가 요령을 고시하려면 미리 금융위원회와 협의하여야 한다.

**문제풀이** SOLUTION

① 재해보험사업자는 보험목적물에 관한 지식과 경험을 갖춘 사람 또는 그 밖의 관계 전문가를 손해평가인으로 위촉하여 손해평가를 담당하게 하거나 손해평가사 또는 손해사정사에게 손해평가를 담당하게 할 수 있다.

② 「고등교육법」에 따른 학교에서 임산물재배 관련학을 전공하고 임업전문 연구기관 또는 연구소에서 5년 이상 근무한 학사학위 이상 소지자는 손해평가인으로 위촉될 자격이 인정된다.

③ 농림축산식품부장관 또는 해양수산부장관은 손해평가인이 공정하고 객관적인 손해평가를 수행할 수 있도록 연 1회 이상 정기교육을 실시하여야 한다(법 제11조 제5항). 농림축산식품부장관은 손해평가사의 손해평가 능력 및 자질 향상을 위하여 교육을 실시 할 수 있다(영 제12조의8).

정답 ④

**14** 농어업재해보험법령상 손해평가인의 정기교육에 관한 설명이다. (　　　)에 들어갈 숫자로 옳은 것은?

<제10회>

> • 농림축산식품부장관 또는 해양수산부장관은 손해평가인이 공정하고 객관적인 손해평가를 수행 할 수 있도록 연 ( ㄱ )회 이상 정기교육을 실시하여야 한다.
> • 정기교육의 교육시간은 ( ㄴ )시간 이상으로 한다

① ㄱ : 1, ㄴ : 4　　　　　　　② ㄱ : 1, ㄴ : 5

③ ㄱ : 2, ㄴ : 4　　　　　　　④ ㄱ : 2, ㄴ : 6

**문제풀이**　SOLUTION

• 농림축산식품부장관 또는 해양수산부장관은 손해평가인이 공정하고 객관적인 손해평가를 수행 할 수 있도록 연 1회 이상 정기교육을 실시하여야 한다.
• 정기교육의 교육시간은 4시간 이상으로 한다.

정답 ①

**15** 농어업재해보험법령상 손해평가인의 교육에 대한 다음 설명 중 옳지 <u>않은</u> 것은?

① 농림축산식품부장관 또는 해양수산부장관은 손해평가인이 공정하고 객관적인 손해평가를 수행할 수 있도록 연 2회 이상 정기교육을 실시하여야 한다.

② 재해보험사업자는 손해평가인으로 위촉된 사람에 대하여 보험에 관한 기초지식, 보험약관 및 손해평가요령 등에 관한 실무교육을 하여야 한다.

③ 정기교육의 교육시간은 4시간 이상으로 한다.

④ 농어업재해보험법령에서 규정한 사항이외에 정기교육의 운영에 필요한 사항은 농림축산식품부장관 또는 해양수산부장관이 정하여 고시한다.

**문제풀이**　SOLUTION

① 농림축산식품부장관 또는 해양수산부장관은 제1항에 따른 손해평가인이 공정하고 객관적인 손해평가를 수행할 수 있도록 연 1회 이상 정기교육을 실시하여야 한다(법 제11조 제5항).

정답 ①

**16** 다음 중 손해평가인의 정기교육에 포함되는 사항으로 옳지 <u>않은</u> 것은?

① 농어업재해보험에 관한 실무지식

② 농어업재해보험의 종류별 약관

③ 손해평가의 절차 및 방법

④ 손해평가에 필요한 사항으로서 농림축산식품부장관 또는 해양수산부장관이 정하는 사항

**문제풀이** S·O·L·U·T·I·O·N

**[정기교육에 포함되는 사항(요령 제5조의2)]**
1. 농어업재해보험에 관한 기초지식
2. 농어업재해보험의 종류별 약관
3. 손해평가의 절차 및 방법
4. 그 밖에 손해평가에 필요한 사항으로서 농림축산식품부장관 또는 해양수산부장관이 정하는 사항

정답 ①

**17** 농어업재해보험법상 손해평가 등에 관한 설명으로 옳은 것은? <제8회>

① 재해보험사업자는 동일 시·군·구 내에서 교차손해평가를 수행할 수 없다.

② 농림축산식품부장관은 손해평가인이 공정하고 객관적인 손해평가를 수행할 수 있도록 연 1회 이상 정기교육을 실시하여야 한다.

③ 농림축산식품부장관이 손해평가 요령을 정한 뒤 이를 고시하려면 미리 금융위원회의 인가를 거쳐야 한다.

④ 농림축산식품부장관은 손해평가인 간의 손해평가에 관한 기술·정보의 교환을 금지하여야 한다.

**문제풀이** S·O·L·U·T·I·O·N

① 재해보험사업자는 공정하고 객관적인 손해평가를 위하여 동일 시·군·자치구 내에서 교차손해평가를 수행할 수 있다.
③ 농림축산식품부장관이 손해평가 요령을 정한 뒤 이를 고시하려면 미리 금융위원회와 협의하여야 한다.
④ 농장 또는 해장은 손해평가인 간의 손해평가에 관한 기술·정보의 교환을 지원할 수 있다.

정답 ②

**18** 농어업재해보험법령상 농작물재해보험 손해평가인의 자격요건에 관한 내용의 일부이다. (   )에 들어갈 숫자는?
<제9회>

> 「보험업법」에 따른 보험회사의 임직원이나 「농업협동조합법」에 따른 중앙회와 조합의 임직원으로 영농 지원 또는 보험·공제 관련 업무를 (  ㄱ  )년 이상 담당하였거나 손해평가 업무를 (  ㄴ  )년 이상 담당한 경력이 있는 사람

① ㄱ : 2, ㄴ : 1　　　　　　② ㄱ : 1, ㄴ : 2
③ ㄱ : 3, ㄴ : 2　　　　　　④ ㄱ : 2, ㄴ : 3

**문제풀이** S·O·L·U·T·I·O·N

「보험업법」에 따른 보험회사의 임직원이나 「농업협동조합법」에 따른 중앙회와 조합의 임직원으로 영농 지원 또는 보험·공제 관련 업무를 3년 이상 담당하였거나 손해평가 업무를 2년 이상 담당한 경력이 있는 사람(별표 2)

정답 ③

**19** 농어업재해보험법령상 손해평가인의 자격요건에 관한 내용의 일부이다. (   )에 들어갈 숫자는?
<제8회>

> 「학점인정 등에 관한 법률」 제8조에 따라 전문대학의 보험 관련 학과 졸업자와 같은 수준 이상의 학력이 있다고 인정받은 사람이나 「고등교육법」 제2조에 따른 학교에서 (  ㄱ  )학점(보험 관련 과목 학점이 (  ㄴ  )학점 이상이어야 한다) 이상을 이수한 사람 등 제7호에 해당하는 사람과 같은 수준 이상의 학력이 있다고 인정되는 사람

① ㄱ : 60, ㄴ : 40　　　　　　② ㄱ : 60, ㄴ : 45
③ ㄱ : 80, ㄴ : 40　　　　　　④ ㄱ : 80, ㄴ : 45

**문제풀이** S·O·L·U·T·I·O·N

「학점인정 등에 관한 법률」 제8조에 따라 전문대학의 보험 관련 학과 졸업자와 같은 수준 이상의 학력이 있다고 인정받은 사람이나 「고등교육법」 제2조에 따른 학교에서 80학점(보험 관련 과목 학점이 45학점 이상이어야 한다) 이상을 이수한 사람 등 제7호에 해당하는 사람과 같은 수준 이상의 학력이 있다고 인정되는 사람[별표 2]

정답 ④

**20** 농어업재해보험법령상 농작물재해보험 손해평가인의 자격요건에 관한 규정의 일부이다. (   )에 들어갈 숫자는?
<제11회>

> • 교원으로 고등학교에서 농작물재배분야 관련 과목을 ( ㄱ )년 이상 교육한 경력이 있는 사람
> • 조교수 이상으로 「고등교육법」 제2조에 따른 학교에서 농작물재배 관련학을 ( ㄴ )년 이상 교육한 경력이 있는 사람

① ㄱ: 3, ㄴ: 2　　　　　　　　② ㄱ: 3, ㄴ: 3
③ ㄱ: 5, ㄴ: 3　　　　　　　　④ ㄱ: 5, ㄴ: 5

**문제풀이** SOLUTION

• 교원으로 고등학교에서 농작물재배분야 관련 과목을 5년 이상 교육한 경력이 있는 사람
• 조교수 이상으로 「고등교육법」 제2조에 따른 학교에서 농작물재배 관련학을 3년 이상 교육한 경력이 있는 사람

정답 ③

**21** 농어업재해보험법령상 양식수산물재해보험의 손해평가인으로 위촉될 수 있는 자격요건을 갖추지 않은 자는?
<제6회>

① 재해보험 대상 양식수산물을 3년 동안 양식한 경력이 있는 어업인
② 고등교육법 제2조에 따른 전문대학에서 보험 관련 학과를 졸업한 사람
③ 수산생물질병 관리법 에 따른 수산질병관리사
④ 농수산물 품질관리법 에 따른 수산물품질관리사

**문제풀이** SOLUTION

① 재해보험 대상 양식수산물을 5년 동안 양식한 경력이 있는 어업인(영 별표 2)

정답 ①

**22** 농어업재해보험법령상 손해평가사의 시험 등에 관한 설명으로 옳은 것은?　　　<제9회>

① 금융감독원에서 손해사정 관련 업무에 2년 종사한 경력이 있는 사람에게는 손해평가사 자격시험 과목의 일부를 면제할 수 있다.

② 농림축산식품부장관은 부정한 방법으로 시험에 응시한 사람에 대하여는 그 시험을 정지시키고 그 처분 사실을 14일 이내에 알려야 한다.

③ 농림축산식품부장관은 시험에서 부정한 행위를 한 사람에 대하여는 그 시험을 취소하고 그 처분 사실을 7일 이내에 알려야 한다.

④ 손해평가사는 다른 사람에게 그 명의를 사용하게 하거나 다른 사람에게 그 자격증을 대여해서는 아니 된다.

**문제풀이**　S·O·L·U·T·I·O·N

① 금융감독원에서 손해사정 관련 업무에 3년 이상 종사한 경력이 있는 사람에게는 손해평가사 자격시험 과목의 일부를 면제할 수 있다.

②③ 농림축산식품부장관은 부정한 방법으로 시험에 응시한 사람, 시험에서 부정한 행위를 한 사람에 대하여는 그 시험을 정지시키거나 무효로 하고 그 처분 사실을 지체 없이 알려야 한다.

정답 ④

**23** 농어업재해보험법령상 손해평가사의 시험에 관한 설명으로 옳은 것은?　　　<제11회>

① 손해평가인으로 위촉된 기간이 2년이 된 사람은 손해평가사 제1차 시험의 일부과목을 면제한다.

② 농림축산식품부장관은 거짓으로 손해평가를 한 사람에 대하여 손해평가사 자격을 취소하여야 한다.

③ 농림축산식품부장관은 손해평가사의 자격을 부정한 방법으로 취득한 사람에 대하여 손해평가사 자격을 취소하여야 한다.

④ 손해평가사 자격이 취소된 사람은 그 취소 처분이 있은 날부터 3년이 지나지 아니한 경우 손해평가사 자격시험에 응시하지 못한다.

**문제풀이**　S·O·L·U·T·I·O·N

① 손해평가인으로 위촉된 기간이 3년 이상이어야 면제 대상이다.

② 거짓으로 손해평가를 한 사람은 임의적 취소사유이다.

④ 2년이 지나지 아니한 경우 손해평가사 자격시험에 응시하지 못한다.

정답 ③

**24** 농어업재해보험법상 손해평가사에 관한 설명으로 옳은 것은? <제7회>

① 농림축산식품부장관과 해양수산부장관은 공정하고 객관적인 손해평가를 촉진하기 위하여 손해평가사 제도를 운영한다.

② 임산물재해보험에 관한 피해사실의 확인은 손해평가사가 수행하는 업무에 해당하지 않는다.

③ 손해평가사 자격이 취소된 사람은 그 처분이 있은 날부터 3년이 지나지 아니한 경우 손해평가사 자격시험에 응시하지 못한다.

④ 손해평가사는 다른 사람에게 그 자격증을 대여해서는 아니 되나, 손해평가사 자격증의 대여를 알선하는 것은 허용된다.

> **문제풀이** S·O·L·U·T·I·O·N
>
> ① 농림축산식품부장관이 손해평가사 제도 운영권자이다.
> ③ 손해평가사 자격이 취소된 사람은 그 처분이 있은 날부터 2년이 지나지 아니한 경우 손해평가사 자격시험에 응시하지 못한다.
> ④ 다른 사람에게 손해평가사의 명의를 사용하게 하거나 그 자격증을 대여한 사람과 손해평가사 명의의 사용이나 자격증의 대여를 알선한 사람의 경우 농림축산식품부장관은 손해평가사 자격을 취소할 수 있다.
>
> 정답 ②

**25** 농어업재해보험법상 농림축산식품부장관이 손해평가사 자격을 취소하여야 하는 대상을 모두 고른 것은? <제7회>

> ㄱ. 업무정지기간 중에 손해평가 업무를 수행한 사람
> ㄴ. 업무 수행과 관련하여 향응을 제공받은 사람
> ㄷ. 손해평가사의 자격을 부정한 방법으로 취득한 사람
> ㄹ. 손해평가 요령을 준수하지 않고 손해평가를 한 사람

① ㄱ, ㄴ      ② ㄱ, ㄷ      ③ ㄴ, ㄹ      ④ ㄷ, ㄹ

> **문제풀이** S·O·L·U·T·I·O·N
>
> **[손해평가사 자격취소 사유(법 제29조의2)]**
> ㉠ 손해평가사의 자격을 거짓 또는 부정한 방법으로 취득한 사람
> ㉡ 거짓으로 손해평가를 한 사람
> ㉢ 다른 사람에게 손해평가사의 명의를 사용하게 하거나 그 자격증을 대여한 사람
> ㉣ 손해평가사 명의의 사용이나 자격증의 대여를 알선한 사람
> ㉤ 업무정지 기간 중에 손해평가 업무를 수행한 사람
>
> 정답 ②

**26** 농어업재해보험법령상 손해평가사의 자격 취소사유로 명시되지 <u>않은</u> 것은?　　　　　<제8회>

① 손해평가사의 자격을 거짓 또는 부정한 방법으로 취득한 경우

② 거짓으로 손해평가를 한 경우

③ 업무 수행과 관련하여 보험계약자로부터 향응을 제공받은 경우

④ 법 제11조의4제7항을 위반하여 손해평가사 명의의 사용이나 자격증의 대여를 알선한 경우

**문제풀이**　S·O·L·U·T·I·O·N

③ 업무 수행과 관련하여 보험계약자로부터 향응을 제공받은 경우는 업무정지 사유에 해당한다.

정답 ③

**27** 농어업재해보험법령상 손해평가사의 자격취소 사유에 해당하지 <u>않은</u> 것은?　　　　　<제9회>

① 심신장애로 인하여 직무를 수행할 수 없게 된 경우

② 거짓으로 손해평가를 한 경우

③ 업무정지 기간 중에 손해평가 업무를 수행한 경우

④ 손해평가사의 자격을 거짓 또는 부정한 방법으로 취득한 경우

**문제풀이**　S·O·L·U·T·I·O·N

① 자격취소 사유에 해당하지 않는다.

정답 ①

**28** 농어업재해보험법령상 손해평가사의 자격취소 사유에 해당하는 위반행위를 한 경우, 1회 위반 시에는 자격취소를 하지 않고 시정명령을 하는 경우는?  <제10회>

① 손해평가사의 자격을 거짓 또는 부정한 방법으로 취득한 경우
② 거짓으로 손해평가를 한 경우
③ 다른 사람에게 손해평가사의 명의를 사용하게 하거나 그 자격증을 대여한 경우
④ 업무정지 기간 중에 손해평가 업무를 수행한 경우

**문제풀이** S·O·L·U·T·I·O·N

② 거짓으로 손해평가를 한 경우 1회 위반 시 시정명령, 2회 위반 시 자격취소 사유에 해당한다. 그 외는 1회 위반 시 자격취소 사유에 해당한다.

정답 ②

**29** 농어업재해보험법상 손해평가사의 감독에 관한 내용이다. ( )에 들어갈 숫자는?  <제6회>

> 농림축산식품부장관은 손해평가사가 그 직무를 게을리하거나 직무를 수행하면서 부적절한 행위를 하였다고 인정하면 ( )년 이내의 기간을 정하여 업무의 정지를 명할 수 있다.

① 1  ② 2  ③ 3  ④ 5

**문제풀이** S·O·L·U·T·I·O·N

① 농림축산식품부장관은 손해평가사가 그 직무를 게을리하거나 직무를 수행하면서 부적절한 행위를 하였다고 인정하면 1년 이내의 기간을 정하여 업무의 정지를 명할 수 있다(제11조의6 제1항).

정답 ①

**30** 농어업재해보험법령상 보험금 수급권에 관한 설명으로 옳은 것은? <제7회>

① 재해보험사업자는 보험금을 현금으로 지급하여야 하나, 불가피한 사유가 있을 때에는 수급권자의 신청이 없더라도 수급권자 명의의 계좌로 입금할 수 있다.

② 재해보험가입자가 재해보험에 가입된 보험목적물을 양도하는 경우 그 양수인은 재해보험계약에 관한 양도인의 권리 및 의무를 승계한다.

③ 재해보험의 보험목적물이 담보로 제공된 경우에는 보험금을 지급받을 권리를 압류할 수 있다.

④ 농작물의 재생산에 직접적으로 소요되는 비용의 보장을 목적으로 보험금수급전용계좌로 입금된 보험금의 경우 그 2분의 1에 해당하는 액수 이하의 금액에 관하여는 채권을 압류할 수 있다.

---

**문제풀이** S·O·L·U·T·I·O·N

① 재해보험사업자는 수급권자의 신청이 있는 경우에는 보험금을 수급권자 명의의 지정된 보험금수급전용계좌로 입금하여야 한다.

② 재해보험가입자가 재해보험에 가입된 보험목적물을 양도하는 경우 그 양수인은 재해보험계약에 관한 양도인의 권리 및 의무를 승계한 것으로 추정한다(법 제13조).

④ 농작물의 재생산에 직접적으로 소요되는 비용의 보장을 목적으로 보험금수급전용계좌로 입금된 보험금의 경우에는 일체 압류할 수 없다.

정답 ③

**31** 농어업재해보험법령상 보험금의 압류 금지에 관한 조문의 일부이다. (   )에 들어갈 내용은?

<제8회>

> 법 제12조제2항에서 "대통령령으로 정하는 액수"란 다음 각 호의 구분에 따른 보험금 액수를 말한다.
> 1. 농작물·임산물·가축 및 양식수산물의 재생산에 직접적으로 소요되는 비용의 보장을 목적으로 법 제11조의7제1항 본문에 따라 보험금수급전용계좌로 입금된 보험금 : 입금된 ( ㄱ )
> 2. 제1호 외의 목적으로 법 제11조의7제1항 본문에 따라 보험금수급전용계좌로 입금된 보험금 : 입금된 ( ㄴ )에 해당하는 액수

① ㄱ : 보험금의 2분의 1,        ㄴ : 보험금의 3분의 1
② ㄱ : 보험금의 2분의 1,        ㄴ : 보험금의 3분의 2
③ ㄱ : 보험금 전액,             ㄴ : 보험금의 3분의 1
④ ㄱ : 보험금 전액,             ㄴ : 보험금의 2분의 1

**문제풀이** SOLUTION

**[대통령령으로 정하는 액수(영 제12조12)]**
1. 농작물·임산물·가축 및 양식수산물의 재생산에 직접적으로 소요되는 비용의 보장을 목적으로 보험금수급전용계좌로 입금된 보험금 : 입금된 보험금 전액
2. 보험금수급전용계좌로 입금된 보험금 : 입금된 보험금의 2분의 1에 해당하는 액수

정답 ④

**32** 농어업재해보험법령상 보험금수급권 등에 관한 설명으로 옳지 <u>않은</u> 것은?

<제10회>

① 재해보험의 보험목적물이 담보로 제공된 경우 보험금을 지급받을 권리는 압류할 수 없다.
② 재해보험사업자는 정보통신장애로 보험금을 보험금수급계좌로 이체할 수 없을 때에는 현금 지급 등 대통령령으로 정하는 바에 따라 보험금을 지급할 수 있다.
③ 보험금수급전용계좌의 해당 금융기관은 농어업재해보험법에 따른 보험금만이 보험금 수급전용계좌에 입금되도록 관리하여야 한다.
④ 재해보험가입자가 재해보험에 가입된 보험목적물을 양도하는 경우 그 양수인은 재해 보험계약에 관한 양도인의 권리 및 의무를 승계한 것으로 추정한다.

**문제풀이** SOLUTION

재해보험의 보험금을 지급받을 권리는 압류할 수 없다. 다만, 보험목적물이 담보로 제공된 경우에는 그러하지 아니하다.

정답 ①

**33** 농어업재해보험법령상 보험금의 수급 및 보험목적물의 양도에 관한 설명으로 옳지 <u>않은</u> 것은?

<제11회>

① 재해보험사업자는 정보통신장애로 보험금을 보험금수급계좌로 이체할 수 없을 때에는 현금으로 보험금을 지급할 수 있다.

② 농작물의 재생산에 직접적으로 소요되는 비용의 보장을 목적으로 보험금수급전용계좌로 입금된 보험금의 경우 입금된 보험금 전액에 관한 채권을 압류할 수 있다.

③ 보험금수급전용계좌의 해당 금융기관은 「농어업재해보험법」에 따른 보험금만이 보험금수급전용계좌에 입금되도록 관리하여야 한다.

④ 재해보험가입자가 재해보험에 가입된 보험목적물을 양도하는 경우 그 양수인은 재해 보험계약에 관한 양도인의 권리 및 의무를 승계한 것으로 추정한다.

**문제풀이** · S · O · L · U · T · I · O · N

② 농작물의 재생산에 직접적으로 소요되는 비용의 보장을 목적으로 보험금수급전용계좌로 입금된 보험금의 경우 입금된 보험금 전액에 관한 채권은 압류할 수 없다.

정답 ②

**34** 농어업재해보험법령상 재해보험사업자가 재해보험 업무의 일부를 위탁할 수 있는 자가 <u>아닌</u> 것은?

<제7회>

① 농업협동조합법에 따라 설립된 지역축산업협동조합

② 농업·농촌 및 식품산업 기본법에 따라 설립된 농업정책보험금융원

③ 산림조합법에 따라 설립된 품목별·업종별산림조합

④ 보험업법에 따라 손해사정을 업으로 하는 자

**문제풀이** · S · O · L · U · T · I · O · N

**[재해보험사업자가 재해보험 업무의 일부를 위탁할 수 있는 자]**

1. 「농업협동조합법」에 따라 설립된 지역농업협동조합·지역축산업협동조합 및 품목별·업종별협동조합

2. 「산림조합법」에 따라 설립된 지역산림조합 및 품목별·업종별산림조합

3. 「수산업협동조합법」에 따라 설립된 지구별 수산업협동조합, 업종별 수산업협동조합, 수산물가공 수산업협동조합 및 수협은행

4. 「보험업법」에 따라 손해사정을 업으로 하는 자

5. 농어업재해보험 관련 업무를 수행할 목적으로 「민법」에 따라 농림축산식품부장관 또는 해양수산부장관의 허가를 받아 설립된 비영리법인(손해평가 관련 업무를 위탁하는 경우만 해당한다)

정답 ②

**35** 농어업재해보험법령상 재해보험사업자가 재해보험 업무의 일부를 위탁할 수 있는 자에 해당하지 <u>않는</u> 자는? <제10회>

① 「수산업협동조합법」에 따라 설립된 수산물가공 수산업협동조합

② 「농업협동조합법」에 따란 설립된 품목별·업종별협동조합

③ 「산림조합법」에 따라 설립된 지역산림조합

④ 「보험업법」 제83조 제1항에 따라 보험을 모집할 수 있는 자

문제풀이 ── S·O·L·U·T·I·O·N ──

「보험업법」 제83조 제1항에 따라 보험을 모집할 수 있는 자는 이에 해당하지 않는다.

정답 ④

**36** 농어업재해보험법령상 재해보험사업자가 보험모집 및 손해평가 등 재해보험 업무의 일부를 위탁할 수 있는 자에 해당하지 <u>않는</u> 것은? <제8회>

① 「농업협동조합법」에 따라 설립된 지역농업협동조합

② 「수산업협동조합법」에 따라 설립된 지구별 수산업협동조합

③ 「보험업법」 제187조에 따라 손해사정을 업으로 하는 자

④ 농어업재해보험 관련 업무를 수행할 목적으로 「민법」에 따라 설립된 영리법인

문제풀이 ── S·O·L·U·T·I·O·N ──

④ 농어업재해보험 관련 업무를 수행할 목적으로 「민법」에 따라 농림축산식품부장관 또는 해양수산부장관의 허가를 받아 설립된 비영리법인에 위탁할 수 있다.

정답 ④

**37** 농어업재해보험법상 재해보험사업에 관한 설명으로 옳은 것은?  <제9회>

① 농림축산식품부장관은 손해평가사가 그 직무를 수행하면서 부적절한 행위를 하였다고 인정하면 1년 이상의 기간을 정해 업무의 정지를 명할 수 있다.

② 재해보험사업자는 정보통신장애나 그 밖에 대통령령으로 정하는 불가피한 사유로 보험금을 보험금수급계좌로 이체할 수 없을 때에는 현금으로 보험금을 지급할 수 있다.

③ 보험목적물이 담보로 제공된 경우에는 이를 압류할 수 없다.

④ 재해보험가입자가 재해보험에 가입된 보험목적물을 양도하는 경우 재해보험계약에 관한 양도인의 의무는 그 양수인에게 승계되지 않는다.

> **문제풀이** S·O·L·U·T·I·O·N
>
> ① 농림축산식품부장관은 손해평가사가 그 직무를 게을리하거나 직무를 수행하면서 부적절한 행위를 하였다고 인정하면 1년 이내의 기간을 정하여 업무의 정지를 명할 수 있다.
>
> ③ 재해보험의 보험금을 지급받을 권리는 압류할 수 없다. 다만, 보험목적물이 담보로 제공된 경우에는 그러하지 아니하다.
>
> ④ 재해보험가입자가 재해보험에 가입된 보험목적물을 양도하는 경우 그 양수인은 재해보험계약에 관한 양도인의 권리 및 의무를 승계한 것으로 추정한다.
>
> **정답 ②**

**38** 농어업재해보험법상 분쟁조정에 관한 내용이다. (    )에 들어갈 법률로 옳은 것은?  <제6회>

| |
|---|
| 재해보험과 관련된 분쟁의 조정(調停)은 (    ) 제33조부터 제43조까지의 규정에 따른다. |

① 보험업법

② 풍수해보험법

③ 금융소비자 보호에 관한 법률

④ 화재로 인한 재해보상과 보험가입에 관한 법률

> **문제풀이** S·O·L·U·T·I·O·N
>
> ③ 재해보험과 관련된 분쟁의 조정(調停)은 「금융소비자 보호에 관한 법률」 제33조부터 제43조까지의 규정에 따른다(법 제17조).
>
> **정답 ③**

**39** 농어업재해보험법상 재정지원에 관한 설명으로 옳지 <u>않은</u> 것은?　　　　　　　　　<제8회>

① 정부는 재해보험사업자의 재해보험의 운영 및 관리에 필요한 비용의 전부를 지원하여야 한다.

② 지방자치단체는 예산의 범위에서 재해보험가입자가 부담하는 보험료의 일부를 추가로 지원할 수 있다.

③ 「풍수해보험법」에 따른 풍수해보험에 가입한 자가 동일한 보험목적물을 대상으로 재해보험에 가입할 경우에는 정부가 재정지원을 하지 아니한다.

④ 법 제19조제1항에 따른 보험료와 운영비의 지원 방법 및 지원 절차 등에 필요한 사항은 대통령령으로 정한다.

문제풀이　S·O·L·U·T·I·O·N

① 정부는 예산의 범위에서 재해보험가입자가 부담하는 보험료의 일부와 재해보험사업자의 운영비의 전부 또는 일부를 지원할 수 있다(제19조 제1항).

정답 ①

**40** 농어업재해보험법상 재정지원에 관한 설명으로 옳은 것은?　　　　　　　　　　<제7회>

① 정부는 예산의 범위에서 재해보험가입자가 부담하는 보험료의 전부 또는 일부를 지원할 수 있다.

② 지방자치단체는 예산의 범위에서 재해보험사업자의 재해보험의 운영 및 관리에 필요한 비용의 전부 또는 일부를 지원할 수 있다.

③ 농림축산식품부장관은 정부의 보험료 지원 금액을 재해보험가입자에게 지급하여야 한다.

④ 풍수해보험법 에 따른 풍수해보험에 가입한 자가 동일한 보험목적물을 대상으로 재해보험에 가입할 경우에는 정부가 재정지원을 하지 아니한다.

문제풀이　S·O·L·U·T·I·O·N

① 전부 또는 일부 ➡ 일부
② 지방자치단체 ➡ 정부
③ 재해보험가입자 ➡ 재해보험사업자

정답 ④

**41** 농어업재해보험법령상 재정지원에 관한 설명으로 옳은 것은?  <제10회>

① 정부는 예산의 범위에서 재해보험가입자가 부담하는 보험료의 전부를 지원할 수 있다.

② 지방자치단체는 정부의 재정지원 외에 예산의 범위에서 재해보험사업자의 재해보험의 운영 및 관리에 필요한 비용 일부를 추가로 지원할 수 있다.

③ 지방자치단체의 장은 정부의 재정지원 외에 보험료의 일부를 추가 지원하려는 경우 재해보험 가입현황서와 보험가입자의 기준 등을 확인하여 보험료의 지원금액을 결정·지급한다.

④ 「풍수해·지진재해보험법」에 따른 풍수해·지진재해보험에 가입한 자가 동일한 보험 목적 물을 대상으로 재해보험에 가입할 경우에는 정부가 재정지원을 할 수 있다.

**문제풀이** S·O·L·U·T·I·O·N

① 전부 → 일부
② 정부는 예산의 범위에서 재해보험사업자의 재해보험의 운영 및 관리에 필요한 비용의 전부 또는 일부를 지원할 수 있다.
④ 「풍수해·지진재해보험법」에 따른 풍수해·지진재해보험에 가입한 자가 동일한 보험 목적물을 대상으로 재해보험 에 가입할 경우에는 정부가 재정지원을 하지 아니한다.

정답 ③

**42** 농어업재해보험법령상 재정지원에 관한 설명으로 옳지 <u>않은</u> 것은?  <제11회>

① 정부는 예산의 범위에서 재해보험사업자의 재해보험의 운영 및 관리에 필요한 비용의 전 부 또는 일부를 지원할 수 있다.

② 지방자치단체는 재해보험가입자가 부담하는 보험료를 지원할 수 없다.

③ 정부는 예산의 범위에서 재해보험가입자가 부담하는 보험료의 일부를 지원할 수 있다.

④ 「풍수해·지진재해보험법」에 따른 풍수해·지진재해보험에 가입한 자가 동일한 보험목적물 을 대상으로 재해보험에 가입할 경우에는 정부가 재정지원을 하지 아니한다.

**문제풀이** S·O·L·U·T·I·O·N

지방자치단체는 예산의 범위에서 재해보험가입자가 부담하는 보험료의 일부를 추가로 지원할 수 있다.

정답 ②

## CHAPTER 03  재보험사업 및 농어업재해재보험기금

**01** 농어업재해보험법령상 농림축산식품부장관이 재보험에 가입하려는 재해보험사업자와 재보험 약정 체결 시 포함되어야 할 사항으로 옳지 <u>않은</u> 것은? <제3회>

① 재보험수수료

② 정부가 지급하여야 할 보험금

③ 농어업재해재보험기금의 운용수익금

④ 재해보험사업자가 정부에 내야 할 보험료

---

**문제풀이** S·O·L·U·T·I·O·N

**[재보험 약정시 포함사항]**

1. 재해보험사업자가 정부에 내야 할 재보험료에 관한 사항
2. 정부가 지급하여야 할 보험금(재보험금)에 관한 사항
3. 그 밖에 재보험수수료 등 재보험 약정에 관한 것으로서 대통령령으로 정하는 사항
   ㉠ 재보험수수료에 관한 사항
   ㉡ 재보험 약정기간에 관한 사항
   ㉢ 재보험 책임범위에 관한 사항
   ㉣ 재보험 약정의 변경·해지 등에 관한 사항
   ㉤ 재보험금 지급 및 분쟁에 관한 사항
   ㉥ 그 밖에 재보험의 운영·관리에 관한 사항

정답 ③

---

**02** 농어업재해보험법령상 재보험 약정에 포함되는 사항을 모두 고른 것은? <제9회>

> ㄱ. 재보험 약정의 변경·해지 등에 관한 사항
> ㄴ. 재보험 책임범위에 관한 사항
> ㄷ. 재보험금 지급 및 분쟁에 관한 사항

① ㄱ, ㄴ     ② ㄱ, ㄷ     ③ ㄴ, ㄷ     ④ ㄱ, ㄴ, ㄷ

---

**문제풀이** S·O·L·U·T·I·O·N

④ 모두 재보험 약정에 포함되는 사항이다.

정답 ④

**03** 농어업재해보험법령상 재보험사업에 관한 설명으로 옳은 것은? <제5회>

① 정부는 재해보험에 관한 재보험사업을 할 수 없다.
② 재보험수수료 등 재보험 약정에 포함되어야 할 사항은 농림축산식품부령에서 정하고 있다.
③ 재보험약정서에는 재보험금의 지급에 관한 사항뿐 아니라 분쟁에 관한 사항도 포함되어야 한다.
④ 농림축산식품부장관이 재보험사업에 관한 업무의 일부를 농업정책보험금융원에 위탁하는 경우에는 해양수산부장관과의 협의를 요하지 않는다.

**문제풀이** S O L U T I O N

① 정부는 재해보험에 관한 재보험사업을 할 수 있다(제20조 제1항).
② 농림축산식품부령(고시) ➡ 대통령령
④ 해양수산부장관과과 협의를 거쳐야 한다.

정답 ③

**04** 농어업재해보험법령상 농림축산식품부장관으로부터 재보험사업에 관한 업무의 위탁을 받을 수 있는 자는? <제2회>

① 「보험업법」에 따른 보험회사
② 「농업·농촌 및 식품산업기본법」제63조의2제1항에 따라 설립된 농업정책보험금융원
③ 「정부출연연구기관 등의 설립·운영 및 육성에 관한 법률」제8조에 따라 설립된 연구기관
④ 「공익법인의 설립·운영에 관한 법률」제4조에 따라 농림축산식품부장관 또는 해양수산부장관의 허가를 받아 설립된 공익법인

**문제풀이** S O L U T I O N

② 농림축산식품부장관은 해양수산부장관과 협의를 거쳐 재보험사업에 관한 업무의 일부를 농업정책보험금융원에 위탁할 수 있다.

정답 ②

**05** 농어업재해보험법령상 농어업재해재보험기금에 관한 사항으로 농림축산식품부장관과 해양수산부장관이 협의하여 하는 것이 <u>아닌</u> 것은?

<제9회>

① 기금의 설치
② 기금의 관리·운용
③ 기금의 부담으로 금융기관으로부터 자금을 차입하는 것
④ 기금의 결산

**문제풀이** SOLUTION

① 농림축산식품부장관은 해양수산부장관과 협의하여 공동으로 재보험사업에 필요한 재원에 충당하기 위하여 농어업재해재보험기금을 설치한다.(제21조)
② 기금은 농림축산식품부장관이 해양수산부장관과 협의하여 관리·운용한다.(제24조 제1항)
③ 농림축산식품부장관은 기금의 운용에 필요하다고 인정되는 경우에는 해양수산부장관과 협의하여 기금의 부담으로 금융기관, 다른 기금 또는 다른 회계로부터 자금을 차입할 수 있다.(제22조)
④ 농림축산식품부장관은 해양수산부장관과 협의하여 기금수탁관리자로부터 제출받은 기금결산보고서를 검토한 후 심의회의 심의를 거쳐 다음 회계연도 2월 말일까지 기획재정부장관에게 제출하여야 한다.(제19조 제2항)
※ 농어업재해재보험기금에 관한 사항 중 농림축산식품부장관이 해양수산부장관과 협의를 거치는 경우에 해당하는 것으로 기금의 설치, 기금의 부담으로 금융기관으로부터 자금을 차입하는 것, 재보험사업을 유지·개선하는 데에 필요하다고 인정하는 경비의 지출, 기금의 관리·운용 및 사무위탁, 기금공무원 및 임직원의 임명 등이 있다.

정답 ④를 정답으로 발표하였으나 모두 정답처리 함

**06** 농어업재해보험법령상 농어업재해재보험기금(이하 "기금"이라 한다)에 관한 설명으로 옳지 <u>않은</u> 것은?

<제11회>

① 기금은 농림축산식품부장관이 해양수산부장관과 협의하여 관리·운용한다.
② 기금의 관리·운용에 필요한 경비(위탁경비 포함)의 지출은 기금의 용도에 해당한다.
③ 농림축산식품부장관은 농업정책보험금융원과 협의를 거쳐 기금의 관리·운용에 관한사무의 일부를 해양수산부장관에 위탁할 수 있다.
④ 농림축산식품부장관은 해양수산부장관과 협의하여 기금의 수입과 지출에 관한 사무를 수행하게 하기 위하여 소속 공무원 중에서 기금수입징수관을 임명한다.

**문제풀이** SOLUTION

③ 농림축산식품부장관은 해양수산부장관과 협의를 거쳐 기금의 관리·운용에 관한 사무의 일부를 농업정책보험금융원에 위탁할 수 있다.

정답 ③

**07** 농어업재해보험법령상 농어업재해재보험기금을 조성하는 재원이 <u>아닌</u> 것은? <제11회>

① 재보험금의 회수 자금
② 정부 외의 자로부터 받은 출연금
③ 농어업재해재보험기금의 운용수익금
④ 재해보험가입자가 재해보험사업자에게 내야 할 보험료의 회수 자금

---

**문제풀이**  S·O·L·U·T·I·O·N

**[기금의 조성 재원]**
1. 재보험료
2. 정부, 정부 외의 자 및 다른 기금으로부터 받은 출연금
3. 재보험금의 회수 자금
4. 기금의 운용수익금과 그 밖의 수입금
5. 차입금(농림축산식품부장관은 기금의 운용에 필요하다고 인정되는 경우에는 해양수산부장관과 협의하여 기금의
   부담으로 금융기관, 다른 기금 또는 다른 회계로부터 자금을 차입할 수 있다)
6. 농어촌구조개선 특별회계의 농어촌특별세사업계정으로부터 받은 전입금

정답 ④

---

**08** 농어업재해보험법령상 농어업재해재보험기금을 조성하기 위한 재원으로 옳지 <u>않은</u> 것은? <제6회>

① 재해보험사업자가 정부에 낸 보험료
② 재보험금의 회수 자금
③ 기금의 운용수익금과 그 밖의 수입금
④ 재해보험가입자가 약정에 따라 재해보험사업자에게 내야 하는 금액

---

**문제풀이**  S·O·L·U·T·I·O·N

④ 재해보험가입자가 약정에 따라 재해보험사업자에게 내야 하는 금액은 기금의 재원에 포함되지 않는다.

정답 ④

**09** 농어업재해보험법상 농어업재해재보험기금의 재원에 포함되는 것을 모두 고른 것은?   <제8회>

> ㄱ. 재해보험가입자가 재해보험사업자에게 내야 할 보험료의 회수 자금
> ㄴ. 정부, 정부 외의 자 및 다른 기금으로부터 받은 출연금
> ㄷ. 농어업재해재보험기금의 운용수익금
> ㄹ. 「농어촌구조개선 특별회계법」 제5조제2항제7호에 따라 농어촌구조개선 특별회계의 농어촌특별세사업계정으로부터 받은 전입금

① ㄱ, ㄴ, ㄷ      ② ㄱ, ㄴ, ㄹ      ③ ㄱ, ㄷ, ㄹ      ④ ㄴ, ㄷ, ㄹ

**문제풀이**   S·O·L·U·T·I·O·N

ㄱ. 재해보험가입자가 재해보험사업자에게 내야 할 보험료의 회수 자금은 기금의 재원에 포함되지 않는다.

정답 ④

**10** 농어업재해보험법령상 재보험사업 및 농어업재해재보험기금(이하 "기금"이라 함)에 관한 설명으로 옳지 **않은** 것은?   <제7회>

① 기금은 기금의 관리·운용에 필요한 경비의 지출에 사용할 수 없다.
② 농림축산식품부장관은 해양수산부장관과 협의하여 기금의 수입과 지출을 명확히 하기 위하여 한국은행에 기금계정을 설치하여야 한다.
③ 재보험금의 회수 자금은 기금 조성의 재원에 포함된다.
④ 정부는 재해보험에 관한 재보험사업을 할 수 있다.

**문제풀이**   S·O·L·U·T·I·O·N

**[기금의 용도(제23조)]**
1. 재보험금의 지급
2. 차입금의 원리금 상환
3. 기금의 관리·운용에 필요한 경비(위탁경비를 포함한다)의 지출
4. 그 밖에 농림축산식품부장관이 해양수산부장관과 협의하여 재보험사업을 유지·개선하는 데에 필요하다고 인정하는 경비의 지출

정답 ①

**11** 농어업재해보험법상 농어업재해재보험기금(이하 "기금"이라 함)에 관한 설명으로 옳지 <u>않은</u> 것은?

<제7회>

① 기금은 농림축산식품부장관이 해양수산부장관과 협의하여 관리·운용한다.
② 농림축산식품부장관은 해양수산부장관과 협의를 거쳐 기금의 관리·운용에 관한 사무의 일부를 농업정책보험금융원에 위탁할 수 있다.
③ 농림축산식품부장관은 해양수산부장관과 협의하여 기금의 수입과 지출에 관한 사무를 수행하게 하기 위하여 소속 공무원 중에서 기금수입징수관 등을 임명한다.
④ 농림축산식품부장관이 농업정책보험금융원의 임원 중에서 임명한 기금지출원인행위담당임원은 기금지출관의 업무를 수행한다.

문제풀이 S·O·L·U·T·I·O·N

④ 농림축산식품부장관이 농업정책보험금융원의 임원 중에서 임명한 기금지출원인행위담당임원은 기금재무관의 업무를 수행한다.

정답 ④

**12** 농어업재해보험법령상 농림축산식품부장관이 농어업재해재보험기금(이하 '기금')의 관리·운용에 관한 사무를 농업정책보험금융원에 위탁한 경우 기금의 관리·운용에 관한 설명으로 옳지 <u>않은</u> 것은?

<제10회>

① 농림축산식품부장관은 해양수산부장관과 협의하여 농업정책보험금융원의 임원 중에서 기금수입담당임원과 기금지출원인행위담당임원을 임명하여야 한다.
② 기금수입담당임원은 기금수입징수관의 업무를, 기금지출원인행위담당임원은 기금지출관의 업무를 담당한다.
③ 농림축산식품부장관은 해양수산부장관과 협의하여 농업정책보험금융원의 직원 중에서 기금지출원과 기금출납원을 임명하여야 한다.
④ 기금출납원은 기금출납공무원의 업무를 수행한다.

문제풀이 S·O·L·U·T·I·O·N

기금지출관 → 기금재무관

정답 ②

**13** 농어업재해보험법령상 농어업재해재보험기금(이하 "기금"이라 한다)에 관한 설명으로 옳은 것은?

<제8회>

① 농림축산식품부장관은 행정안전부장관과 협의를 거쳐 기금의 관리·운용에 관한 사무의 일부를 농업정책보험금융원에 위탁할 수 있다.
② 농림축산식품부장관은 기금의 수입과 지출을 명확히 하기 위하여 농업정책보험금융원에 기금계정을 설치하여야 한다.
③ 기금의 관리·운용에 필요한 경비의 지출은 기금의 용도에 해당한다.
④ 기금은 농림축산식품부장관이 환경부장관과 협의하여 관리·운용한다.

문제풀이 S·O·L·U·T·I·O·N

① 행정안전부장관 ⇨ 해양수산부장관
② 농업정책보험금융원 ⇨ 한국은행
④ 환경부장관 ⇨ 해양수산부장관

정답 ③

**14** 농어업재해보험법령상 농어업재해재보험기금의 관리·운용에 관한 설명으로 옳지 <u>않은</u> 것은?

<제3회>

① 기금은 농림축산식품부장관이 해양수산부장관과 협의하여 관리·운용한다.
② 농림축산식품부장관은 기획재정부장관과 협의를 거쳐 기금의 관리·운용에 관한 사무의 전부를 농업정책보험금융원에 위탁할 수 있다.
③ 기금수탁관리자는 회계연도마다 기금결산보고서를 작성하여 다음 회계연도 2월 15일까지 농림축산식품부장관 및 해양수산부장관에게 제출하여야 한다.
④ 농림축산식품부장관은 해양수산부장관과 협의하여 기금의 여유자금을 「은행법」에 따른 은행에의 예치의 방법으로 운용할 수 있다.

문제풀이 S·O·L·U·T·I·O·N

② 기획재정부장관 ➡ 해양수산부장관

정답 ②

**15**  농어업재해보험법령상 재보험사업 및 농어업재해재보험기금(이하 '기금')에 관한 설명으로 옳지 않은 것은?
<제10회>

① 정부는 재해보험에 관한 재보험사업을 할 수 있다.

② 농림축산식품부장관은 해양수산부장관과 협의를 거쳐 재보험사업에 관한 업무의 일부를 농업정책보험금융원에 위탁할 수 있다.

③ 농림축산식품부장관은 해양수산부장관과 협의 하여 공동으로 재보험사업에 필요한 재원에 충당하기 위하여 기금을 설치한다.

④ 농림축산식품부장관은 해양수산부장관과 협의하여 기금의 수입과 지출을 명확하게 하기 위하여 대통령령으로 정하는 시중 은행에 기금계정을 설치하여야 한다.

문제풀이   S·O·L·U·T·I·O·N

④ 농림축산식품부장관은 해양수산부장관과 협의하여 기금의 수입과 지출을 명확하게 하기 위하여 한국은행에 기금계정을 설치하여야 한다.

정답 ④

**16**  농어업재해보험법령상 농어업재해재보험기금의 기금수탁관리자가 농림축산식품부장관 및 해양수산부장관에게 제출해야 하는 기금결산보고서에 첨부해야 할 서류로 옳은 것을 모두 고른 것은?
<제4회>

| | |
|---|---|
| ㄱ. 결산 개요 | ㄴ. 수입지출결산 |
| ㄷ. 재무제표 | ㄹ. 성과보고서 |

① ㄱ, ㄴ      ② ㄴ, ㄷ      ③ ㄱ, ㄷ, ㄹ      ④ ㄱ, ㄴ, ㄷ, ㄹ

문제풀이   S·O·L·U·T·I·O·N

**[기금결산보고서 첨부서류]**
1. 결산 개요
2. 수입지출결산
3. 재무제표
4. 성과보고서
5. 그 밖에 결산의 내용을 명확하게 하기 위하여 필요한 서류

정답 ④

## CHAPTER 04 　재해보험사업의 관리

**01** 농어업재해보험법상 농림축산식품부장관이 농작물 재해보험사업을 효율적으로 추진하기 위하여 수행하는 업무로 옳지 <u>않은</u> 것은? <제3회>

① 피해 관련 분쟁조정
② 손해평가인력의 육성
③ 재해보험 상품의 연구 및 보급
④ 손해평가기법의 연구·개발 및 보급

**문제풀이**  S·O·L·U·T·I·O·N

① 재해보험과 관련된 분쟁조정은 「금융소비자 보호에 관한 법률」에 따라 금융감독원에 설치한 금융분쟁조정위원회가 담당한다.

**[ 농림축산식품부장관이 재해보험사업을 효율적으로 추진하기 위한 업무(제25조의2)]**
1. 재해보험사업의 관리·감독
2. 재해보험 상품의 연구 및 보급
3. 재해 관련 통계 생산 및 데이터베이스 구축·분석
4. 손해평가인력의 육성
5. 손해평가기법의 연구·개발 및 보급

정답 ①

**02** 농어업재해보험법령상 농림축산식품부장관 또는 해양수산부장관이 농업정책보험금융원에 위탁할 수 있는 업무가 <u>아닌</u> 것은? <제11회>

① 손해평가인력의 육성
② 재해보험사업의 관리·감독
③ 손해평가사 자격시험의 실시 및 관리
④ 재해 관련 통계 생산 및 데이터베이스 구축·분석

**문제풀이**  S·O·L·U·T·I·O·N

③ 농림축산식품부장관은 손해평가사 자격시험의 실시 및 관리에 관한 업무를 한국산업인력공단에 위탁할 수 있다.

정답 ③

**03** 농어업재해보험법령상 농림축산식품부장관 또는 해양수산부장관으로부터 보험상품의 운영 및 개발에 필요한 통계자료의 수집·관리업무를 위탁받아 수행할 수 있는 자를 모두 고른 것은? <제6회>

---

ㄱ. 수산업협동조합법에 따른 수협은행
ㄴ. 보험업법에 따른 보험회사
ㄷ. 농업정책보험금융원
ㄹ. 지방자치단체의 장

---

① ㄱ, ㄴ  
② ㄴ, ㄷ  
③ ㄷ, ㄹ  
④ ㄱ, ㄴ, ㄷ

**문제풀이** S·O·L·U·T·I·O·N

**[통계의 수집·관리 등에 관한 업무 수탁기관(영 제21조)]**
1. 「농업협동조합법」에 따른 농업협동조합중앙회
2. 「산림조합법」에 따른 산림조합중앙회
3. 「수산업협동조합법」에 따른 수산업협동조합중앙회 및 수협은행
4. 「정부출연연구기관 등의 설립·운영 및 육성에 관한 법률」에 따라 설립된 연구기관
5. 「보험업법」에 따른 보험회사, 보험요율산출기관 또는 보험계리를 업으로 하는 자
6. 「민법」에 따라 농림축산식품부장관 또는 해양수산부장관의 허가를 받아 설립된 비영리법인
7. 「공익법인의 설립·운영에 관한 법률」에 따라 농림축산식품부장관 또는 해양수산부장관의 허가를 받아 설립된 공익법인
8. 농업정책보험금융원

정답 ④

**04** 농어업재해보험법령상 "시범사업"을 하기 위해 재해보험사업자가 농림축산식품부장관에게 제출하여야 하는 사업계획서 내용에 해당하는 것을 모두 고른 것은?　<제5회>

> ㄱ. 사업지역 및 사업기간에 관한 사항
> ㄴ. 보험상품에 관한 사항
> ㄷ. 보험계약사항 등 전반적인 사업운영 실적에 관한 사항
> ㄹ. 그 밖에 금융감독원장이 필요하다고 인정하는 사항

① ㄱ, ㄴ　　　　② ㄱ, ㄷ　　　　③ ㄴ, ㄷ　　　　④ ㄴ, ㄹ

**문제풀이** S·O·L·U·T·I·O·N

[사업계획서 포함사항(영 제22조)]
1. 대상목적물, 사업지역 및 사업기간에 관한 사항
2. 보험상품에 관한 사항
3. 정부의 재정지원에 관한 사항
4. 그 밖에 농림축산식품부장관 또는 해양수산부장관이 필요하다고 인정하는 사항

정답 ①

**05** 농어업재해보험법령상 시범사업의 실시에 관한 설명으로 옳은 것은?　<제6회>

① 기획재정부장관이 신규 보험상품을 도입하려는 경우 재해보험사업자와의 협의를 거치지 않고 시범사업을 할 수 있다.
② 재해보험사업자가 시범사업을 하려면 사업계획서를 농림축산식품부장관에게 제출하고 기획재정부장관과 협의하여야 한다.
③ 재해보험사업자는 시범사업이 끝나면 정부의 재정지원에 관한 사항이 포함된 사업결과보고서를 제출하여야 한다.
④ 농림축산식품부장관 또는 해양수산부장관은 시범사업의 사업결과보고서를 받으면 그 사업 결과를 바탕으로 신규 보험상품의 도입 가능성 등을 검토·평가하여야 한다.

**문제풀이** S·O·L·U·T·I·O·N

① 재해보험사업자는 신규 보험상품을 도입하려는 경우 등 필요한 경우에는 농림축산식품부장관 또는 해양수산부장관과 협의하여 시범사업을 할 수 있다(법 제27조 제1항).
② 재해보험사업자는 시범사업을 하려면 사업계획서를 농림축산식품부장관 또는 해양수산부장관에게 제출하고 협의하여야 한다(영 제22조 제1항).
③ 정부의 재정지원에 관한 사항은 사업계획서에 포함되어야 한다.

정답 ④

**06** 농어업재해보험법령상 보험가입촉진계획에 포함되어야 하는 사항을 모두 고른 것은? <제7회>

> ㄱ. 전년도의 성과분석 및 해당 연도의 사업계획
> ㄴ. 해당 연도의 보험상품 운영계획
> ㄷ. 농어업재해보험 교육 및 홍보계획

① ㄱ, ㄴ      ② ㄱ, ㄷ      ③ ㄴ, ㄷ      ④ ㄱ, ㄴ, ㄷ

**문제풀이** SOLUTION

**[보험가입촉진계획에 포함될 사항(영 제22조의2)]**
1. 전년도의 성과분석 및 해당 연도의 사업계획
2. 해당 연도의 보험상품 운영계획
3. 농어업재해보험 교육 및 홍보계획
4. 보험상품의 개선·개발계획
5. 그 밖에 농어업재해보험 가입 촉진을 위하여 필요한 사항

정답 ④

**07** 농어업재해보험법령상 보험가입촉진계획의 수립과 제출 등에 관한 내용이다. (　　　)에 들어갈 내용을 순서대로 옳게 나열한 것은?

> 재해보험사업자는 농어업재해보험 가입 촉진을 위해 수립한 보험가입촉진계획을 해당 연도 (　　) 까지 (　　)에게 제출하여야 한다.

① 1월 31일, 농업정책보험금융원장
② 1월 31일, 농림축산식품부장관 또는 해양수산부장관
③ 2월 말일, 농업정책보험금융원장
④ 2월 말일, 농림축산식품부장관 또는 해양수산부장관

**문제풀이** SOLUTION

② 재해보험사업자는 수립한 보험가입촉진계획을 해당 연도 1월 31일까지 농림축산식품부장관 또는 해양수산부장관에게 제출하여야 한다.(시행령 제22조의2 제2항)

정답 ②

**08** **농어업재해보험법상 보험사업의 관리에 관한 설명으로 옳지 <u>않은</u> 것은?** <제8회>

① 농림축산식품부장관 또는 해양수산부장관은 재해보험사업을 효율적으로 추진하기 위하여 손해평가인력의 육성 업무를 수행한다.

② 농림축산식품부장관은 손해평가사의 업무정지처분을 하는 경우 청문을 하지 않아도 된다.

③ 농림축산식품부장관은 손해평가사 자격시험의 실시 및 관리에 관한 업무를 「한국산업인력공단법」에 따른 한국산업인력공단에 위탁할 수 있다.

④ 정부는 농어업인의 재해대비의식을 고양하고 재해보험의 가입을 촉진하기 위하여 교육·홍보 및 보험가입자에 대한 정책자금 지원, 신용보증 지원 등을 할 수 있다.

> **문제풀이** S·O·L·U·T·I·O·N
>
> ② 농림축산식품부장관은 손해평가사의 자격취소나 업무정지처분을 하는 경우 청문을 하여야 한다.
>
> 정답 ②

**09** **농어업재해보험법령상 농어업재해보험사업의 관리에 관한 설명으로 옳지 <u>않은</u> 것은?** <제10회>

① 농림축산식품부장관 또는 해양수산부장관은 보험상품의 운영 및 개발에 필요한 통계 자료를 수집·관리하여야 한다

② 농림축산식품부장관 및 해양수산부장관은 보험상품의 운영 및 개발에 필요한 통계의 수집·관리, 조사·연구 등에 관한 업무를 대통령령으로 정하는 자에게 위탁할 수 있다.

③ 재해보험사업자는 농어업재해보험 가입 촉진을 위하여 보험가입촉진계획을 3년 단위로 수립하여 농림축산식품부장관 또는 해양수산부장관에게 제출하여야 한다.

④ 농림축산식품부장관이 손해평가사의 자격 취소를 하려면 청문을 하여야 한다.

> **문제풀이** S·O·L·U·T·I·O·N
>
> ③ 재해보험사업자는 농어업재해보험 가입 촉진을 위하여 보험가입촉진계획을 매년 수립하여 농림축산식품부장관 또는 해양수산부장관에게 제출하여야 한다.
>
> 정답 ③

## CHAPTER 05 벌칙 및 과태료

**01** 농어업재해보험법령상 고의로 진실을 숨기거나 거짓으로 손해평가를 한 손해평가인과 손해평가사에게 부과될 수 있는 벌칙이 <u>아닌</u> 것은?
<제6회>

① 징역 6월
② 과태료 2,000만 원
③ 벌금 500만 원
④ 벌금 1,000만 원

**문제풀이** S·O·L·U·T·I·O·N

② 1년 이하의 징역 또는 1천만원 이하의 벌금형에 처한다(법 제30조 제2항 제1호)

정답 ②

**02** 농어업재해보험법상 손해평가사의 자격을 취득하지 아니하고 그 명의를 사용하거나 자격증을 대여받은 자에게 부과될 수 있는 벌칙은?
<제8회>

① 과태료 5백만원
② 벌금 2천만원
③ 징역 6월
④ 징역 2년

**문제풀이** S·O·L·U·T·I·O·N

③ 손해평가사의 명의를 사용하거나 그 자격증을 대여받은 자 또는 명의의 사용이나 자격증의 대여를 알선한 자는 1년 이하의 징역 또는 1천만원 이하의 벌금에 처한다.

정답 ③

**03** 농어업재해보험법령상 "재해보험사업자는 재해보험사업의 회계를 다른 회계와 구분하여 회계처리함으로써 손익관계를 명확히 하여야 한다."라는 규정을 위반하여 회계를 처리한 자에 대한 벌칙은?

<제10회>

① 500만원 이하의 과태료
② 500만원 이하의 벌금
③ 1,000만원 이하의 벌금
④ 1년 이하의 징역

**문제풀이** S·O·L·U·T·I·O·N

500만원 이하의 벌금에 처한다.

정답 ②

**04** 농어업재해보험법상 과태료 부과대상인 것은?

<제9회>

① 거짓으로 손해평가를 한 손해평가사
② 재해보험을 모집할 수 없는 자로서 모집을 한 자
③ 다른 사람에게 손해평가사 자격증을 대여한 손해평가사
④ 농림축산식품부장관이 재해보험사업에 관한 업무처리 상황을 보고하게 하였으나 보고하지 아니한 재해보험사업자

**문제풀이** S·O·L·U·T·I·O·N

①②③은 1년 이하의 징역 또는 1천만원 이하의 벌금 부과 대상이며, ④는 500만원 이하 과태료 부과 대상이다.

정답 ④

**05** 농어업재해보험법령상 과태료부과의 개별기준에 관한 설명으로 옳은 것은? <제4회>

① 재해보험사업자의 발기인이 법 제18조에서 적용하는 「보험업법」제133조에 따른 검사를 기피한 경우: 200만원
② 법 제29조에 따른 보고 또는 관계 서류 제출을 거짓으로 한 경우: 200만원
③ 법 제10조 제2항에서 준용하는 「보험업법」제97조 제1항을 위반하여 보험계약의 모집에 관한 금지행위를 한 경우: 500만원
④ 법 제10조 제2항에서 준용하는 「보험업법」제95조를 위반하여 보험안내를 한 자로서 재해보험사업자가 아닌 경우: 1,000만원

> **문제풀이** S·O·L·U·T·I·O·N
>
> ② 300만원, ③ 300만원, ④ 500만원
>
> 정답 ①

**06** 농어업재해보험법 시행령에서 정하고 있는 다음 사항에 대한 과태료 부과기준액을 모두 합한 금액은? <제5회>

> ㄱ. 법 제10조제2항에서 준용하는 「보험업법」제95조를 위반하여 보험안내를 한 자로서 재해보험사업자가 아닌 경우
> ㄴ. 법 제29조에 따른 보고 또는 관계 서류 제출을 하지 아니하거나 보고 또는 관계서류 제출을 거짓으로 한 경우
> ㄷ. 법 제10조제2항에서 준용하는 「보험업법」제97조제1항을 위반하여 보험계약의 체결 또는 모집에 관한 금지행위를 한 경우

① 1,000만원     ② 1,100만원     ③ 1,200만원     ④ 1,300만원

> **문제풀이** S·O·L·U·T·I·O·N
>
> ② ㄱ: 500만원, ㄴ: 300만원, ㄷ: 300만원 모두 합하면 1,100만원이다.
>
> 정답 ②

**07** 농어업재해보험법령상 벌칙에 관한 규정이다. (　)에 들어갈 내용은?　　<제11회>

> 재해보험사업자가 「농어업재해보험법」 제10조제2항에서 준용하는 「보험업법」 제95조를 위반하여 보험안내를 한 경우에는 ( ㄱ ) 이하의 ( ㄴ )을(를) 부과한다.

① ㄱ: 500만원, ㄴ: 과태료
② ㄱ: 1,000만원, ㄴ: 과태료
③ ㄱ: 1,000만원, ㄴ: 벌금
④ ㄱ: 2,000만원, ㄴ: 벌금

**문제풀이** SOLUTION

② 재해보험사업자가 「농어업재해보험법」 제10조 제2항에서 준용하는 「보험업법」 제95조를 위반하여 보험안내를 한 경우에는 1,000만원 이하의 과태료를 부과한다.

정답 ②

**08** 농어업재해보험법령상 과태료 부과권자가 금융위원회인 경우는?　　<제10회>

① 「보험업법」 제133조에 따른 검사를 거부·방해 또는 기피한 재해보험사업자의 임원에게 과태료를 부과하는 경우
② 「보험업법」 제95조를 위반하여 보험안내를 한 자로서 재해보험사업자가 아닌 자에게 과태료를 부과하는 경우
③ 「보험업법」 제97조 제1항을 위반하여 보험계약의 체결 또는 모집에 관한 금지행위를 한 자에게 과태료를 부과하는 경우
④ 재해보험사업에 관한 업무 처리 상황의 보고 또는 관계 서류 제출을 하지 아니하거나 보고 또는 관계 서류 제출을 거짓으로 한 자에게 과태료를 부과하는 경우

**문제풀이** SOLUTION

「보험업법」에 따른 명령을 위반한 경우와 「보험업법」 제133조에 따른 검사를 거부·방해 또는 기피한 경우는 금융위원회가 과태료 부과권자이다.

정답 ①

---



**01** 농업재해보험 손해평가요령상 용어의 정의로 옳지 <u>않은</u> 것은? <제6회>

① "농업재해보험"이란 농어업재해보험법 제4조에 따른 농작물재해보험, 임산물재해보험 및 양식수산물재해보험을 말한다.

② "손해평가인"이라 함은 농어업재해보험법 제11조 제1항과 농어업재해보험법 시행령 제12조 제1항에서 정한 자 중에서 재해보험사업자가 위촉하여 손해평가업무를 담당하는 자를 말한다.

③ "손해평가보조인"이라 함은 농어업재해보험법 에 따라 손해평가인, 손해평가사 또는 손해사정사가 그 피해사실을 확인하고 평가하는 업무를 보조하는 자를 말한다.

④ "손해평가사"라 함은 농어업재해보험법 제11조의4 제1항에 따른 자격시험에 합격한 자를 말한다.

---

**문제풀이** S·O·L·U·T·I·O·N

① "농업재해보험"이란 법 제4조에 따른 농작물재해보험, 임산물재해보험 및 가축재해보험을 말한다(요령 제2조 제5호).

정답 ①

**02** 농업재해보험 손해평가요령상 용어의 정의에 관한 내용의 일부이다. (   )에 들어갈 내용은?

<제8회>

> "(   )"(이)라 함은 「농어업재해보험법」 제11조제1항과 「농어업재해보험법 시행령」 제12조제1항에서 정한 자 중에서 재해보험사업자가 위촉하여 손해평가업무를 담당하는 자를 말한다.

① 손해평가인
② 손해평가사
③ 손해사정사
④ 손해평가보조인

**문제풀이** S·O·L·U·T·I·O·N

"손해평가인"이라 함은 법 제11조제1항과 「농어업재해보험법 시행령」(이하 "시행령"이라 한다) 제12조제1항에서 정한 자 중에서 재해보험사업자가 위촉하여 손해평가업무를 담당하는 자를 말한다.

정답 ①

**03** 농어업재해보험법령과 농업재해보험 손해평가요령상 다음의 설명 중 옳지 <u>않은</u> 것은?  <제5회>

① 손해평가사나 손해사정사가 아닌 경우에는 손해평가인이 될 수 없다.
② 농업재해보험 손해평가요령은 농림축산식품부고시의 형식을 갖추고 있다.
③ 가축재해보험도 농업재해보험의 일종이다.
④ 손해평가보조인이라 함은 손해평가 업무를 보조하는 자를 말한다.

**문제풀이** S·O·L·U·T·I·O·N

① "손해평가인"이라 함은 법 제11조제1항과 「농어업재해보험법 시행령」(이하 "시행령"이라 한다) 제12조제1항에서 정한 자 중에서 재해보험사업자가 위촉하여 손해평가업무를 담당하는 자로서 손해평가사나 손해사정사가 아닌 경우에도 손해평가인이 될 수 있다.

정답 ①

**04** 농업재해보험 손해평가요령에 따른 농업재해보험의 종류에 해당하는 것을 모두 고른 것은?

<제4회>

> ㄱ. 농작물재해보험  ㄴ. 양식수산물재해보험
> ㄷ. 임산물재해보험  ㄹ. 가축재해보험

① ㄱ, ㄴ  ② ㄱ, ㄹ
③ ㄱ, ㄷ, ㄹ  ④ ㄴ, ㄷ, ㄹ

**문제풀이** S·O·L·U·T·I·O·N

③ "농업재해보험"이란 법 제4조에 따른 농작물재해보험, 임산물재해보험 및 가축재해보험을 말한다.

정답 ③

**05** 농업재해보험 손해평가요령상 농업재해보험에 해당하는 것을 모두 고른 것은?

<제11회>

> ㄱ. 가축재해보험  ㄴ. 임산물재해보험
> ㄷ. 농업인안전보험  ㄹ. 양식수산물재해보험

① ㄱ, ㄴ  ② ㄴ, ㄷ
③ ㄱ, ㄷ, ㄹ  ④ ㄱ, ㄴ, ㄷ, ㄹ

**문제풀이** S·O·L·U·T·I·O·N

"농업재해보험"이란 법(제4조)에 따른 농작물재해보험, 임산물재해보험 및 가축재해보험을 말한다.

정답 ①

**06** 농업재해보험 손해평가요령상 농업재해보험의 종류에 해당하지 <u>않는</u> 것은? <제9회>

① 농작물재해보험　　　　　　　② 양식수산물재해보험
③ 가축재해보험　　　　　　　　④ 임산물재해보험

**문제풀이** SOLUTION

농업재해보험이란 법 제4조에 따른 농작물재해보험, 임산물재해보험 및 가축재해보험을 말한다.

정답 ②

**07** 농업재해보험 손해평가요령상 손해평가인의 업무에 해당하는 것은? <제9회>

① 피해사실 확인　　　　　　　② 재해보험사업의 약정 체결
③ 보험료율의 산정　　　　　　④ 재해보험상품의 연구와 보급

**문제풀이** SOLUTION

② 재해보험사업의 약정 체결은 재해보험사업을 하려는 자가 농림축산식품부장관 또는 해양수산부장관이 한다.
③ 보험료율의 산정은 재해보험사업자가 한다.
④ 재해보험상품의 연구와 보급은 농림축산식품부장관 또는 해양수산부장관과 한다.

정답 ①

**08** 농업재해보험 손해평가요령상 손해평가인의 업무로 명시되지 <u>않은</u> 것은? <제8회>

① 보험가액 평가　　　　　　　② 보험료율 산정
③ 피해사실 확인　　　　　　　④ 손해액 평가

**문제풀이** SOLUTION

② 보험료율 산정은 재해보험사업자가 한다.

정답 ②

**09** 농업재해보험 손해평가요령에 따른 손해평가인의 업무에 해당하는 것을 모두 고른 것은? <제2회>

> ㄱ. 보험가액 평가    ㄴ. 손해액 평가    ㄷ. 보험금 산정

① ㄱ          ② ㄱ, ㄴ          ③ ㄱ, ㄷ          ④ ㄴ, ㄷ

**문제풀이** S·O·L·U·T·I·O·N

ㄷ. 보험금 산정은 손해평가인의 업무에 해당하지 않는다.

정답 ②

**10** 농업재해보험 손해평가요령상 손해평가인의 손해평가 업무에 관한 설명으로 옳지 <u>않은</u> 것은?

<제10회>

① 손해평가인은 피해사실 확인, 보험료율의 산정 등의 업무를 수행한다.
② 재해보험사업자가 손해평가인을 위촉한 경우에는 그 자격을 표시할 수 있는 손해평가인증을 발급하여야 한다.
③ 재해보험사업자는 손해평가인을 대상으로 농업재해보험에 관한 기초지식, 보험상품 및 약관 등 손해평가에 필요한 실무교육을 실시하여야 한다.
④ 재해보험사업자는 실무교육을 받는 손해평가인에 대하여 소정의 교육비를 지급할 수 있다.

**문제풀이** S·O·L·U·T·I·O·N

보험료율의 산정은 해당되지 않는다.

정답 ①

**11** 농업재해보험 손해평가요령에서 규정하고 있는 손해평가인 위촉에 관한 설명으로 옳지 <u>않은</u> 것은?

<제1회>

① 재해보험사업자는 손해평가 업무를 원활히 수행하게 하기 위하여 손해평가보조인을 운용할 수 있다.

② 재해보험사업자의 업무를 위탁받은 자는 손해평가보조인을 운용할 수 있다.

③ 재해보험사업자가 손해평가인을 위촉한 경우에는 실무교육을 거쳐 그 자격을 표시할 수 있는 손해평가인증을 발급하여야 한다.

④ 재해보험사업자는 보험가입자 수 등에도 불구하고 보험사업비용을 고려하여 손해평가인 위촉규모를 최소화하여야 한다.

**문제풀이** S·O·L·U·T·I·O·N

④ 재해보험사업자는 피해 발생 시 원활한 손해평가가 이루어지도록 농업재해보험이 실시되는 시·군·자치구별 보험가입자의 수 등을 고려하여 필요한 규모의 손해평가인을 위촉할 수 있다.

정답 ④

**12** 농업재해보험 손해평가요령에 따른 손해평가 업무를 원활히 수행하기 위하여 손해평가보조인을 운용할 수 있는 자를 모두 고른 것은?

<제3회>

ㄱ. 재해보험사업자
ㄴ. 재해보험사업자의 업무를 위탁받은 자
ㄷ. 손해평가를 요청한 보험가입자
ㄹ. 재해발생 지역의 지방자치단체

① ㄱ　　　　② ㄷ　　　　③ ㄱ, ㄴ　　　　④ ㄱ, ㄷ, ㄹ

**문제풀이** S·O·L·U·T·I·O·N

③ 재해보험사업자 및 재해보험사업자로부터 손해평가 업무를 위탁받은 자는 손해평가 업무를 원활히 수행하기 위하여 손해평가보조인을 운용할 수 있다.

정답 ③

**13** 농업재해보험 손해평가요령에 따른 실무교육을 실시하여야 하는 자는?

① 농림축산식품부장관　　　　　　② 농업정책보험금융원
③ 재해보험사업자　　　　　　　　④ 손해평가사

문제풀이　SOLUTION

재해보험사업자는 위촉된 손해평가인을 대상으로 농업재해보험에 관한 기초지식, 보험상품 및 약관, 손해평가의 방법 및 절차 등 손해평가에 필요한 실무교육을 실시하여야 한다.(요령 제5조 제1항)

정답 ③

**14** 농업재해보험 손해평가요령에 규정된 실무교육에 대한 설명으로 옳지 <u>않은</u> 것은?

① 재해보험사업자가 실시한다,
② 위촉된 손해평가인을 대상으로 한다,
③ 농업재해보험에 관한 기초지식, 보험상품 및 약관, 손해평가의 방법 및 절차 등 손해평가에 필요한 실무교육을 실시하여야 한다.
④ 교육 실시에 따른 손해평가인에 대하여 재해보험사업자는 소정의 교육비를 지급하여야 한다.

문제풀이　SOLUTION

교육 실시에 따른 손해평가인에 대하여 재해보험사업자는 소정의 교육비를 지급할 수 있다.(요령 제5조 제3항)

정답 ④

**15** 농업재해보험 손해평가요령상 손해평가인의 교육에 관한 설명으로 옳지 <u>않은</u> 것은?  <제5회>

① 재해보험사업자는 위촉된 손해평가인을 대상으로 농업재해보험에 관한 손해평가의 방법 및 절차의 실무교육을 실시하여야 한다.

② 피해유형별 현지조사표 작성실습은 손해평가인 정기교육의 내용이다.

③ 손해평가인 정기교육 시 농업재해보험에 관한 기초지식의 교육내용에는 농어업재해보험법 제정 배경 및 조문별 주요 내용 등이 포함된다.

④ 위촉된 손해평가인의 실무교육 시 재해보험사업자에 대하여 손해평가인은 교육비를 지급한다.

> **문제풀이**  S·O·L·U·T·I·O·N
>
> ④ 실무교육 대상자인 손해평가인에 대하여 재해보험사업자는 소정의 교육비를 지급할 수 있다.
>
> 정답 ④

**16** 농업재해보험 손해평가요령상 손해평가인 정기교육의 세부내용에 명시적으로 포함되어 있지 <u>않은</u> 것은?  <제7회>

① 농어업재해보험법 제정 배경

② 손해평가 관련 민원사례

③ 피해유형별 보상사례

④ 농업재해보험 상품 주요내용

> **문제풀이**  S·O·L·U·T·I·O·N
>
> **[손해평가인 정기교육의 세부내용(요령 제5조의2 제1항)]**
> 1. 농업재해보험에 관한 기초지식 : 농어업재해보험법 제정 배경·구성 및 조문별 주요내용, 농업재해보험 사업현황
> 2. 농업재해보험의 종류별 약관 : 농업재해보험 상품 주요내용 및 약관 일반 사항
> 3. 손해평가의 절차 및 방법 : 농업재해보험 손해평가 개요, 보험목적물별 손해평가 기준 및 피해유형별 보상사례
> 4. 피해유형별 현지조사표 작성 실습
>
> 정답 ②

**17** 농업재해보험 손해평가요령상 손해평가인 정기교육의 세부내용에 해당하지 <u>않는</u> 것은? <제11회>

① 농업재해보험상품의 개선·개발계획

② 농업재해보험 상품 주요내용 및 약관 일반 사항

③ 보험목적물별 손해평가 기준 및 피해유형별 보상사례

④ 농어업재해보험법 제정 배경·구성 및 조문별 주요내용

**문제풀이** S·O·L·U·T·I·O·N

① 농업재해보험상품의 개선·개발계획은 정기교육 세부내용에 해당하지 않는다.

정답 ①

**18** 농업재해보험 손해평가요령상 손해평가인에 관한 설명으로 옳지 <u>않은</u> 것은? <제9회>

① 손해평가인은 농업재해보험이 실시되는 시·군·자치구별 보험가입자의 수 등을 고려하여 적정 규모로 위촉하여야 한다.

② 손해평가인증은 농림축산식품부장관 또는 해양수산부장관이 발급한다.

③ 재해보험사업자는 손해평가 업무를 원활히 수행하기 위하여 손해평가보조인을 운용할 수 있다.

④ 재해보험사업자는 실무교육을 받는 손해평가인에 대하여 소정의 교육비를 지급할 수 있다.

**문제풀이** S·O·L·U·T·I·O·N

② 재해보험사업자는 손해평가인을 위촉한 경우에는 그 자격을 표시할 수 있는 손해평가인증을 발급하여야 한다(요령 제4조 1항).

정답 ②

**19**  농업재해보험 손해평가요령상 손해평가 업무 및 손해평가인 위촉에 관한 설명으로 옳지 <u>않은</u> 것은?

<제11회>

① 재해보험사업자는 손해평가보조인을 운용할 수 없다.

② 피해사실 확인은 손해평가 업무에 포함된다.

③ 손해평가인은 손해평가 임무를 수행하기 전에 보험가입자(피보험자 포함)에게 손해평가 인증 등 신분을 확인할 수 있는 서류를 제시하여야 한다.

④ 재해보험사업자는 피해 발생 시 원활한 손해평가가 이루어지도록 농업재해보험이 실시되는 시·군·자치구별 보험가입자(피보험자 포함)의 수 등을 고려하여 적정 규 모의 손해평가인을 위촉할 수 있다.

**문제풀이**  S·O·L·U·T·I·O·N

① 재해보험사업자 및 재해보험사업자로부터 손해평가 업무를 위탁받은 자는 손해평가 업무를 원활히 수행하기 위하여 손해평가보조인을 운용할 수 있다.

정답 ①

**20**  농업재해보험 손해평가요령상 손해평가인의 위촉과 교육에 관한 설명으로 옳은 것은?  <제8회>

① 손해평가인 정기교육의 세부내용 중 농업재해보험 상품 주요내용은 농업재해보험에 관한 기초지식에 해당한다.

② 손해평가인 정기교육의 세부내용에 피해유형별 현지조사표 작성 실습은 포함되지 않는다.

③ 재해보험사업자 및 「농어업재해보험법」 제14조에 따라 손해평가 업무를 위탁받은 자는 손해평가 업무를 원활히 수행하기 위하여 손해평가보조인을 운용할 수 있다.

④ 실무교육에 참여하는 손해평가인은 재해보험사업자에게 교육비를 납부하여야 한다.

**문제풀이**  S·O·L·U·T·I·O·N

① 농업재해보험의 종류별 약관에 포함된다.
② 손해평가인 정기교육의 세부내용에 피해유형별 현지조사표 작성 실습이 포함된다.
④ 실무교육 대상자인 손해평가인에 대하여 재해보험사업자는 소정의 교육비를 지급할 수 있다.

정답 ③

**21** 농어업재해보험법령과 농업재해보험 손해평가요령상 손해평가 및 손해평가인에 관한 설명으로 옳지 <u>않은</u> 것은?

<제6회>

① 농어업재해보험법의 구성 및 조문별 주요내용은 농림축산식품부장관 또는 해양수산부장관이 실시하는 손해평가인 정기교육의 세부내용에 포함된다.

② 손해평가인이 적법한 절차에 따라 위촉이 취소된 후 3년이 되었다면 새로이 손해평가인으로 위촉될 수 있다.

③ 재해보험사업자로부터 소정의 절차에 따라 손해평가 업무의 일부를 위탁받은 자는 손해평가보조인을 운용할 수 없다.

④ 재해보험사업자는 손해평가인의 업무의 정지를 명하고자 하는 때에는 손해평가인이 청문에 응하지 않는 경우가 아닌 한 청문을 실시하여야 한다.

---

문제풀이　S·O·L·U·T·I·O·N

③ 재해보험사업자 및 손해평가 업무를 위탁받은 자는 손해평가 업무를 원활히 수행하기 위하여 손해평가보조인을 운용할 수 있다(요령 제4조 제3항).

정답 ③

---

**22** 농업재해보험 손해평가요령상 재해보험사업자가 손해평가인에 대하여 위촉을 취소하여야 하는 경우는?

<제7회>

① 피성년후견인이 된 때
② 업무수행과 관련하여 개인정보보호법 등 정보보호와 관련된 법령을 위반한 때
③ 업무수행상 과실로 손해평가의 신뢰성을 약화시킨 경우
④ 현지조사서를 허위로 작성한 경우

---

문제풀이　S·O·L·U·T·I·O·N

②, ④ 위촉해지 사유에 해당한다.　③ 주의(1차 위반), 경고(2차 위반), 업무정지 3개월(3차 위반) 사유에 해당한다.

**[손해평가인 위촉 취소 사유(요령 제6조 제1항)]**

1. 피성년후견인

2. 파산선고를 받은 자로서 복권되지 아니한 자

3. 법 제30조에 의하여 벌금이상의 형을 선고받고 그 집행이 종료(집행이 종료된 것으로 보는 경우를 포함한다)되거나 집행이 면제된 날로부터 2년이 경과되지 아니한 자

4. 위촉이 취소된 후 2년이 경과하지 아니한 자

5. 거짓 그 밖의 부정한 방법으로 손해평가인으로 위촉된 자

6. 업무정지 기간 중에 손해평가업무를 수행한 자

정답 ①

**23** 농업재해보험 손해평가요령상 손해평가인 위촉의 취소에 관한 설명이다. (   )에 들어갈 내용은?
<제8회>

> 재해보험사업자는 손해평가인이 「농어업재해보험법」 제30조에 의하여 벌금 이상의 형을 선고받고 그 집행이 종료(집행이 종료된 것으로 보는 경우를 포함한다)되거나 집행이 면제된 날로부터 ( ㄱ )년이 경과되지 아니한 자, 또는 ( ㄴ )기간 중에 손해평가업무를 수행한 자인 경우 그 위촉을 취소하여야 한다.

① ㄱ : 1, ㄴ : 자격정지　　　　　② ㄱ : 2, ㄴ : 업무정지
③ ㄱ : 1, ㄴ : 업무정지　　　　　④ ㄱ : 3, ㄴ : 자격정지



**[손해평가인 위촉 취소 사유(요령 제6조 제1항)]**
- 3호 : 법 제30조에 의하여 벌금이상의 형을 선고받고 그 집행이 종료(집행이 종료된 것으로 보는 경우를 포함한다)되거나 집행이 면제된 날로부터 2년이 경과되지 아니한 자
- 6호 : 업무정지 기간 중에 손해평가업무를 수행한 자

정답 ②

**24** 농업재해보험 손해평가요령상 손해평가인 위촉 취소에 관한 설명이다. (   )에 들어갈 내용을 옳은 것은?
<제10회>

> 재해보험사업자는 손해평가인이 「농어업재해보험법」 제30조에 의하여 벌금 이상의 형을 선고받고 그 집행이 종료되거나 집행이 면제된 날로부터 ( ㄱ )이 경과되지 아니한 자, 위촉이 취소된 후 ( ㄴ )이 경과되지 아니한 자 또는 ( ㄷ ) 기간 중에 손해평가업무를 수행한 자에 해당되거나 위촉 당시에 해당하는 자이었음이 판명된 때에는 그 위촉을 취소하여야 한다.

① ㄱ : 2년, ㄴ : 2년, ㄷ : 업무정지　　② ㄱ : 2년, ㄴ : 3년, ㄷ : 업무정지
③ ㄱ : 3년, ㄴ : 2년, ㄷ : 자격정지　　④ ㄱ : 3년, ㄴ : 3년, ㄷ : 자격정지



위촉의 취소 사유 참조

정답 ①

**25** 농업재해보험 손해평가요령상 손해평가인 위촉의 취소 사유에 해당하는 것은? <제9회>

① 업무수행과 관련하여 「개인정보보호법」을 위반한 경우
② 업무수행과 관련하여 보험사업자로부터 금품 또는 향응을 제공받은 경우
③ 손해평가인이 피성년후견인이 된 경우
④ 손해평가인 위촉이 취소된 후 3년이 경과한 때에 다시 손해평가인으로 위촉된 경우

**문제풀이** SOLUTION

① 위촉해지 사유에 해당한다.
② 손해평가사 업무정지 사유에 해당한다.
④ 손해평가인 위촉이 취소된 후 2년이 경과하지 아니한 자가 다시 손해평가인으로 위촉된 경우 위촉 취소 사유에 해당한다.

정답 ③

**26** 농업재해보험 손해평가요령상 손해평가인의 위반행위 중 1차 위반행위에 대한 개별 처분기준의 종류가 다른 것은? <제6회>

① 고의로 진실을 숨기거나 거짓으로 손해평가를 한 경우
② 검증조사 결과 부당·부실 손해평가로 확인된 경우
③ 현장조사 없이 보험금 산정을 위해 손해평가행위를 한 경우
④ 정당한 사유없이 손해평가반 구성을 거부하는 경우

**문제풀이** SOLUTION

①③④는 위촉해지 사유이고, ②는 경고 사유이다.

정답 ②

## CHAPTER 02 손해평가 업무 실무

**01** 농업재해보험 손해평가요령상 손해평가사 甲을 손해평가반 구성에서 배제하여야 하는 경우를 모두 고른 것은?　　<제7회>

> ㄱ. 甲의 이해관계자가 가입한 보험계약에 관한 손해평가
> ㄴ. 甲의 이해관계자가 모집한 보험계약에 관한 손해평가
> ㄷ. 甲의 이해관계자가 실시한 손해평가에 대한 검증조사

① ㄱ, ㄴ　　　　　　　　　　　　　② ㄱ, ㄷ
③ ㄴ, ㄷ　　　　　　　　　　　　　④ ㄱ, ㄴ, ㄷ

**문제풀이** S·O·L·U·T·I·O·N

**[손해평가반 구성에서 배제하여야 하는 경우]**
1. 자기 또는 자기와 생계를 같이 하는 친족(이하 "이해관계자"라 한다)이 가입한 보험계약에 관한 손해평가
2. 자기 또는 이해관계자가 모집한 보험계약에 관한 손해평가
3. 직전 손해평가일로부터 30일 이내의 보험가입자 간 상호 손해평가
4. 자기가 실시한 손해평가에 대한 검증조사 및 재조사

정답 ①

**02** 농업재해보험 손해평가요령상 손해평가반 구성에 관한 설명으로 옳은 것은? <제8회>

① 자기가 실시한 손해평가에 대한 검증조사 및 재조사에 해당하는 손해평가의 경우 해당자를 손해평가반 구성에서 배제하여야 한다.
② 자기가 가입하였어도 자기가 모집하지 않은 보험계약에 관한 손해평가의 경우 해당자는 손해평가반 구성에 참여할 수 있다.
③ 손해평가인은 손해평가를 하는 경우에는 손해평가반을 구성하고 손해평가반별로 평가일정계획을 수립하여야 한다.
④ 손해평가반은 손해평가인을 3인 이상 포함하여 7인 이내로 구성한다.

**문제풀이** S·O·L·U·T·I·O·N

② 자기가 가입하거나, 모집한 보험계약에 관한 손해평가에 대하여는 해당자를 손해평가반 구성에서 배제하여야 한다.
③ 재해보험사업자는 손해평가를 하는 경우에는 손해평가반을 구성하고 손해평가반별로 평가일정계획을 수립하여야 한다.
④ 손해평가반은 손해평가인, 손해평가사, 손해사정사에 해당하는 자로 구성하며, 5인 이내로 한다.

정답 ①

**03** 농업재해보험 손해평가요령상 손해평가반의 구성에 관한 설명으로 옳지 <u>않은</u> 것은? <제9회>

① 손해평가반은 재해보험사업자가 구성한다.
② 「보험업법」 제186조에 따른 손해사정사는 손해평가반에 포함될 수 있다.
③ 손해평가인 2인과 손해평가보조인 3인으로 손해평가반을 구성할 수 있다.
④ 자기 또는 이해관계자가 모집한 보험계약에 관한 손해평가에 대하여는 해당자를 손해평가반 구성에서 배제하여야 한다.

**문제풀이** S·O·L·U·T·I·O·N

③ 손해평가반은 손해평가인, 손해평가사, 손해사정사에 해당하는 자로 5인 이내로 구성하므로 손해평가보조인은 손해평가반 구성에 포함될 수 없다.

정답 ③

**04** 농업재해보험 손해평가요령에 따른 손해평가반 구성으로 <u>잘못된</u> 것은?

① 손해사정사 3인과 손해평가사 3인으로 구성
② 손해평가사 3인과 손해사정사 1인으로 구성
③ 손해사정사 3인으로 구성
④ 손해평가인 1인과 손해평가사 3인으로 구성

**문제풀이** SOLUTION

손해평가반은 ㉠ 손해평가인, ㉡ 손해평가사, ㉢ 「보험업법」에 따른 손해사정사에 해당하는 자로 구성하며, 5인 이내로 한다.

정답 ①

**05** 농업재해보험 손해평가요령상 재해보험사업자의 손해평가반 구성에 관한 설명으로 옳은 것은?

<제11회>

① 손해평가반은 10인 이내로 한다.
② 손해평가반별로 평가일정계획을 수립해야 하는 것은 아니다.
③ 자기와 생계를 같이 하지 않는 친족이 가입한 보험계약에 관한 손해평가에 대하여는 해당자를 손해평가반 구성에서 배제하여야 한다.
④ 직전 손해평가일로부터 30일 이내의 보험가입자 간 상호 손해평가에 대하여는 해당자를 손해평가반 구성에서 배제하여야 한다.

**문제풀이** SOLUTION

① 10인 이내 → 5인 이내
② 손해평가반별로 평가일정계획을 수립하여야 한다.
③ 자기와 생계를 같이 하는 친족이 가입한 보험계약에 관한 손해평가에 대하여는 해당자를 손해평가반 구성에서 배제하여야 한다.

정답 ④

**06** 농업재해보험 손해평가요령상 손해평가반에 관한 설명으로 옳지 <u>않은</u> 것은?     <제10회>

① 재해보험사업자는 손해평가를 하는 경우 손해평가반을 구성하고 손해평가반별로 평가 일 정계획을 수립하여야 한다.

② 손해평가반은 손해평가인, 손해평가사, 손해사정사, 손해평가보조인 중 어느 하나에 해당하는 자로 구성한다.

③ 손해평가반은 5인 이내로 구성한다.

④ 손해평가반이 손해평가를 실시할 때에는 재해보험사업자가 해당 보험가입자의 보험 계약 사항 중 손해평가와 관련된 사항을 손해평가반에게 통보하여야 한다.

**문제풀이**   S·O·L·U·T·I·O·N

손해평가반은 손해평가인, 손해평가사, 손해사정사 중 어느 하나에 해당하는 자로 구성하며 5인 이내로 한다.

정답 ②

**07** 농업재해보험 손해평가요령에 따른 교차손해평가에 대한 내용이다. (     ) 안에 알맞은 용어를 순서대로 나열한 것은?

> 재해보험사업자는 (      ) 손해평가를 위하여 교차손해평가가 필요한 경우 재해보험 가입규모, (      ) 등을 고려하여 교차손해평가 대상 (      )을(를) 선정하여야 한다.

① 신속하고 객관적인,     피해규모,     시·도
② 공정하고 객관적인,     가입분포,     시·군·구(자치구를 말한다)
③ 공정하고 신속한,     피해분포,     시·군·구(자치구를 말한다)
④ 신속하고 객관적인,     가입시기,     구·읍·면

**문제풀이**   S·O·L·U·T·I·O·N

재해보험사업자는 (공정하고 객관적인) 손해평가를 위하여 교차손해평가가 필요한 경우 재해보험 가입규모, (가입분포) 등을 고려하여 교차손해평가 대상 (시·군·구(자치구를 말한다. 이하 같다))를 선정하여야 한다(요령 제8조의2 제1항).

정답 ②

**08** 농업재해보험 손해평가요령상 교차손해평가에 관한 설명으로 옳지 <u>않은</u> 것은?    <제9회>

① 평가인력 부족 등으로 신속한 손해평가가 불가피하다고 판단되는 경우 손해평가반의 구성에 지역손해평가인을 포함시키지 않을 수 있다.

② 교차손해평가를 위해 손해평가반을 구성할 경우 농업재해보험 손해평가요령에 따라 선발된 지역손해평가인 2인 이상이 포함되어야 한다.

③ 재해보험사업자가 교차손해평가를 담당할 지역손해평가인을 선발할 때 타지역 조사 가능 여부는 고려사항이다.

④ 재해보험사업자는 교차손해평가가 필요한 경우 재해보험 가입규모, 가입분포 등을 고려하여 교차손해평가 대상 시·군·구를 선정하여야 한다.

> **문제풀이**   S·O·L·U·T·I·O·N
>
> ② 교차손해평가를 위해 손해평가반을 구성할 경우에는 지역손해평가인 1인 이상이 포함되어야 한다.
>
> 정답 ②

**09** 농어업재해보험법 및 농업재해보험 손해평가요령에 따른 교차손해평가에 관한 내용으로 옳지 <u>않은</u> 것은?    <제4회>

① 교차손해평가를 위해 손해평가반을 구성할 경우 손해평가사 2인 이상이 포함되어야 한다.

② 교차손해평가의 절차·방법 등에 필요한 사항은 농림축산식품부장관 또는 해양수산부장관이 정한다.

③ 재해보험사업자는 교차손해평가가 필요한 경우 재해보험 가입규모, 가입분포 등을 고려하여 교차손해평가 대상 시·군·구(자치구를 말한다)를 선정하여야 한다.

④ 재해보험사업자는 교차손해평가 대상지로 선정한 시·군·구(자치구를 말한다) 내에서 손해평가 경력, 타 지역 조사 가능여부 등을 고려하여 교차손해평가를 담당할 지역손해평가인을 선발하여야 한다.

> **문제풀이**   S·O·L·U·T·I·O·N
>
> ① 교차손해평가를 위해 손해평가반을 구성할 경우에는 지역손해평가인 1인 이상이 포함되어야 한다.
>
> 정답 ①

**10** 농업재해보험 손해평가요령상 교차손해평가에 관한 설명이다. (　)에 들어갈 내용으로 옳은 것은?

<제11회>

재해보험사업자가 교차손해평가를 위해 손해평가반을 구성할 경우에는 교차 손해평가 대상 시·군·자치구 내에서 손해평가 경력, 타지역 조사 가능여부 등을 고려하여 교차손해평가를 담당하기 위해 선발된 ( ㄱ ) ( ㄴ )인 이상이 포함되어야 한다. 다만, 거대재해 발생, 평가인력 부족 등으로 신속한 손해평 가가 불가피하다고 판단되는 경우 그러하지 아니할 수 있다.

① ㄱ: 손해평가사, ㄴ: 1
② ㄱ: 손해평가사, ㄴ: 2
③ ㄱ: 지역손해평가인, ㄴ: 1
④ ㄱ: 지역손해평가인, ㄴ: 2

**문제풀이** S·O·L·U·T·I·O·N

교차손해평가를 위해 손해평가반을 구성할 경우에는 지역손해평가인 1인 이상이 포함되어야 한다.

정답 ③

**11** 농어업재해보험법 및 농업재해보험 손해평가요령상 교차손해평가에 관한 설명으로 옳지 않은 것을 모두 고른 것은?

<제10회>

ㄱ. 교차손해평가란 공정하고 객관적인 손해평가를 위하여 재해보험사업자 상호간에 농업재해로 인한 손해를 교차하여 평가하는 것을 말한다.
ㄴ. 동일 시·군·구(자치구를 말한다) 내에서는 교차손해평가를 수행할 수 없다.
ㄷ. 교차손해평가를 위해 손해평가반을 구성할 때, 거대재해 발생으로 신속한 손해평가가 불가피하다고 판단되는 경우에는 지역손해평가인을 포함하지 않을 수 있다.

① ㄱ, ㄴ　　　　② ㄱ, ㄷ　　　　③ ㄴ, ㄷ　　　　④ ㄱ, ㄴ, ㄷ

**문제풀이** S·O·L·U·T·I·O·N

ㄱ. 교차손해평가란 공정하고 객관적인 손해평가를 위하여 손해평가인 상호간에 농업재해로 인한 손해를 교차하여 평가하는 것을 말한다.
ㄴ. 동일 시·군·구(자치구를 말한다) 내에서도 교차손해평가를 수행할 수 있다.

정답 ①

**12** 농업재해보험 손해평가요령상 손해평가에 관한 설명으로 옳지 <u>않은</u> 것은? <제7회>

① 손해평가반은 손해평가인, 손해평가사, 손해사정사 중 어느 하나에 해당하는 자로 구성하며, 5인 이내로 한다.

② 교차손해평가에 있어서 거대재해 발생 등으로 신속한 손해평가가 불가피하다고 판단되는 경우에도 손해평가반 구성에 지역손해평가인을 포함하여야 한다.

③ 재해보험사업자는 재해보험사업자가 실시한 손해평가결과와 손해평가업무를 수행한 손해평가반 구성원을 기록할 수 있도록 현지조사서를 마련하여야 한다.

④ 손해평가반이 손해평가를 실시할 때에는 재해보험사업자가 해당 보험가입자의 보험계약사항 중 손해평가와 관련된 사항을 손해평가반에게 통보하여야 한다.

문제풀이　S·O·L·U·T·I·O·N

② 교차손해평가를 위해 손해평가반을 구성할 경우에는 지역손해평가인 1인 이상이 포함되어야 한다. 다만, 거대재해 발생, 평가인력 부족 등으로 신속한 손해평가가 불가피하다고 판단되는 경우 그러하지 아니할 수 있다.

정답 ②

**13** 농업재해보험 손해평가요령에 따른 재해보험사업자가 손해평가반으로 하여금 지체 없이 보험목적물의 피해사실을 확인하고 손해평가를 실시하게 하여야 하는 때는?

① 보험가입자의 보험책임기간 중에 피해사실이 발생한 때

② 보험가입자가 보험책임기간 중에 피해발생 통지를 한 때

③ 보험가입자가 보험책임기간 중에 손해평가를 요청한 때

④ 농림축산식품부장관이 보험책임기간 중에 피해발생 통지를 한 때

문제풀이　S·O·L·U·T·I·O·N

보험가입자가 보험책임기간 중에 피해발생 통지를 한 때에는 재해보험사업자는 손해평가반으로 하여금 지체 없이 보험목적물의 피해사실을 확인하고 손해평가를 실시하게 하여야 한다(요령 제9조 제1항).

정답 ②

**14** 농업재해보험 손해평가요령 제10조(손해평가준비 및 평가결과 제출)의 일부이다. (    )에 들어갈 내용을 순서대로 옳게 나열한 것은?                                                                  <제6회>

> 재해보험사업자는 보험가입자가 손해평가반의 손해평가결과에 대하여 설명 또는 통지를 ( ㄱ )로부터 ( ㄴ ) 이내에 손해평가가 잘못되었음을 증빙하는 서류 또는 사진 등을 제출하는 경우 재해보험사업자는 다른 손해평가반으로 하여금 재조사를 실시하게 할 수 있다.

① ㄱ: 받은 날, ㄴ: 7일
② ㄱ: 받은 다음 날, ㄴ: 7일
③ ㄱ: 받은 날, ㄴ: 10일
④ ㄱ: 받은 다음 날, ㄴ: 10일

**문제풀이** SOLUTION

① 재해보험사업자는 보험가입자가 손해평가반의 손해평가결과에 대하여 설명 또는 통지를 받은 날로부터 7일 이내에 손해평가가 잘못되었음을 증빙하는 서류 또는 사진 등을 제출하는 경우 재해보험사업자는 다른 손해평가반으로 하여금 재조사를 실시하게 할 수 있다(요령 제10조 제5항).

정답 ①

**15** 농업재해보험 손해평가요령에 따른 평가결과 제출에 관한 내용이다. (　　) 안에 들어갈 알맞은 문장은?

> 손해평가반은 현지조사서에 손해평가 결과를 정확하게 작성하여 보험가입자에게 이를 설명한 후 서명을 받아 재해보험사업자에게 제출하여야 한다. 다만, 보험가입자가 정당한 사유 없이 서명을 거부하는 경우에는 손해평가반은 (　　　　　　　　)

① 그 피해를 인정할 수 없는 것으로 평가한다는 사실을 보험가입자에게 통지한 후 서명없이 현지조사서를 재해보험사업자에게 제출하여야 한다.

② 그 피해를 인정하는 것으로 간주한다는 사실을 보험가입자에게 통지한 후 서명없이 현지조사서를 재해보험사업자에게 제출하여야 한다.

③ 보험가입자에게 손해평가 결과를 통지한 후 서명없이 현지조사서를 재해보험사업자에게 제출하여야 한다.

④ 그 사실을 재해보험사업자에게 통지한 후 서명없이 현지조사서를 재해보험사업자에게 제출하여야 한다.

**문제풀이** SOLUTION

손해평가반은 현지조사서에 손해평가 결과를 정확하게 작성하여 보험가입자에게 이를 설명한 후 서명을 받아 재해보험사업자에게 제출하여야 한다. 다만, 보험가입자가 정당한 사유 없이 서명을 거부하는 경우 손해평가반은 보험가입자에게 손해평가 결과를 통지한 후 서명없이 현지조사서를 재해보험사업자에게 제출하여야 한다(요령 제10조 제2항).

정답 ③

**16** 농업재해보험 손해평가요령상 손해평가준비 및 평가결과 제출에 관한 설명으로 옳지 <u>않은</u> 것은?

<제5회>

① 재해보험사업자는 재해보험사업자가 실시한 손해평가결과와 손해평가업무를 수행한 손해평가반 구성원을 기록할 수 있도록 현지조사서를 마련하여야 한다.

② 손해평가반은 보험가입자가 정당한 사유없이 손해평가를 거부하여 손해평가를 실시하지 못한 경우에는 그 피해를 인정할 수 없는 것으로 평가한다는 사실을 보험가입자에게 통지한 후 현지조사서를 재해보험사업자에게 제출하여야 한다.

③ 보험가입자가 정당한 사유없이 손해평가반이 작성한 현지조사서에 서명을 거부한 경우에는 손해평가반은 그 피해를 인정할 수 없는 것으로 평가한다는 현지조사서를 작성하여 재해보험사업자에게 제출하여야 한다.

④ 보험가입자가 손해평가반의 손해평가결과에 대하여 설명 또는 통지를 받은 날로부터 7일 이내에 손해평가가 잘못되었음을 증빙하는 서류 또는 사진 등을 제출하는 경우 재해보험사업자는 다른 손해평가반으로 하여금 재조사를 실시하게 할 수 있다.

**문제풀이** S·O·L·U·T·I·O·N

③ 보험가입자가 정당한 사유없이 손해평가반이 작성한 현지조사서에 서명을 거부한 경우에는 손해평가반은 보험가입자에게 손해평가 결과를 통지한 후 서명없이 현지조사서를 재해보험사업자에게 제출하여야 한다.

정답 ③

**17** 농업재해보험 손해평가요령상 손해평가준비 및 평가결과 제출에 관한 설명으로 옳은 것은?

<제8회>

① 손해평가반은 재해보험사업자가 실시한 손해평가결과와 손해평가업무를 수행한 손해평가반 구성원을 기록할 수 있도록 현지조사서를 마련하여야 한다.

② 손해평가반은 손해평가를 실시하기 전에 현지조사서를 재해보험사업자에게 배부하고 손해평가에 임하여야 한다.

③ 손해평가반은 보험가입자가 7일 이내에 손해평가가 잘못되었음을 증빙하는 서류 등을 제출하는 경우 다른 손해평가반으로 하여금 재조사를 실시하게 할 수 있다.

④ 손해평가반은 보험가입자가 정당한 사유없이 손해평가를 거부하여 손해평가를 실시하지 못한 경우에는 그 피해를 인정할 수 없는 것으로 평가한다는 사실을 보험가입자에게 통지한 후 현지조사서를 재해보험사업자에게 제출하여야 한다.

**문제풀이** SOLUTION

① 재해보험사업자가 현지조사서를 마련하여야 한다.
② 재해보험사업자는 손해평가를 실시하기 전에 현지조사서를 손해평가반에 배부하고 손해평가시의 주의사항을 숙지시킨 후 손해평가에 임하도록 하여야 한다.
③ 재해보험사업자는 보험가입자가 7일 이내에 손해평가가 잘못되었음을 증빙하는 서류 등을 제출하는 경우 다른 손해평가반으로 하여금 재조사를 실시하게 할 수 있다.

정답 ④

**18** 농업재해보험 손해평가요령상 손해평가결과 검증에 관한 설명으로 옳지 <u>않은</u> 것은?　　<제9회>

① 농림축산식품부장관은 재해보험사업자로 하여금 검증조사를 하게 할 수 있으며, 재해보험사업자는 특별한 사유가 없는 한 이에 응하여야 한다.

② 보험가입자가 정당한 사유없이 검증조사를 거부하는 경우 검증조사반은 검증조사가 불가능하여 손해평가 결과를 확인할 수 없다는 사실을 지체없이 농림축산식품부장관에게 보고하여야 한다.

③ 검증조사결과 현저한 차이가 발생되어 재조사가 불가피하다고 판단될 경우에는 해당 손해평가반이 조사한 전체 보험목적물에 대하여 재조사를 할 수 있다.

④ 재해보험사업자 및 농어업재해보험사업의 관리를 위탁받은 기관은 손해평가반이 실시한 손해평가결과를 확인하기 위하여 손해평가를 실시한 보험목적물 중에서 일정수를 임의 추출하여 검증조사를 할 수 있다.

**문제풀이**   SOLUTION

② 보험가입자가 정당한 사유없이 검증조사를 거부하는 경우 검증조사반은 검증조사가 불가능하여 손해평가 결과를 확인할 수 없다는 사실을 보험가입자에게 통지한 후 검증조사결과를 작성하여 재해보험사업자에게 제출하여야 한다.

정답 ②

**19** 농업재해보험 손해평가요령상 손해평가결과 검증에 관한 설명으로 옳은 것은?   <제8회>

① 재해보험사업자 및 농어업재해보험사업의 관리를 위탁받은 기관은 손해평가반이 실시한 손해평가결과를 확인하기 위하여 손해평가를 실시한 보험목적물 중에서 일정수를 임의 추출하여 검증조사를 할 수 있다.

② 손해평가반은 농림축산식품부장관으로 하여금 검증조사를 하게 할 수 있다.

③ 손해평가결과와 임의 추출조사의 결과에 차이가 발생하면 해당 손해평가반이 조사한 전체 보험목적물에 대하여 재조사를 하여야 한다.

④ 보험가입자가 검증조사를 거부하는 경우 검증조사반은 손해평가 검증을 강제할 수 있다는 사실을 보험가입자에게 통지하여야 한다.

**문제풀이**   SOLUTION

② 농림축산식품부장관은 재해보험사업자로 하여금 검증조사를 하게 할 수 있다.

③ 검증조사결과 현저한 차이가 발생되어 재조사가 불가피하다고 판단될 경우에는 해당 손해평가반이 조사한 전체 보험목적물에 대하여 재조사를 할 수 있다.

④ 보험가입자가 정당한 사유없이 검증조사를 거부하는 경우 검증조사반은 검증조사가 불가능하여 손해평가 결과를 확인할 수 없다는 사실을 보험가입자에게 통지한 후 검증조사결과를 작성하여 재해보험사업자에게 제출하여야 한다.

정답 ①

**20** 농업재해보험 손해평가요령상 손해평가결과 검증에 관한 설명으로 옳지 <u>않은</u> 것은?　　<제7회>

① 검증조사결과 현저한 차이가 발생된 경우 해당 손해평가반이 조사한 전체 보험목적물에 대하여 검증조사를 하여야 한다.

② 보험가입자가 정당한 사유 없이 검증조사를 거부하는 경우 검증조사반은 검증조사가 불가능하여 손해평가 결과를 확인할 수 없다는 사실을 보험가입자에게 통지한 후 검증조사 결과를 작성하여 재해보험사업자에게 제출하여야 한다.

③ 재해보험사업자 및 농어업재해보험사업의 관리를 위탁받은 기관은 손해평가반이 실시한 손해평가 결과를 확인하기 위하여 손해평가를 실시한 보험목적물 중에서 일정수를 임의 추출하여 검증조사를 할 수 있다.

④ 농림축산식품부장관은 재해보험사업자로 하여금 검증조사를 하게 할 수 있다.

> **문제풀이**　SOLUTION
>
> 검증조사결과 현저한 차이가 발생되어 재조사가 불가피하다고 판단될 경우에는 해당 손해평가반이 조사한 전체 보험 목적물에 대하여 재조사를 할 수 있다.
>
> 정답 ①

**21** 농업재해보험 손해평가요령상 손해평가결과 검증에 관한 설명으로 옳은 것은?　　<제10회>

① 재해보험사업자 이외의 자는 검증조사를 할 수 없다

② 손해평가반이 실시한 손해평가결과를 확인하기 위하여 검증조사를 할 때 손해평가를 실시한 보험목적물 중에서 일정수를 임의 추출하여 검증조사를 하여서는 아니 된다.

③ 검증조사 결과 현저한 차이가 발생되어 재조사가 불가피하다고 판단될 경우에는 해당 손해평가반이 조사한 전체 보험목적물에 대하여 재조사를 할 수 있다.

④ 보험가입자가 정당한 사유없이 검증조사를 거부하는 경우 검증조사반은 검증조사가 불가능하여 손해평가 결과를 확인할 수 없다는 사실을 재해보험사업자에게 통지한 후 검증조사 결과를 작성하여 농림축산식품부장관에게 제출하여야 한다.

> **문제풀이**　SOLUTION
>
> ① 농어업재해보험사업의 관리를 위탁받은 기관도 검증조사를 할 수 있다.
> ② 보험목적물 중에서 일정수를 임의 추출하여 검증조사를 할 수 있다.
> ④ 검증조사반은 검증조사가 불가능하여 손해평가 결과를 확인할 수 없다는 사실을 보험가입자에게 통지한 후 검증 조사 결과를 작성하여 재해보험사업자에게 제출하여야 한다.
>
> 정답 ③

**22** 농업재해보험 손해평가요령상 손해평가결과 검증에 관한 설명으로 옳은 것은?   <제11회>

① 농림축산식품부장관은 손해평가결과를 확인하기 위하여 손해평가를 실시한 보험목적물 전부에 대하여 검증조사를 할 수 있다.

② 농림축산식품부장관은 재해보험사업자로 하여금 손해평가결과 검증조사를 하게 할 수 있다.

③ 손해평가결과 검증조사 이후 재조사를 위한 절차를 두지 않고 있다.

④ 농림축산식품부장관이 검증조사를 실시한 경우 그 결과를 손해평가인에게 통보해야 한다.

**문제풀이**   S·O·L·U·T·I·O·N

① 재해보험사업자 및 농어업재해보험사업의 관리를 위탁받은 기관(이하 "사업관리 위탁기관"이라 한다)은 손해평가반이 실시한 손해평가결과를 확인하기 위하여 손해평가를 실시한 보험목적물 중에서 일정수를 임의 추출하여 검증조사를 할 수 있다.

③ 검증조사결과 현저한 차이가 발생되어 재조사가 불가피하다고 판단될 경우에는 해당 손해평가반이 조사한 전체 보험목적물에 대하여 재조사를 할 수 있다.

④ 사업관리 위탁기관(농업정책보험금융원)이 검증조사를 실시한 경우에는 그 결과를 재해보험사업자에게 통보한다.

정답 ②

**23** 농업재해보험 손해평가요령상 보험목적물별 손해평가 단위이다. ( )에 들어갈 내용은?  <제7회>

> • 농작물: ( ㄱ )    • 가축(단, 벌은 제외): ( ㄴ )    • 농업시설물: ( ㄷ )

① ㄱ: 농지별, ㄴ: 축사별, ㄷ: 보험가입 목적물별

② ㄱ: 품종별, ㄴ: 축사별, ㄷ: 보험가입자별

③ ㄱ: 농지별, ㄴ: 개별가축별, ㄷ: 보험가입 목적물별

④ ㄱ: 품종별, ㄴ: 개별가축별, ㄷ: 보험가입자별

**문제풀이**   S·O·L·U·T·I·O·N

**[보험목적물별 손해평가 단위(제12조 제1항)]**
ㄱ 농작물 : 농지별
ㄴ 가축 : 개별가축별(단, 벌은 벌통 단위)
ㄷ 농업시설물 : 보험가입 목적물별

정답 ③

**24** 농업재해보험 손해평가요령상 보험목적물별 손해평가 단위로 옳은 것을 모두 고른 것은? <제9회>

> ㄱ. 농작물 : 농지별(농지라 함은 하나의 보험가입금액에 해당하는 토지로 필지에 따라 구획된 경작지를 말함)
> ㄴ. 가축 : 개별가축별(단, 벌은 벌통 단위)
> ㄷ. 농업시설물 : 보험가입 목적물별

① ㄱ, ㄴ      ② ㄱ, ㄷ      ③ ㄴ, ㄷ      ④ ㄱ, ㄴ, ㄷ

**문제풀이** SOLUTION

③ 농지라 함은 하나의 보험가입금액에 해당하는 토지로 필지(지번) 등과 관계없이 농작물을 재배하는 하나의 경작지를 말하며, 방풍림, 돌담, 도로(농로 제외) 등에 의해 구획된 것 또는 동일한 울타리, 시설 등에 의해 구획된 것을 하나의 농지로 한다. 다만, 경사지에서 보이는 돌담 등으로 구획되어 있는 면적이 극히 작은 것은 동일 작업 단위 등으로 정리하여 하나의 농지에 포함할 수 있다.

정답 ③

**25** 농업재해보험 손해평가요령상 보험목적물별 손해평가단위에 관한 설명으로 옳지 <u>않은</u> 것은?

<제11회>

① 농작물은 농지별로 한다.
② 벌은 벌통단위로 한다.
③ 농업시설물은 보험가입 목적물별로 한다.
④ 농지는 하나의 보험가입금액에 해당하는 토지로서, 개별 필지(지번)가 하나의 농지가 된다.

**문제풀이** SOLUTION

농지라 함은 하나의 보험가입금액에 해당하는 토지로 필지(지번) 등과 관계없이 농작물을 재배하는 하나의 경작지를 말한다.

정답 ④

**26** 농업재해보험 손해평가요령상 보험목적물별 손해평가 단위가 농지인 경우에 관한 설명으로 옳은 것은? (단, 농지는 하나의 보험가입금액에 해당하는 토지임)  <제10회>

① 농작물을 재배하는 하나의 경작지의 필지가 2개 이상인 경우에는 하나의 농지가 될 수 없다.
② 농작물을 재배하는 하나의 경작지가 농로에 의해 구획된 경우 구획된 토지는 각각 하나의 농지로 한다.
③ 농작물을 재배하는 하나의 경작지의 지번이 2개 이상인 경우에는 하나의 농지가 될 수 없다.
④ 경사지에서 보이는 돌담 등으로 구획되어 있는 면적이 극히 작은 것은 동일 작업 단위 등으로 정리하여 하나의 농지에 포함할 수 있다.

**문제풀이** S·O·L·U·T·I·O·N

① 농작물을 재배하는 하나의 경작지의 필지가 2개 이상인 경우라도 하나의 농지가 될 수 있다.
② 농로에 의해 구획된 토지는 하나의 농지로 할 수 없다.
③ 농작물을 재배하는 하나의 경작지의 지번이 2개 이상이라도 지번과 관계없이 하나의 농지가 될 수 있다

정답 ④

**27** 농업재해보험 손해평가요령상 농작물의 보험가액 산정에 관한 설명이다. ( )에 들어갈 내용은?  <제9회>

> 적과전종합위험방식의 보험가액은 적과후착과수조사를 통해 산정한 ( ㄱ )에 보험가입 당시의 단위당 ( ㄴ )을 곱하여 산정한다.

① ㄱ : 기준수확량, ㄴ : 가입가격　　② ㄱ : 보장수확량, ㄴ : 가입가격
③ ㄱ : 기준수확량, ㄴ : 시장가격　　④ ㄱ : 보장수확량, ㄴ : 시장가격

**문제풀이** S·O·L·U·T·I·O·N

적과후착과수(달린 열매 수) 조사를 통해 산정한 기준수확량에 보험가입 당시의 단위당 가입가격을 곱하여 산정한다.

정답 ①

**28** 농업재해보험 손해평가요령상 농작물의 보험가액 산정에 관한 조문의 일부이다. (        )에 들어갈 내용으로 옳은 것은? <제10회>

> 적과전종합위험방식의 보험가액은 전과후착과수(달린 열매 수)조사를 통해 산정한 (      )수확량에 보험가입 당시의 단위당 가입가격을 곱하여 산정한다.

① 평년                      ② 기준
③ 피해                      ④ 적용

**문제풀이** SOLUTION

적과후 착과수(달린 열매 수)조사를 통해 산정한 기준수확량에 보험가입 당시의 단위당 가입가격을 곱하여 산정한다.

정답 ②

**29** 농업재해보험 손해평가요령에 따른 보험금 산정시 벼의 보장범위에 해당하지 <u>않는</u> 것은?

① 생산비 보장             ② 수확감소보장
③ 수확불능보장            ④ 경작불능보장

**문제풀이** SOLUTION

**[벼가 보장받는 범위(별표 1)]**
이앙·직파불능보장, 재이앙·재직파불능보장, 경작불능보장, 수확불능보장, 수확감소보장

정답 ①

**30** 농업재해보험 손해평가요령상 특정위험방식 중 "인삼"의 경우, 다음의 조건으로 산정한 보험금은?

<제8회>

- 보험가입금액 : 1,000만원
- 피해율 : 50%
- 보험가액 : 1,000만원
- 자기부담비율 : 20%

① 200만원
② 300만원
③ 500만원
④ 700만원

**문제풀이** S·O·L·U·T·I·O·N

보험가입금액 × (피해율 − 자기부담비율) = 1,000만원 × (0.5 − 0.2) = 300만원

정답 ②

**31** 농업재해보험 손해평가요령에 따른 적과전종합위험Ⅱ에서 "사과"의 경우 다음 조건으로 산정한 보험금은?

<제4회 변형>

- 가입가격 : 1만원/1kg
- 기준수확량 : 20,000kg
- 적과종료 이후 누적감수량 : 5,000kg
- 자기부담감수량 : 100kg
- 미보상감수량 : 1,000kg

① 2,000만원
② 3,900만원
③ 4,900만원
④ 5,000만원

**문제풀이** S·O·L·U·T·I·O·N

② 보험금 = (적과종료 이후 누적감소량 − 미보상감수량 − 자기부담감소량) × 가입가격
   (5,000kg − 1,000kg − 100kg) × 1만원 = 3,900만원

정답 ②

**32** 농업재해보험 손해평가요령상 종합위험방식의 과실손해보장 보험금 산정시 피해율로 옳지 <u>않은</u> 것은?

<제9회>

① 감귤(온주밀감) : {(등급내 피해과실수 + 등급외 피해과실수 × 50%) ÷ 기준과실수} × (1 – 미보상비율)

② 복분자 : 고사결과모지수 ÷ 평년결과모지수

③ 오디 : (평년결실수 – 조사결실수 – 미보상감수결실수) ÷ 평년결실수

④ 7월 31일 이전에 사고가 발생한 무화과 : (1 – 수확전사고 피해율) × 경과비율 × 결과지 피해율

---

**문제풀이**   S O L U T I O N

④ 무화과

※ 피해율(7월 31일 이전에 사고가 발생한 경우) : (평년수확량 – 수확량 – 미보상감수량) ÷ 평년수확량

※ 피해율(8월 1일 이후에 사고가 발생한 경우) : (1 – 수확전사고 피해율) × 경과비율 × 결과지 피해율

정답 ④

---

**33** 농업재해보험 손해평가요령상 종합위험방식의 과실손해보장 보험금 산정을 위한 피해율 계산식이 "고사결과모지수 ÷ 평년결과모지수"인 농작물은?

<제10회>

① 오디                       ② 감귤

③ 무화과                 ④ 복분자

---

**문제풀이**   S O L U T I O N

피해율 계산시 결과모지수를 기준으로 하는 품목은 복분자이다.

정답 ④

---

**34** 농업재해보험 손해평가요령상 종합위험방식 수확감소보장에서 "벼"의 경우, 다음의 조건으로 산정한 보험금은?

<제7회>

---

- 보험가입금액: 100만원
- 평년수확량: 1,000kg
- 미보상감수량: 50kg

- 자기부담비율: 20%
- 수확량: 500kg

---

① 10만원

② 20만원

③ 25만원

④ 45만원

**문제풀이** S·O·L·U·T·I·O·N

보험금 = 보험가입금액 × (피해율 − 자기부담비율)

= 100만원 × (0.45 − 0.2) = 25만원

※ 피해율(벼) = (평년수확량 − 수확량 − 미보상감수량) ÷ 평년수확량

= (1,000kg − 500kg − 50kg)÷ 1,000kg = 0.45%

정답 ③

---

**35** 농업재해보험 손해평가요령상 종합위험방식 「이앙·직파불능보장」에서 "벼"의 경우, 보험가입금액이 1,000만원이고 보험가액이 1,500만원이라면 산정한 보험금은? (단, 다른 사정은 고려하지 않음)

<제8회>

① 100만원

② 150만원

③ 250만원

④ 375만원

**문제풀이** S·O·L·U·T·I·O·N

벼 이앙·직파불능보험금 = 보험가입금액 × 15% = 1,000만원 × 15% = 150만원

정답 ②

**36** 농업재해보험 손해평가요령상 종합위험방식 이앙·직파불능 보장에서 "벼"이고 보험가입금액이 100만원인 경우, 산정한 보험금은? (단, 다른 사정은 고려하지 않음) <제11회>

① 10만원  ② 15만원
③ 20만원  ④ 25만원

**문제풀이** S·O·L·U·T·I·O·N

이앙·직파불능보험금 = 보험가입금액 × 15% = 100만원 × 0.15 = 15만원

정답 ②

**37** 농업재해보험 손해평가요령상 종합위험방식 나무손해 보장의 경우, 다음의 조건으로 산정한 보험금은? (단, 다른 사정은 고려하지 않음) <제11회>

- 보험가입금액: 100만원
- 피해주수(고사된 나무): 50그루
- 자기부담비율: 20 %
- 실제결과주수: 100그루

① 10만원  ② 15만원
③ 20만원  ④ 30만원

**문제풀이** S·O·L·U·T·I·O·N

보험금 = 보험가입금액 × (피해율 − 자기부담비율)
　　　 = 100만원 × (0.5 − 0.2) = 30만원
* 피해율 = 피해주수(고사된 나무) ÷ 실제결과주수 = 50그루 ÷ 100그루 = 50%

정답 ④

**38** 농업재해보험 손해평가요령상 종합위험방식 "마늘"의 재파종 보험금 산정에 관한 내용이다. (   ) 에 들어갈 내용은?  <제7회>

보험가입금액 × (   ) % × 표준출현피해율
단, 10a당 출현주수가 30,000주보다 작고, 10a당 30,000주 이상으로 재파종한 경우에 한함

① 10

② 20

③ 25

④ 35

**문제풀이** S·O·L·U·T·I·O·N

재파종 보험금 = 보험가입금액 × 35% × 표준출현피해율

정답 ④

**39** 농업재해보험 손해평가요령 "[별표 1] 농작물의 보험금 산정"의 일부이다. (   )에 들어갈 내용으로 옳은 것은?  <제11회>

| 구분 | 보장<br>범위 | 산정내용 | 비고 |
|---|---|---|---|
| 종합<br>위험<br>방식 | 과실<br>손해<br>추가<br>보장 | 보험가입금액 × (   ) × 10%<br>단, 손해액이 자기부담금을 초과하는 경우에 한함<br>※ 피해율<br>= {(등급 내 피해과실수 + 등급외 피해과실수 × 50%) ÷ 기준과실수} × (1-미보상비율) | 감귤<br>(온주밀<br>감류) |

① 결과지피해율

② 자기부담비율

③ 면적피해율

④ 주계약피해율

**문제풀이** S·O·L·U·T·I·O·N

보험가입금액 × 주계약피해율 × 10%

정답 ④

**40** 농업재해보험 손해평가요령상 농작물의 품목별·재해별·시기별 손해수량 조사방법 중 종합위험방식 상품에 관한 표의 일부이다. (    )에 들어갈 농작물에 해당하지 <u>않는</u> 것은?  <제10회>

[수확감소보장·과실손해보장 및 농업수입보장]

| 생육<br>시기 | 재해 | 조사내용 | 조사<br>시기 | 조사방법 | 비고 |
|---|---|---|---|---|---|
| 수확<br>전 | 보상하는<br>재해 전부 | 경작불능<br>조사 | 사고접수 후<br>지체 없이 | 해당 농지의 피해면적비율 또는<br>보험목적인 식물체 피해율 조사 | (    )만<br>해당 |

① 벼        ② 밀        ③ 차(茶)        ④ 복분자

**문제풀이** SOLUTION

차(茶)는 목본 작물로서 경작불능조사 대상이 아니다.

정답 ③

**41** 농업재해보험 손해평가요령 "[별표 2] 농작물의 품목별·재해별·시기별 손해수량 조사방법"의 일부이다. (    )에 들어갈 내용으로 옳은 것은?  <제11회>

[적과전종합위험방식 상품(사과, 배, 단감, 떫은감)]

| 생육<br>시기 | 재해 | 조사<br>내용 | 조사<br>시기 | 조사방법 | 비고 |
|---|---|---|---|---|---|
| 적과후 | - | 적과 후<br>착과수<br>조사 | (    ) | 보험가입금액의 결정 등을 위하 여 해당 농지의 적과종료 후 총 착과 수를 조사<br>• 조사방법: 표본조사 | 피해와<br>관계없이<br>전 과수원<br>조사 |

① 적과 종료 후        ② 수확 직전
③ 사고접수 후 지체 없이        ④ 피해 확인이 가능한 시기

**문제풀이** SOLUTION

피해와 관계없이 전 과수원을 조사하는 것으로서 적과 후 착과수 조사는 적과 종료 후에 실시한다.

정답 ①

**42** 농업재해보험 손해평가요령상 '농작물의 품목별·재해별·시기별 손해수량 조사방법' 중 '특정위험방식 상품(인삼)'에 관한 것으로 (   )에 들어갈 내용은?　　　<제9회>

| 생육시기 | 재해 | 조사내용 | 조사시기 |
| --- | --- | --- | --- |
| 보험기간 | 태풍(강풍) | 수확량 조사 | (     ) |

① 수확 직전　　　　　　　　　　　② 사고접수 후 지체 없이
③ 수확완료 후 보험 종기 전　　　　④ 피해 확인이 가능한 시기



| 생육시기 | 재해 | 조사내용 | 조사시기 | 조사방법 |
| --- | --- | --- | --- | --- |
| 보험기간 | 태풍(강풍)·폭설·집중호우·침수·화재·우박·냉해·폭염 | 수확량 조사 | 피해 확인이 가능한 시기 | • 보상하는 재해로 인하여 감소된 수확량 조사<br>• 조사방법: 전수조사 또는 표본조사 |

정답 ④

---

**43** 농업재해보험 손해평가요령상 종합위험방식 상품의 조사내용 중 "착과수조사"에 해당되는 품목은?　　　<제8회>

① 사과　　　　　　　　　　　② 감귤(온주밀감)
③ 자두　　　　　　　　　　　④ 단감



종합위험방식 상품의 조사내용 중 "착과수조사"는 포도, 복숭아, 자두, 감귤(만감류) 품목만 해당한다.

정답 ③

**44** 농업재해보험 손해평가요령상 농작물의 품목별·재해별·시기별 손해수량 조사방법 중 적과전종합위험방식 "떫은감"에 관한 기술이다. (　)에 들어갈 내용은? <제7회>

| 생육시기 | 재해 | 조사내용 | 조사시기 | 조사방법 |
|---|---|---|---|---|
| 적과 후~<br>수확기 종료 | 가을동상해 | ( ㄱ ) | ( ㄴ ) | 재해로 인하여 달려있는 과실의 피해과실 수 조사<br>- ( ㄱ )는 보험약관에서 정한 과실피해분류기준에 따라 구분하여 조사<br>• 조사방법: 표본조사 |

① ㄱ: 피해사실 확인 조사, ㄴ: 사고접수 후 지체 없이
② ㄱ: 피해사실 확인 조사, ㄴ: 수확 직전
③ ㄱ: 착과피해조사, ㄴ: 사고접수 후 지체 없이
④ ㄱ: 착과피해조사, ㄴ: 수확 직전

**문제풀이** SOLUTION

| 우박,<br>일소,<br>가을동상해 | 착과피해<br>조사 | 수확 직전 | 재해로 인하여 달려있는 과실의 피해과실 수 조사<br>- 착과피해조사는 보험약관에서 정한 과실피해분류기준에 따라 구분하여 조사<br>• 조사방법: 표본조사 |
|---|---|---|---|

정답 ④

**45** 농업재해보험 손해평가요령상 적과전종합위험Ⅱ 상품(사과, 배, 단감, 떫은감)의 6월 1일 ~ 적과전 생육시기에 해당되는 재해가 아닌 것은? (단, 적과종료 이전 특정위험 5종 한정 보장 특약 가입 건에 한함) <제6회>

① 일소　　　　② 화재　　　　③ 지진　　　　④ 강풍

**문제풀이** SOLUTION

① 일소, 가을동상해는 6월 1일 ~ 적과전 생육시기에 해당되는 재해가 아니다.

| 생육시기 | 재 해 |
|---|---|
| 6월1일 ~ 적과전 | 태풍(강풍), 우박, 집중호우, 화재, 지진 |

정답 ①

**46** 농업재해보험 손해평가요령상 농작물의 품목별·재해별·시기별 손해수량 조사방법 중 종합위험방식 상품에 관한 표의 일부이다. (　　)에 들어갈 내용은?　　　　　<제8회>

| 생육<br>시기 | 재해 | 조사<br>내용 | 조사<br>시기 | 조사방법 | 비고 |
|---|---|---|---|---|---|
| 수확<br>시작 후 ~<br>수확종료 | 태풍<br>(강풍),<br>우박 | ( ㄱ ) | 사고접수<br>후<br>지체 없이 | 전체 열매수(전체 개화수) 및 수확가능 열매수 조사<br>6월1일 ~ 6월20일 사고 건에 한함<br>• 조사방법: 표본조사 | ( ㄴ )만<br>해당 |

① ㄱ: 과실손해조사, ㄴ: 복분자　　　　② ㄱ: 과실손해조사, ㄴ: 무화과

③ ㄱ: 수확량조사, ㄴ: 복분자　　　　④ ㄱ: 수확량조사, ㄴ: 무화과

문제풀이 S·O·L·U·T·I·O·N

| 생육시기 | 재해 | 조사내용 | 조사시기 | 조사방법 | 비고 |
|---|---|---|---|---|---|
| 수확<br>시작 후<br>~<br>수확종료 | 태풍<br>(강풍)<br>우박 | 과실손해<br>조사 | 사고접수 후<br>지체 없이 | 전체 열매수(전체 개화수) 및 수확 가능 열매수 조사<br>- 6월1일 ~ 6월20일 사고 건에 한함<br>• 조사방법: 표본조사 | 복분자만<br>해당 |

정답 ①

**47** 농업재해보험 손해평가요령상 종합위험방식 상품(농업수입보장 포함)의 수확 전 생육시기에 "오디"의 과실손해조사 시기로 옳은 것은?　　　　　<제6회>

① 결실완료 후　　　　② 수정완료 후

③ 조사가능일　　　　④ 사고접수 후 지체 없이

문제풀이 S·O·L·U·T·I·O·N

① 오디의 과실손해조사는 결실완료 후에 한다.

| 생육시기 | 재 해 | 조사내용 | 조사시기 | 조사방법 | 비고 |
|---|---|---|---|---|---|
| 수확 전 | 보상하는 재해 전부 | 과실손해조사 | 결실완료 후 | 결실수 조사<br>·조사방법: 표본조사 | 오디만<br>해당 |

정답 ①

**48** 농업재해보험 손해평가요령상 가축의 보험가액 및 손해액 산정 등에 관한 설명으로 옳은 것은?

<제9회>

① 가축에 대한 보험가액은 보험사고가 발생한 때와 곳에서 평가한 보험목적물의 수량에 시장가격을 곱하여 산정한다.

② 가축에 대한 손해액 산정시 보험가입당시 보험가입자와 재해보험사업자가 별도로 정한 방법은 고려하지 않는다.

③ 가축에 대한 보험가액 산정시 보험목적물에 대한 감가상각액을 고려해야 한다.

④ 가축에 대한 손해액은 보험사고가 발생한 때와 곳에서 폐사 등 피해를 입은 보험목적물의 수량에 적용가격을 곱하여 산정한다.

> **문제풀이** SOLUTION
>
> ① 가축에 대한 보험가액은 보험사고가 발생한 때와 곳에서 평가한 보험목적물의 수량에 적용가격을 곱하여 산정한다.
> ② 가축에 대한 손해액 산정시 보험가입당시 보험가입자와 재해보험사업자가 보험가액 및 손해액 산정 방식을 별도로 정한 경우에는 그 방법에 따른다.
> ③ 가축에 대한 보험가액 산정시 보험목적물에 대한 감가상각액은 고려하지 않는다.
>
> 정답 ④

**49** 농업재해보험 손해평가요령상 가축의 보험가액 및 손해액 산정에 관한 설명이다. (   )에 들어갈 내용으로 옳은 것은?

<제10회>

> • 가축에 대한 보험가액은 보험사고가 발생한 때와 곳에서 평가한 보험목적물의 수량에 ( ㄱ )을 곱하여 산정한다
> • 가축에 대한 손해액은 보험사고가 발생한 때와 곳에서 폐사 등 피해를 입은 보험목적물의 수량에 ( ㄴ )을 곱하여 산정한다.

① ㄱ: 시장가격, ㄴ: 시장가격    ② ㄱ: 시장가격, ㄴ: 적용가격

③ ㄱ: 적용가격, ㄴ: 시장가격    ④ ㄱ: 적용가격, ㄴ: 적용가격

> **문제풀이** SOLUTION
>
> 제14조(가축의 보험가액 및 손해액 산정) 참조
>
> 정답 ④

**50** 농업재해보험 손해평가요령상 가축의 보험가액 및 손해액 산정에 관한 설명으로 옳은 것을 모두 고른 것은? <제11회>

> ㄱ. 가축에 대한 보험가액은 보험사고가 발생한 때와 곳에서 평가한 보험목적물의 수량에 적용가격을 곱하여 산정한다.
> ㄴ. 가축에 대한 손해액은 보험사고가 발생한 때와 곳에서 폐사 등 피해를 입은 보험목적물의 수량에 적용가격을 곱하여 산정한다.
> ㄷ. 보험가입당시 보험가액 및 손해액 산정방식에 대해서는 보험가입자와 재해 보험사업자가 별도로 정할 수 없다.

① ㄱ　　　　② ㄱ, ㄴ　　　　③ ㄴ, ㄷ　　　　④ ㄱ, ㄴ, ㄷ

**문제풀이** S·O·L·U·T·I·O·N

ㄷ. 보험가입당시 보험가입자와 재해보험사업자가 보험가액 및 손해액 산정 방식을 별도로 정한 경우에는 그 방법에 따른다.

정답 ②

**51** 농업재해보험 손해평가요령상 가축 및 농업시설물의 보험가액 및 손해액 산정에 관한 설명으로 옳은 것은? <제7회>

① 가축에 대한 보험가액은 보험사고가 발생한 때와 곳에서 평가한 보험목적물의 수량에 적용가격을 곱한 후 감가상각액을 차감하여 산정한다.

② 보험가입당시 보험가입자와 재해보험사업자가 가축에 대한 보험가액 및 손해액 산정방식을 별도로 정한 경우에는 그 방법에 따른다.

③ 농업시설물에 대한 보험가액은 보험사고가 발생한 때와 곳에서 평가한 재조달가액으로 한다.

④ 농업시설물에 대한 손해액은 보험사고가 발생한 때와 곳에서 산정한 피해목적물 수량에 적용가격을 곱하여 산정한다.

**문제풀이** S·O·L·U·T·I·O·N

① 가축에 대한 보험가액은 보험사고가 발생한 때와 곳에서 평가한 보험목적물의 수량에 적용가격을 곱한 후 산정한다.
③ 농업시설물에 대한 보험가액은 보험사고가 발생한 때와 곳에서 평가한 피해목적물의 재조달가액에서 내용연수에 따른 감가상각률을 적용하여 계산한 감가상각액을 차감하여 산정한다.
④ 농업시설물에 대한 손해액은 보험사고가 발생한 때와 곳에서 산정한 피해목적물의 원상복구비용을 말한다.

정답 ②

**52** 농업재해보험 손해평가요령상 농업시설물의 보험가액 및 손해액 산정에 관한 설명이다. (   )에 들어갈 내용은? <제8회>

> • 농업시설물에 대한 보험가액은 보험사고가 발생한 때와 곳에서 평가한 피해목적물의 ( ㄱ )에서 내용연수에 따른 감가상각률을 적용하여 계산한 감가상각액을 ( ㄴ )하여 산정한다.
> • 농업시설물에 대한 손해액은 보험사고가 발생한 때와 곳에서 산정한 피해목적물의 ( ㄷ )을 말한다.

① ㄱ: 시장가격,　　ㄴ: 곱,　　ㄷ: 시장가격
② ㄱ: 시장가격,　　ㄴ: 차감,　　ㄷ: 원상복구비용
③ ㄱ: 재조달가액,　　ㄴ: 곱,　　ㄷ: 시장가격
④ ㄱ: 재조달가액,　　ㄴ: 차감,　　ㄷ: 원상복구비용

**문제풀이** S·O·L·U·T·I·O·N

• 농업시설물에 대한 보험가액은 보험사고가 발생한 때와 곳에서 평가한 피해목적물의 재조달가액에서 내용연수에 따른 감가상각률을 적용하여 계산한 감가상각액을 차감하여 산정한다.
• 농업시설물에 대한 손해액은 보험사고가 발생한 때와 곳에서 산정한 피해목적물의 원상복구비용을 말한다.

정답 ④

**53** 농업재해보험 손해평가요령상 농업시설물의 손해액 산정에 관한 설명이다. (   )에 들어갈 내용으로 옳은 것은? <제10회>

> 보험가입당시 보험가입자와 재해보험사업자가 손해액 산정 방식을 별도로 정한 경우를 제외하고는, 농업시설물에 대한 손해액은 보험사고가 발생한 때와 곳에서 산정한 피해목적물의 (   )을 말한다.

① 감가상각액　　　　　　　② 재조달가액
③ 보험가입금액　　　　　　④ 원상복구비용

**문제풀이** S·O·L·U·T·I·O·N

제15조(농업시설물의 보험가액 및 손해액 산정)

정답 ④

**54** **농업재해보험 손해평가요령에 관한 설명으로 옳은 것은?**  <제9회>

① 농림축산식품부장관은 요령에 대하여 매년 그 타당성을 검토하여 개선 등의 조치를 하여야 한다.

② 농업시설물에 대한 손해액은 보험사고가 발생한 때와 곳에서 산정한 피해목적물의 원상복구비용을 말한다.

③ 농업시설물에 대한 보험가액은 보험사고가 발생한 때와 곳에서 평가한 피해목적물의 재조달가액으로 한다.

④ 농림축산식품부장관은 요령의 효율적인 운용 및 시행을 위하여 필요한 세부적인 사항을 규정한 손해평가업무방법서를 작성하여야 한다.

---

**문제풀이**  S·O·L·U·T·I·O·N

① 농림축산식품부장관은 이 고시에 대하여 2024년 1월 1일 기준으로 매 3년이 되는 시점(매 3년째의 12월 31일까지를 말한다)마다 그 타당성을 검토하여 개선 등의 조치를 하여야 한다.

③ 농업시설물에 대한 보험가액은 보험사고가 발생한 때와 곳에서 평가한 피해목적물의 재조달가액에서 내용연수에 따른 감가상각률을 적용하여 계산한 감가상각액을 차감하여 산정한다.

④ 재해보험사업자는 이 요령의 효율적인 운용 및 시행을 위하여 필요한 세부적인 사항을 규정한 손해평가업무방법서를 작성하여야 한다.

정답 ②

**55** 농업재해보험 손해평가요령상 "손해평가업무방법서" 및 "농업재해보험 손해평가요령의 재검토기한"에 관한 설명이다. (   )에 들어갈 내용을 순서대로 옳게 나열한 것은?  <제6회>

> • ( ㄱ )은(는) 이 요령의 효율적인 운용 및 시행을 위하여 필요한 세부적인 사항을 규정한 손해평가업무방법서를 작성하여야 한다.
> • 농림축산식품부장관은 이 고시에 대하여 2024년 1월 1일 기준으로 매 ( ㄴ )이 되는 시점마다 그 타당성을 검토하여 개선 등의 조치를 하여야 한다.

① ㄱ: 손해평가반, ㄴ: 2년
② ㄱ: 재해보험사업자, ㄴ: 2년
③ ㄱ: 손해평가반, ㄴ: 3년
④ ㄱ: 재해보험사업자, ㄴ: 3년

**문제풀이** SOLUTION

• 재해보험사업자는 이 요령의 효율적인 운용 및 시행을 위하여 필요한 세부적인 사항을 규정한 손해평가업무방법서를 작성하여야 한다.
• 농림축산식품부장관은 이 고시에 대하여 2024년 1월 1일 기준으로 매 3년이 되는 시점(매 3년째의 12월 31일까지를 말한다)마다 그 타당성을 검토하여 개선 등의 조치를 하여야 한다.

정답 ④

**56** 농업재해보험 손해평가요령의 재검토 기한에 관한 규정이다. (   )에 공통으로 들어갈 숫자는?  <제11회>

> 농림축산식품부장관은 이 고시에 대하여 2024년 1월 1일 기준으로 매 (   )년이 되는 시점 매 (   )년째의 12월 31일까지를 말한다)마다 그 타당성을 검토하여 개선 등의 조치를 하여야 한다.

① 2          ② 3          ③ 4          ④ 5

**문제풀이** SOLUTION

매 3년마다 검토하여 개선 등의 조치를 하여야 한다.

정답 ②

MEMO

2026 손평하나 **손해평가사** **1차** 문제집

# 재배학 및 원예작물학

**3 과목**

## CHAPTER 01  재배작물의 개요

**01** 식물 분류학적으로 같은 과에 속하지 <u>않는</u> 것은?  <제7회>

① 배  ② 블루베리  ③ 복숭아  ④ 복분자

**문제풀이**  SOLUTION

- 장미과 : 딸기, 사과, 배, 모과, 복숭아, 복분자, 자두
- 진달래과 : 블루베리, 월계수, 산앵도

정답 ②

**02** 작물 분류학적으로 가지과에 해당하는 것을 모두 고른 것은?  <제8회>

| | |
|---|---|
| ㄱ. 고추 | ㄴ. 토마토 |
| ㄷ. 감자 | ㄹ. 딸기 |

① ㄱ, ㄹ  ② ㄱ, ㄴ, ㄷ  ③ ㄴ, ㄷ, ㄹ  ④ ㄱ, ㄴ, ㄷ, ㄹ

**문제풀이**  SOLUTION

- 가지과 작물 : 가지, 고추, 토마토, 감자 등
※ 딸기는 장미과 딸기속에 속하는 과채류이다.

정답 ②

**03** 작물 분류학적으로 과명(FAMILY NAME)별 작물의 연결이 옳은 것은?  <제9회>

① 백합과 – 수선화

② 가지과 – 감자

③ 국화과 – 들깨

④ 장미과 – 블루베리

**문제풀이**  S·O·L·U·T·I·O·N

② 가지과 작물 : 가지, 고추, 토마토, 감자 등
① 백합과 : 백합, 튤립, 마늘, 양파, 부추 등(수선화 – 수선화과)
③ 국화과 : 상추, 쑥갓, 우엉, 취나물 등 (들깨 – 꿀풀과)
④ 장미과 : 사과, 배, 매실, 살구, 자두, 복숭아 등(블루베리 – 진달래과)

정답 ②

**04** 농업상 용도에 의한 작물의 분류로 옳지 <u>않은</u> 것은?

① 공예작물

② 사료작물

③ 주형작물

④ 녹비작물

**문제풀이**  S·O·L·U·T·I·O·N

- **용도에 의한 분류(일반적 분류)**
  - 식용작물 : 식용이나 보조식량으로 사용되는 작물
  - 공예작물 : 작물을 가곡하여 여러 용도로 이용하기 위한 원료작물
  - 사료작물 : 가축을 사육하는데 필요한 작물
  - 녹비작물 : 토양의 거름으로 사용하기 위하여 가꾸는 작물
  - 사료작물 : 채소, 과일, 화초 등과 같이 생활에 필요한 작물을 기르거나 장식용으로 재배하는 작물
- **생육형에 따른 분류**
  - 주형작물 : 하나하나의 그루가 포기를 형성하는 작물(벼, 보리 등)
  - 포복형작물 : 줄기가 땅을 기어서 토양 표면을 덮는 작물

정답 ③

## 05 벼를 화곡류로 분류한 방법은?

① 일반적 분류  
③ 생태학적 분류  

② 식물학적 분류  
④ 특수 분류

**문제풀이** S·O·L·U·T·I·O·N

• 화곡류(알곡작물)란 쌀, 보리 등과 같이 전분질의 식용곡류가 나는 화본과 식물의 총칭이다.

| 농업상의 분류 | 일반적 분류<br>(용도에 따른 분류) | • 식용작물 : 화곡류(미곡·맥류·잡곡)·두류·서류<br>• 공예작물　　　　　　• 사료작물<br>• 녹비작물　　　　　　• 원예작물 |
|---|---|---|
| | 생태학적 분류 | • 생존연한에 따른 분류 : 1년생, 월년생(2년생), 다년생<br>• 생육계절에 따른 분류 : 하(여름)작물, 동(겨울)작물,<br>• 저항성에 따른 분류 : 내산성, 내염성, 내건성 등 |
| | 특수 분류 | • 작부방식에 관련된 분류 : 대파작물, 구황작물, 흡비작물 등 |
| 식물학적 분류 | | 화본과·콩과·국화과·십자학과·장미과 등 |

정답 ①

## 06 다음 식용작물 중 잡곡에 속하는 것은?

① 벼·콩  
③ 조·메밀  

② 밀·강낭콩  
④ 보리·감자

**문제풀이** S·O·L·U·T·I·O·N

**[식용작물의 분류]**

| 구분 | 분류 | 작물 |
|---|---|---|
| 화곡류 | 미곡 | 벼 |
| | 맥류 | 보리·밀·귀리·호밀 |
| | 잡곡 | 조·메밀·수수·옥수수·기장·피 |
| 두 류 | | 콩·팥·녹두·강낭콩·완두·땅콩 등 |
| 서 류 | | 감자·고구마 |

정답 ③

**07** 세계 3대 식량 작물이 <u>아닌</u> 것은?

① 옥수수

② 벼

③ 밀

④ 보리

**문제풀이** S·O·L·U·T·I·O·N

• 세계 3대 식량 작물 : 밀 > 벼 > 옥수수

정답 ④

**08** 다음 공예작물 중 염료작물로만 나열된 것은?

① 목화, 아마

② 사프란, 인도남

③ 차, 담배

④ 장미, 아카시아

**문제풀이** S·O·L·U·T·I·O·N

① 목화, 아마 : 섬유작물
② 사프란, 인도남 : 염료작물
③ 차, 담배 : 기호작물
④ 장미, 아카시아 : 방향작물

정답 ②

**09** 서로 도움이 되는 특성을 지닌 두 가지 작물을 같이 재배할 경우 이들 작물을 가리키는 것으로 다년생 초지에서 초기의 산초량을 높이기 위하여 섞어서 덧뿌려 짓는 작물은?

① 중경작물
② 동반작물
③ 흡비작물
④ 대파작물

**문제풀이** SOLUTION

- 중경작물 : 농작물을 재배할 때 사이갈이(中耕)를 하여 주어야 하는 작물
- 동반작물 : 서로 간에 생육을 촉진해 주고 병해충의 침입으로부터 서로를 보호해주는 등의 효과를 기대할 수 있는 작물
- 흡비작물 : 유실될 비료분을 잘 포착하여 흡수, 이용하는 효과를 가진 작물
- 대파작물 : 재해로 주작물의 수확이 어려울 때 대신 파종하여 심는 작물
- 구황작물 : 흉년이 들어 곡식이 부족할 때 기근을 해결하기 위해서 주곡 대신 소비할 수 있는 작물

정답 ②

**10** 용도에 따른 사료작물의 분류에 관한 설명이다. (     ) 안에 들어갈 내용으로 옳은 것은?

- (        )은 좀 늦게 풋베기하여 사일리지(발효) 제조에 많이 이용되는 작물이다.
- (        )은 곡식이 익기 전에 베어서 생초 그대로나 혹은 건초 또는 사일리지로서 이용하는 작물이다

① 사일리지 작물, 청예작물
② 청예작물, 건초작물
③ 건초작물, 사일리지 작물
④ 사일리지 작물, 건초작물

**문제풀이** SOLUTION

**[이용목적에 따른 사료작물의 분류]**
- 사일리지 작물 : 좀 늦게 풋베기하여 사일리지(발효) 제조에 많이 이용되는 작물
- 청예(靑刈)작물 : 곡식이 익기 전에 베어서 생초 그대로나 혹은 건초 또는 사일리지로서 이용하는 작물
- 건초(乾草)작물 : 생초를 베어들여서 수분함량이 15% 이하가 될 때까지 건조시켜 만든 저장사료.작물
- 방목(放牧)작물 : 방목에 이용하는 작물

정답 ①

**11** 녹비작물 중 화본과 작물에 속하지 <u>않는</u> 것은?

① 귀리  ② 기장
③ 메밀  ④ 호밀

**문제풀이** SOLUTION

**[녹비작물의 분류]**

| 구분 | 특징 | 작물 |
|---|---|---|
| 화본과 작물 | 세포벽 물질함량이 높고 질소함량이 낮아 토양의 물리적인 특징을 개량하는데 효과가 우수한 작물 | 호밀, 보리, 귀리, 수수, 기장 등 |
| 콩과 작물 | 질소함량이 높아 질소공급면에서 중요한 역할을 하는 작물 | 헤어리베치, 자운영, 클로바류, 앨펄퍼, 버즈드풋트레포일, 클로탈라리아, 루피너스 등 |
| 기타 작물 | 토양특성 개량, 잡초방제, 경관조성, 비료 공급 등 녹비로써의 이용성이 있는 작물 | 파셀리아, 황화초, 유채, 메밀, 해바라기, 코스모스 등 |

정답 ③

**12** 흉년이 들 때에 크게 도움이 되는 작물을 무엇이라 하는가?

① 포착작물  ② 구황작물
③ 환금작물  ④ 피복작물

**문제풀이** SOLUTION

• 피·조 등과 같이 흉년이 들 때에 크게 도움이 되는 작물을 구황작물이라고 한다.
① 유실된 비료분을 잘 포착하여 흡수, 이용하는 효과를 가진 작물(= 흡비작물)
③ 담배·아마·차와 같이 주로 판매하기 위해 재배하는 작물
④ 비료의 유출 및 토양의 침식을 막기 위하여 과수 사이 또는 계절적 작물 사이에 재배되는 작물

정답 ②

## CHAPTER 01  토양

**01** 콩과작물의 작황부족으로 어려움을 겪고 있는 농가를 찾은 A 손해평가사의 재배지에 대한 판단으로 옳은 것은?  <제9회>

> • 작물의 칼슘 부족증상이 발생했다.
> • 근류균 활력이 떨어졌다.
> • 작물의 망간 장해가 발생했다.

① 재배지의 온도가 높다.
② 재배지의 질소가 부족하다.
③ 재배지의 일조량이 부족하다.
④ 재배지가 산성화되고 있다.

**문제풀이** SOLUTION

콩과작물은 다른 작물에 비하여 산성 토양에 약하므로 재배지가 산성화되면 작황이 어려울 수 있다. 문제 지문에서 작물의 칼슘 부족증상이 발생하였고, 근규균 활력이 떨어졌다면 재배지가 산성화되고 있다고 판단할 수 있다. 재배지가 산성화되면 알루미늄 이온과 망간 이온이 용출되어 작물에 해를 주게 된다.

정답 ④

**02** 토양침식이 우려될 때 재배법으로 옳지 <u>않은</u> 것은?  <제8회>

① 점토함량이 높은 식토 경지에서 재배한다.
② 토양의 입단화를 유지한다.
③ 경사지에서는 계단식 재배를 한다.
④ 녹비작물로 초생재배를 한다.

**문제풀이** SOLUTION

• 토양침식이 우려될 때에는 초생재배, 등고선 경작, 대상재배, 토양피복, 간작, 유기물 사용, 토양개량제 사용 등의 방법을 이용한다.
• 점토함량이 높은 식토는 빗물의 흡수능이 작아서 토양침식이 되기 쉽다.

정답 ①

**03** 흙의 구성성분중 가장 많은 비율을 차지하는 것은?

① 무기물                     ② 유기물
③ 공기                       ④ 수분

**문제풀이**  S·O·L·U·T·I·O·N

**[흙의 구성성분]**
무기물 : 45%, 공기 : 25%, 수분 : 25%, 유기물 : 5%

정답 ①

**04** 점토의 성질이 <u>아닌</u> 것은?

① 물과 양분을 흡착하는 힘이 강하다.
② 화학적·교질적 작용을 한다.
③ 토양입자 중 가장 미세한 알갱이이다.
④ 투기·투수성이 강하다.

**문제풀이**  S·O·L·U·T·I·O·N

**[점토와 자갈]**

| 점 토 | 자 갈 |
|---|---|
| • 물과 양분을 흡착하는 힘이 강하다. | • 물과 양분을 흡착하는 힘이 미약하다. |
| • 화학적·교질적 작용을 한다. | • 화학적·교질적 작용이 없다 |
| • 토양입자 중 가장 미세한 알갱이이다. | • 토양입자가 굵다. |
| • 투기·투수성이 거의 미약하다. | • 투기·투수성이 양호하다. |

정답 ④

**05** 토성 삼각도 구분의 기준이 되는 것은?

① 점토와 부식의 함량

② 자갈과 점토의 함량

③ 부식과 공기의 함량

④ 모래, 미사, 점토의 함량

**문제풀이** S·O·L·U·T·I·O·N

토성삼각도란 모래, 미사, 점토의 함량비에 따라 토양의 형질을 구분한 그림을 말한다.

정답 ④

**06** 양토의 점토함량은?

① 12.5 ~ 25 %

② 25 ~ 37.5 %

③ 37.5 ~ 50 %

④ 50 ~ 67.5 %

**문제풀이** S·O·L·U·T·I·O·N

**[토성의 분류(점토함량 기준)]**

| < 12.5% | 12.5 ~ 25% | 25 ~ 37.5% | 37.5 ~ 50% | < 50% |
|---|---|---|---|---|
| 사토 | 사양토 | 양토 | 식양토 | 식토 |

정답 ②

**07** 부식토의 부식 함량은?

① 20%

② 15%

③ 10%

④ 5%

**문제풀이** S·O·L·U·T·I·O·N

부식함량이 20%일 때 부식토라고 한다.

정답 ①

**08** 다음 중 논 토양교질의 개념과 작용이 올바르게 설명된 것은?

① 토양교질은 양이온을 띈다.
② 토양에 점토나 부식은 교질화를 증대한다.
③ 토양교질화가 증대될수록 CEC는 적어진다.
④ 토양에 CEC가 적어지면 양분의 흡착력은 커진다.

---

**문제풀이** · S·O·L·U·T·I·O·N ———

**[토양교질의 작용]**
① 토양교질은 음이온을 띈다.
② 토양에 점토나 부식은 교질화를 증대한다.
③ 토양교질화가 증대될수록 CEC는 커진다.
④ 토양에 CEC가 적어지면 양분의 흡착력은 적어진다.

정답 ②

---

**09** 양이온 치환 용량에 대한 설명 중 옳지 **못한** 것은?

① 토양 100g이 보유하는 치환성 양이온의 총량을 mg당량으로 표시한 것이다.
② 토양중에 점토와 부식이 증가하면 양이온 치환 용량도 증대한다.
③ 양이온 치환 용량이 증대하면 비료분을 흡수하는 힘이 커진다.
④ 양이온 치환 용량이 증대하면 토양의 완충능이 작아진다.

---

**문제풀이** · S·O·L·U·T·I·O·N ———

**[양이온 치환용량]**
① 일정량의 토양이 보유하고 있는 치환성 이온의 총량을 당량으로 나타낸 것으로 토양 100g당 수소이온이 양이온으로 치환할 수 있는 자리의 수, 즉 음전하의 수와 같으며 mg당량로 표시한다.
② 양이온치환작용을 하는 교질입자는 무기교질입자(점토)와 유기교질입자(유기물의 부식)로 구분되며, 점토와 부식이 증가하면 양이온 치환용량도 커지게 된다.
③ 양이온 치환 용량이 증대하면 당연히 비료분을 흡수하는 힘이 커진다.
④ 토양의 완충능은 토양에 외부로부터 물질이 유입되었을 때 이의 영향을 최소화 할 수 있는 능력을 가리킨다. 일반적으로 다른 요인이 같을 경우 양이온치환용량이 높을수록 완충능이 높다. 또한 토양이 가지고 있는 양분농도를 일정하게 유지하려고 하는 능력을 토양양분의 완충능이라고 한다.

정답 ④

**10** 토양의 양이온 치환용량이 증대하면 어떤 결과를 초래하는가?

① 비료성분의 용탈이 적고 비효가 오래 지속된다.

② 비료 유실이 많아진다.

③ 보비력이 낮아지고 과비현상이 나타난다.

④ 점토와 부식이 적어진다.

---

**문제풀이**  S·O·L·U·T·I·O·N

① 토양의 양이온 치환용량 : 양이온 치환용량이 클수록 작물의 생육에 필요한 유효영양 성분인 $K^+$, $NH^+$, $Ca^{2+}$, $Mg^{2+}$ 등의 보유량은 많으므로, 비옥한 토양일수록 양이온 치환용량이 크다고 할 수 있다. 또한 양이온 치환용량이 클수록 비료로 시용하는 영양성분이 작물에 이용되는 율이 증대되고 비료성분의 용탈이 적어서 비효가 늦게까지 지속된다.

② 비료의 유실이 적어진다.

③ 보비력(비료를 보유하고 있다가 필요할 때 공급할 수 있는 힘)이 커지고, 비료를 많이 주어도 과비현상이 적게 나타난다.

④ 점토와 부식이 많을수록 양이온 치환용량이 증대한다.

정답 ①

---

**11** 토양의 물리적 특성이 <u>아닌</u> 것은?

① 보수성             ② 환원성

③ 통기성             ④ 배수성

---

**문제풀이**  S·O·L·U·T·I·O·N

**[토양의 물리적 특성]**

① 통기성(通氣性) : 토양에서 공기로 점유되어 있는 정도를 나타내는 것으로 토양공기의 비율이 높을수록 통기성이 우수하며, 고결(뭉쳐진)된 토양(compacted soil)일수록 통기성이 낮은 토양이다.

② 보수성(保水性) : 토양이 수분을 보호·유지하는 성질

③ 배수성(排水性) : 토양의 심층부까지 물을 보내는 성질

④ 보비성(保肥性) : 토양이 양분을 보유하는 성질

정답 ②

**12** 작물생육에 가장 적당한 토양구조는?

① 단립구조　　　　　　　　　② 평단구조
③ 입단구조　　　　　　　　　④ 이상구조

**문제풀이** S·O·L·U·T·I·O·N

입단구조는 대소공극이 모두 많고, 투기·투수·양수분의 저장 등이 모두 알맞아서 작물생육에 적당하다.

정답 ③

**13** 토양 입단 파괴요인을 모두 고른 것은?

| | |
|---|---|
| ㄱ. 유기물 시용 | ㄴ. 피복 작물 재배 |
| ㄷ. 비와 바람 | ㄹ. 경운 |

① ㄱ, ㄴ　　　　　　　　　② ㄱ, ㄹ
③ ㄴ, ㄷ　　　　　　　　　④ ㄷ, ㄹ

**문제풀이** S·O·L·U·T·I·O·N

**[입단의 형성과 파괴]**

| 입단의 형성 | 입단의 파괴 |
|---|---|
| ㉠ 유기물 시용 | ㉠ 무리한 경운(땅갈기) 및 쇄토(흙부수기) |
| ㉡ 석회의 시용 | ㉡ 입단의 팽창과 수축의 반복(기온의 변동 등) |
| ㉢ 토양의 피복 | ㉢ 비와 바람 |
| ㉣ 피복작물의 재배 | ㉣ 나트륨이온($Na^+$)의 작용 |
| ㉤ 토양 개량제의 시용 | |

정답 ④

**14** 토층의 분화를 가장 잘 설명한 것은?

① 용탈층과 집적층이 생기는 현상
② 논에서 산화층과 환원층이 구분되는 현상
③ 포드졸에서 보는 바와 같은 표백층이 생기는 것
④ 암석의 상부가 풍화되어 토양층이 생기는 것

**문제풀이** SOLUTION

토층의 분화란 논에서 작토층이 산화층과 환원층이 구분되는 현상으로, 산화층은 산소의 영향을 받아 회갈색이지만 산소가 부족한 환원층은 암갈색을 띤다.

정답 ②

**15** 토층이 분화된 논토양에 질소를 공급할 경우 바람직한 경우는?

① 환원층에 $NO_3^-$ 형태로 공급한다.
② 환원층에 $NH_4^+$ 형태로 공급한다.
③ 산화층에 $NO_3^-$ 형태로 공급한다.
④ 산화층에 $NH_4^+$ 형태로 공급한다.

**문제풀이** SOLUTION

질소의 유실과 탈질작용을 막으려면 암모늄태 질소($NH_4^+$)는 토양콜로이드에 잘 흡착되므로 환원층, 즉 깊은 층에 주는 것이 좋다. 이렇게 거름을 주는 방법을 심층시비라 한다. 식물은 뿌리를 통해 물에 녹아 있는 화합물인 암모늄 이온($NH_4^+$)이나 질산 이온($NO_3^-$)의 형태로 질소를 흡수한다. 질산태 질소($NO_3^-$)는 토양콜로이드에 흡착되지 않고 토양 중의 물과 같이 움직이기 때문에 비가 많이 오거나 하면 유실되고 만다. 또 토양 중의 산소가 부족하면 질소가스로 분해되어 공기 중으로 날라간다.(탈질) 이런 이유로 토층이 분화된 논 토양에 질소를 공급할 경우 환원층에 암모늄태 질소($NH_4^+$)형태로 공급한다.

정답 ②

## 16  토양 중 유기물의 효과가 <u>아닌</u> 것은?

① 입단의 형성  
③ 완충력 감소  
② 유용미생물의 번식 조장  
④ 종자의 발아 및 생육 촉진

**문제풀이** S·O·L·U·T·I·O·N

**[유기물의 기능]**
① 유기물은 분해될 때 여러 가지 산을 생성하여 암석의 분해를 촉진한다.
② 유기물은 질소, 인산, 칼륨, 칼슘, 마그네슘, 규소 등의 다량원소와 망간, 붕소, 구리, 코발트, 아연 등의 미량원소를 공급한다.
③ 유기물이 분해되는 과정에 방출되는 이산화탄소는 작물 주변의 이산화탄소 농도를 높여 광합성을 조장한다.
④ 유기물이 분해될 때에 호르몬, 비타민, 핵산물질 등의 생장촉진물질을 생성한다.
⑤ 직간접적으로 토양의 입단형성에 기여한다.
⑥ 유기물은 완충 능력이 크다. 부식은 산성, 알칼리성, 염류, 농약과 오염물질 등 화학물질에 의한 악화 등에 대한 완충 작용을 한다.
⑦ 유기물은 질소 고정과 질소 순환에 기여하는 미생물 활동을 위한 탄소 및 질소 공급원으로 유용미생물의 번식을 조장한다
⑧ 볏짚이나 잡초 등의 거친 유기물로 토양을 멀칭하게 되면 토양유실을 방지하며, 햇빛을 차단하여 수분 손실을 경감하고, 더운 날에는 서늘하게 하고 추운 날에는 한기로부터 토양을 보호한다.
⑨ 부식의 열전도율은 작으나, 부식의 조성물질인 부식산과 부식탄은 흑색이기 때문에 토양색상이 암흑색으로 되어 지온상승의 효과로 종자의 발아 및 생육을 촉진한다.

정답 ③

## 17  노후화답의 개량에 알맞지 <u>않은</u> 것은?

① 객토  
③ 규산질 비료의 시용  
② 심경  
④ 유기물 시비

**문제풀이** S·O·L·U·T·I·O·N

• 유기물을 시비하게 되면 유기물 분해에 산소가 소모되어 더욱 산소가 부족하여 지고 미생물의 호흡에도 산소가 소모되므로 산소가 부족되어 환원상태가 된다
① 객토 : 산의 붉은 흙, 못의 밑바닥 흙, 바닷가의 질흙 등을 객토한다.
② 심경 : 20㎝정도 심경하여 작토층아래로 내려간 철분등을 작토층으로 갈아 올린다.
③ 규산질비료의 시용 : 규산석회·규회석 등은 규산과 석회뿐만 아니라, 철·망간·마그네슘도 함유하고 있다.
④ 규산질비료의 사용 : 규산석회, 규회석 등은 규산과 석회 뿐만 아니라 철·망간·마그네슘 등을 함유하고 있어

정답 ④

**18** 노후화답에서 피해야 할 비료는?

① 규산가리　　　　　　　　　　② 용성인비

③ 석회질소　　　　　　　　　　④ 황산가리

**문제풀이** SOLUTION

**[노후화답의 재배대책]**
① 저항성 품종의 선택 : 황화수소($H_2S$)에 강한 품종을 선택한다.
② 조기재배 : 수확이 빠르도록 재배하여 추락을 경감시킨다.
③ 무황산근 비료의 시용 : $H_2S$의 발생원이 되는 황산근을 가진 비료의 시용을 피한다.
④ 추비 중점의 시비 : 후기의 영양회복을 위해 추비를 강화한다.
⑤ 엽면시비 : 추락 초기에 요소·망간 및 미량요소를 추가하여 엽면시비하는 것도 경우에 따라서는 큰 효과가 있다.
⑥ 용성인비 : 철, 망간, 석회, 마그네슘, 칼륨 등이 부족되기 쉬우므로 이들이 들어있는 용성 인비를 사용한다.

정답 ④

**19** 노후화답의 대책으로 모두 고른 것은?

| ㄱ. 유안시용 | ㄴ. 객토 | ㄷ. 조기재배 |
|---|---|---|

① ㄱ　　　　　　　　　　② ㄱ, ㄴ
③ ㄴ, ㄷ　　　　　　　　　　④ ㄱ, ㄴ, ㄷ

**문제풀이** SOLUTION

황산암모니아(유안)나 황산칼리와 같은 황산근 비료를 논에 시용하면 황산이 환원되어 황화수소로 변하고 노후답에서 벼의 뿌리 발육을 해치며 심하면 벼 뿌리를 썩게 한다.

정답 ③

**20** 토양의 $CO_2$함량이 가장 증가하는 계절은?

① 봄  ② 여름
③ 가을  ④ 겨울

**문제풀이** S·O·L·U·T·I·O·N

지표면 부위에는 여름철에 토양유기물의 분해와 뿌리의 호흡이 왕성해져서 $CO_2$ 농도가 가장 증가한다. 참고로 식물 잎이 무성한 부위는 여름철에 광합성이 왕성하여 $CO_2$ 농도가 낮고, 가을철에는 다시 높아진다.

정답 ②

**21** 토양의 온도 변화에 영향을 끼치는 요인이 <u>아닌</u> 것은?

① 경사 방향  ② 토양 수분
③ 토양 색깔  ④ pH 정도

**문제풀이** S·O·L·U·T·I·O·N

**[토양의 온도변화에 영향을 끼치는 요인]**
① 경사방향 : 햇빛에 직면한 경사면은 태양의 열을 많이 받아 온도가 높다.
② 토양수분 : 토양온도는 토양수분이 많을 경우에는 쉽게 변하지 않는다. 따라서 사토는 함수량이 적고 비열이 낮으므로 온도변화가 용이하나 식토는 지온상승은 어려운 반면 늦게까지 하강을 하지 않는다.
③ 토양색깔 : 색깔이 짙은 것일수록 태양열을 많이 흡수하고, 백색에 가까운 것일수록 반사량이 많아진다.
④ 식물의 피복 : 식물피복은 토양온도의 변화를 적게 한다.
⑤ 토양의 열전도 : 토양이 태양열을 받아서 온도가 상승하는 것은 열전도에 의한 것이며, 토양조직이 엉성하면 열전 도율이 낮고 조밀할수록 열전도율이 높다.

정답 ④

**22** 질소기아현상에 대한 설명이다. 다음 (       ) 안에 들어갈 내용을 순서대로 옳게 나열한 것은?

> 토양에 가해지는 유기물의 (       )가 (       ) 이상이면 유기물에 비해 질소가 적으므로 초기에만 분해가 이루어지다가 질소가 부족해져서 유기물의 분해가 늦어지게 되고, 부족한 질소를 보충하기 위하여 미생물이 토양속에 포함된 질소까지 이용함에 따라 토양 중 질소가 부족해져 식물이 (       )을 느끼는 현상을 말한다.

① C/N비, 15, 산소결핍  
② C/N비, 30, 질소결핍  
③ G/D비, 15, 질소결핍  
④ G/D비, 30, 산소결핍

**문제풀이** SOLUTION

**[질소기아 현상]**

토양에 가해지는 유기물의 C/N비(질소에 대한 탄소의 비)가 30 이상이면 유기물(C)에 비해 질소(N)가 적으므로 초기에만 분해가 이루어지다가 질소가 부족해져서 유기물의 분해가 늦어지게 되고, 부족한 질소를 보충하기 위하여 미생물이 토양 속에 포함된 질소까지 이용하여서 토양 중 질소가 부족해져 식물이 질소결핍을 느끼는 현상을 말한다.

정답 ②

**23** 다음 중 토양중의 산소농도가 높아지는 경우에 해당하지 <u>않는</u> 것은?

① 토양이 사질인 경우  
② 경운을 하는 경우  
③ 심경을 하는 경우  
④ 토양의 함수량이 증대하는 경우

**문제풀이** SOLUTION

토양의 함수량이 증대하면 용기량이 적어지고, 산소의 농도가 낮아지며, 이산화탄소의 농도가 높아진다.

정답 ④

**24** 다음 중 지력증진의 작물은?

① 콩  
③ 클로버  

② 수수  
④ 옥수수  

**문제풀이** SOLUTION

• 클로버 : 뿌리가 깊게 발달하여 토양의 입단형성을 조장하여 토양구조를 좋게 하며 공중질소를 고정한다.

정답 ③

**25** 토양침식의 대책이 <u>아닌</u> 것은?

① 초생재배  
③ 등고선 경작  

② 토양피복  
④ 전면재배  

**문제풀이** SOLUTION

[토양침식 대책]  
① 초생재배   ② 등고선 경작   ③ 대상재배   ④ 토양피복   ⑤ 간작  
※ 전면재배 : 포장 전체에 작물이 골고루 퍼지도록 파종하여 특정 줄이나 구획 없이 전 면적에 균일하게 재배하는 방식

정답 ④

## CHAPTER 02 수분

**01** 토양수분 스트레스를 줄이기 위한 재배방법으로 옳지 <u>않은</u> 것은?  <제8회>

① 요수량이 낮은 품종을 재배한다.
② 칼륨결핍이 발생하지 않도록 재배한다.
③ 질소과용이 발생하지 않도록 한다.
④ 밭 재배시 재식밀도를 높여 준다.

**문제풀이** SOLUTION

칼륨결핍이나 질소과용은 토양수분 스트레스(부족)를 더욱 촉진하며, 밭 재배시 재식 밀도를 낮춤으로써 토양 수분 스트레스(부족)를 줄일 수 있다.

정답 ④

**02** 내건성 작물의 생육특성을 모두 고른 것은?  <제8회>

ㄱ. 기공 크기의 증가
ㄴ. 지상부보다 근권부 발달
ㄷ. 낮은 호흡에 따른 저장물질의 소실 감소

① ㄱ, ㄴ      ② ㄱ, ㄷ
③ ㄴ, ㄷ      ④ ㄱ, ㄴ, ㄷ

**문제풀이** SOLUTION

내건성 작물은 가뭄에 강한 작물로 기공의 크기가 작고, 지상부에 비하여 근군(뿌리의 무리)의 발달이 좋다. 건조할 때 낮은 호흡에 따른 저장물질의 소실이 낮다.

정답 ③

**03** 한해 피해 조사를 마친 A 손해평가사가 농가에 설명한 작물 내 물의 역할로 옳은 것은 몇 개인가?

<제8회>

| | |
|---|---|
| • 물질 합성과정의 매개 | • 양분 흡수의 용매 |
| • 세포의 팽압유지 | • 체내의 항상성 유지 |

① 1개　　　　② 2개　　　　③ 3개　　　　④ 4개

**문제풀이** S·O·L·U·T·I·O·N

**[작물내의 물의 역할]**
① 물질의 합성과 분해과정의 매개
② 양분흡수와 이동의 용매
③ 세포의 팽압 유지
④ 식물체내의 항상성 유지
⑤ 각종 효소활성의 촉매작용

정답 ④

**04** 식물체 내 물의 기능으로 옳지 <u>않은</u> 것은?

① 세포의 팽압 형성
② 감수분열 촉진
③ 양분 흡수와 이동의 용매
④ 물질의 합성과 분해과정 매개

**문제풀이** S·O·L·U·T·I·O·N

**[물의 기능]**
① 세포의 팽압(잎이나 어린줄기를 곧게 지탱시켜주는 현상) 형성 : 세포가 물을 흡수하여 세포의 부피가 커지면
　세포벽을 밀어내는 팽압이 작용하는데, 연한 풀잎이나 꽃잎이 꼿꼿하게 서는 것도 팽압 때문이다.
② 용매로서 양분의 흡수와 이동
③ 효소를 활성화시켜 동화작용(물질의 합성, 광합성) 및 이화작용(물질의 분해, 호흡)의 매개

정답 ②

**05** **토양수분에 관한 설명으로 옳지 않은 것은?**

① 결합수는 식물이 흡수·이용할 수 없다.

② 물은 수분포텐셜(water potential)이 높은 곳에서 낮은 곳으로 이동한다.

③ 중력수는 pF 7.0 정도로 중력에 의해 지하로 흡수되는 수분이다.

④ 토양수분장력은 토양입자가 수분을 흡착하여 유지하려는 힘이다.

**문제풀이** SOLUTION

③ 중력수는 pF 2.7이하이다.

② 수분포텐셜 : 수분포텐셜은 물의 이동방향을 정한다. 즉 물은 방해장벽이 없다면 수분포텐셜이 높은 곳에서 낮은 지역으로 이동한다.

④ 토양이 물을 흡착, 보유하고 있는 힘을 표시하는 단위이다.

정답 ③

**06** **토양수분의 함유상태에 대한 설명으로 옳지 않은 것은?**

① 최대용수량은 토양하부에서 수분이 모관상승하여 모관수가 최대로 포함된 상태를 말한다.

② 포장용수량은 수분이 포화된 상태의 토양에서 증발을 방지하면서 중력수를 완전히 배제하고 남은 수분상태를 말한다.

③ 초기위조점은 생육이 정지하고 하위엽이 위조하기 시작하는 토양의 수분상태를 말한다.

④ 잉여수분은 최대용수량 이상의 과습한 상태의 토양수분을 말한다.

**문제풀이** SOLUTION

잉여수분량은 포장용수량(최소용수량)이상의 과습한 상태의 토양수분을 말한다.

정답 ④

**07** 모관수에 대한 설명 중 <u>틀린</u> 것은?

① 표면장력에 의해서 중력에 저항하여 보유되는 수분이다.
② 토양입자속의 한 구성요소로 결합되어 있는 수분이다,
③ 작물이 주로 이용하는 유효수분이다.
④ pF 2.7 ~ 4.5이다.

문제풀이 SOLUTION

토양입자속의 한 구성요소로 결합되어 있는 수분은 결합수이다.

정답 ②

**08** 비가 온 후 하루 정도 지나서 물의 이동이 멈추었을 때의 수분상태는?

① 위조점
② 최대용수량
③ 흡습계수
④ 포장용수량

문제풀이 SOLUTION

비가 온 후 하루 정도 지나서 물의 이동이 멈추었을 때의 수분상태는 흡습수만 남아 작물에 이용될 수 없는 상태이며,
이를 흡습계수라고 한다.

정답 ③

**09** 토양수분에 관한 설명이다. (     ) 안에 들어갈 내용으로 옳은 것은?

> • (     )는 흡착수의 바깥쪽에 위치하며 모세관 작용으로 중력에 저항하여 토양입자 사이의 공극에 자리 잡고 있는 수분을 말한다.
> • (     )는 증발을 방지하면서 중력수를 완전히 배제한 상태를 말한다.

① 중력수, 최대용수량  ② 모관수, 최대용수량

③ 중력수, 최소용수량  ④ 모관수, 최소용수량

**문제풀이** SOLUTION

① 모관수에 대한 설명이다
② 증발을 방지하면서 중력수를 완전히 배제한 상태를 최소용수량이라고 한다.

정답 ④

**10** 포장용수량에 대한 설명 중 틀린 것은?

① 포장용수량을 최대용수량이라고도 한다.
② pF 2.5 ~ 2.7(1/3 ~ 1/2기압)에 해당된다.
③ 강우 또는 관개 후 2 ~ 3일 뒤의 수분상태이다.
④ 포장용수량은 작물이 이용하는 유효수분 안에 포함된다.

**문제풀이** SOLUTION

**[포장용수량]**
① 수분으로 포화된 토양으로부터 증발을 방지하면서 중력수를 완전히 배제하고 남은 수분 상태이며, 최소용수량이라고도 한다.
② pF는 2.5 ~ 2.7(1/3 ~ 1/2기압)이다.
③ 지하수위가 낮고 투수성이 중간인 포장에서 강우 또는 관개 후 2 ~ 3일 뒤의 수분상태이다.
④ 토양의 유효수분은 포장용수량에서부터 영구위조점까지의 범위이다.

정답 ①

**11** 작물생육에 알맞은 최적함수량은?

① 최대용수량의 30 ~ 50%
② 최대용수량의 40 ~ 60%
③ 최대용수량의 50 ~ 70%
④ 최대용수량의 60 ~ 80%

**문제풀이** S·O·L·U·T·I·O·N

최대용수량의 60~80% 정도를 최적함수량이라고 하는데 포장용수량과 비슷한 양이다.

정답 ④

**12** 다음 중 위조계수로 볼 수 있는 토양함수량은?

① 포장 용수량
② 영구 위조점
③ 초기 위조점
④ 흡습계수

**문제풀이** S·O·L·U·T·I·O·N

**[초기위조점과 영구위조점]**

| 구분 | 내용 |
| --- | --- |
| 초기위조점 | • 토양의 수분이 점차 감소함에 따라 작물의 지상부가 시들기 시작하는 함수상태 |
| 영구위조점 | • 위조한 식물을 포화습도의 공기 중에 24시간 두어도 회복되지 못하는 상태<br>• 영구위조를 최초로 유발하는 토양의 수분 상태<br>• 영구위조상태의 토양함수량을 위조계수라 함 |

정답 ②

**13** 토양 유효수분의 범위는?

① 최대용수량과 포장용수량 사이
② 최대용수량과 최소용수량 사이
③ 포장용수량과 영구위조점 사이
④ 영구위조점과 흡습수 사이

**문제풀이** SOLUTION

토양이 건조하여 수분량이 감소하면 식물의 뿌리가 수분을 흡수하기 곤란하게 되어 결국 식물이 마르기 시작한다. 이 마르기 시작하기 직전(영구위조점)이하의 토양에 보유되어 있는 수분과 중력수를 제외한 포장용수량(최소용수량) 사이의 식물이 흡수이용 가능한 수분을 토양 유효 수분이라고 한다.

정답 ③

**14** 수분포텐셜을 구성하는 것으로 모두 고른 것은?

| ㄱ. 삼투포텐셜 | ㄴ. 압력포텐셜 | ㄷ. 메트릭포텐셜 |
| --- | --- | --- |

① ㄱ
② ㄱ, ㄴ
③ ㄴ, ㄷ
④ ㄱ, ㄴ, ㄷ

**문제풀이** SOLUTION

수분포텐셜 = 삼투포텐셜 + 압력포텐셜 + 메트릭포텐셜

정답 ④

**15** 수분포텐셜에 대한 설명으로 <u>틀린</u> 것은?

① 용질의 농도가 높으면 수분포텐셜이 감소한다.
② 압력이 높아지면 수분포텐셜이 감소한다.
③ 온도가 높아지면 수분포텐셜이 증대한다.
④ 수분포텐셜이 높은 곳에서 낮은 곳으로 물이 이동한다.

**문제풀이** SOLUTION

① 용질의 농도가 높으면 물의 농도가 감소되어 삼투포텐셜은 낮아지고 수분포텐셜이 감소한다.
②, ③ 온도와 압력이 높아지면, 수분포텐셜은 증가한다.
④ 수분포텐셜이나 삼투포텐셜은 높은 곳에서 낮은 곳으로 물이 이동한다.

정답 ②

**16** 식물 원형질의 팽만 상태는?

① 수분 포텐셜($\psi$w) = 0 bar
② 수분 포텐셜($\psi$w) = -5 bar
③ 수분 포텐셜($\psi$w) = -10 bar
④ 수분 포텐셜($\psi$w) = -15 bar

**문제풀이** SOLUTION

압력포텐셜과 삼투포텐셜이 같으면 세포의 수분포텐셜이 0이 되므로 팽만상태가 된다.

정답 ①

**17** SMS(Soil moisture stress)를 가장 잘 설명한 것은?

① 내·외액의 농도 차에 의해서 삼투를 일으키는 압력
② 삼투에 의해서 세포의 수분이 늘면 세포를 증대시키려는 압력
③ 토양의 수분 보유력 및 삼투압을 합친 것
④ 삼투압에서 막압을 뺀 것

**문제풀이** SOLUTION

• 토양의 수분보유력과 토양용액삼투압을 합친 것을 토양수분압력(SMS = DPD′) 이라고 한다.
① 삼투압에 대한 설명이다.
② 팽압에 대한 설명이다.
④ 삼투압에서 막압을 뺀 것은 흡수압이다.

정답 ③

**18** 작물의 생육과 수분에 대한 설명으로 옳지 **않은** 것은?

① 수분은 식물세포의 긴장상태를 유지하여 식물의 체제 유지를 가능하게 한다.
② 잎의 증산작용은 잎의 수분포텐셜을 낮추어, 물관을 통해 물을 끌어당길 수 있는 장력을 발생시킨다.
③ 수분흡수는 뿌리 표면에 접해 있는 토양과 뿌리 내부의 물관부 사이에 수분포텐셜 기울기가 생겨서 일어난다.
④ 일비현상은 뿌리 세포의 근압에 의해 생기는 것으로 수동적 흡수의 일종이다.

**문제풀이** SOLUTION

뿌리의 활력이 왕성할 때 뿌리로부터 물을 흡수하여 위로 밀어 올리는 근압이 높아지면 잎가장자리의 수공에 물방울이 맺히는 현상을 일비현상이라고 하며, 적극적 흡수의 일종이다.

정답 ④

**19** 작물의 요수량에 대한 설명으로 옳지 <u>않은</u> 것은?

① 일반적으로 작물의 생육 초기에는 요수량이 적다.

② 일정 기간 내의 수분소비량과 건물축적량을 측정하여 산출한다.

③ 작물의 건물 1g을 생산하는데 소비된 수분량(g)을 뜻한다.

④ 일반적으로 광부족, 척박한 토양 등의 불량환경에서는 요수량이 많아진다.

**문제풀이** S·O·L·U·T·I·O·N

건물생산의 속도가 낮은 생육 초기에 요수량이 크다.

정답 ①

**20** 요수량과 동의어로 사용되는 것은?

① 증산효율

② 물 이용효율

③ 용수량

④ 증산계수

**문제풀이** S·O·L·U·T·I·O·N

**[요수량]**

① 건물 1g을 생산하는데 필요로 하는 수분량을 요수량이라고 한다.

② 증산계수 : 건물 1g을 생산하는 데 필요로 하는 증산량을 증산계수라 한다. 흡수된 수분은 거의 전부가 증산량이므로 요수량은 증산계수와 같은 뜻이다.

정답 ④

**21** 건물 1g을 생산하는 데 필요한 수분량인 요수량(要水量)이 가장 높은 작물은?

① 기장
② 옥수수
③ 밀
④ 호박

**문제풀이** S·O·L·U·T·I·O·N

[주요 작물의 요수량]

| 재배식물 | 요수량(g) | 재배식물 | 요수량(g) |
|---|---|---|---|
| 호박 | 834 | 밀 | 513 |
| 오이 | 713 | 옥수수 | 368 |
| 감자 | 636 | 수수 | 322 |
| 귀리 | 597 | 기장 | 310 |

정답 ④

**22** 내건성이 강한 식물의 세포적 특성이 <u>아닌</u> 것은?

① 저수능력이 작고, 다육화의 경향이 있다.
② 세포가 작아서 함수량이 감소되어도 원형질의 변형이 적다.
③ 원형질의 점성이 높다
④ 세포액의 삼투압이 높아서 수분 보유력이 강하다.

**문제풀이** S·O·L·U·T·I·O·N

[내건성이 강한 작물의 세포적 특성]
① 세포가 작아서 함수량이 감소되어도 원형질의 변형이 적다.
② 세포 중에 원형질이나 저장양분이 차지하는 비율이 높아서 수분 보유력이 강하다.
③ 원형질의 점성이 높고, 세포액의 삼투압이 높아서 수분 보유력이 강하다.
④ 탈수될 때 원형질의 응집이 덜하다.
⑤ 원형질막의 수분, 요소 등에 대한 투과성이 크다.
⑥ 저수능력이 크고 다육화의 경향이 있다.

정답 ①

**23** 건토 상태의 pF는?

① 0

② 5

③ 7

④ 10

**문제풀이** SOLUTION

- pF : 토양이 수분을 보유하는 힘인 토양수분장력
- ㉠ 풍건 상태(Air dry : 대기 중의 수분농도와 평형을 이룬 상태) : pF=6
- ㉡ 건토 상태(Oven dry : 105~110°C로 조절된 건조기에서 48시간 이상 건조시킨 토양의 상태) : pF=7

정답 ③

**24** 화곡류의 내건성이 가장 약한 시기는?

① 분얼기

② 감수분열기

③ 출수개화기

④ 유숙기

**문제풀이** SOLUTION

**[벼의 일생과 기상피해]**

| 기상피해 | 피해의 크기 |
| --- | --- |
| 한(건조)해 | 감수분열기(수잉기)기 가장 크고 다음은 출수개화기 > 유수형성기 > 분얼기의 순이다 |
| 관수(물잠김) 피해 | 수잉기~출수기에 가장 크고, 그 다음이 유수형성기이다 |
| 냉해 | 묘대기, 수잉기, 등숙기에 크다. |

정답 ②

**25** 식물체의 흡수량이 적게 되면 내건성이 저하되는 원소는?

① 질소

② 인

③ 칼륨

④ 칼슘

**문제풀이** SOLUTION

칼륨을 사용하게 되면 증산작용이 억제되어 장기간에 걸친 재배환경의 건조를 만나도 위조의 발생이 경감된다.

정답 ③

**26** 작물 생육기간 중 수분부족 환경에 노출될 때 일어나는 반응을 모두 고른 것은?

| ㄱ. 기공폐쇄 | ㄴ. 앱시스산(ABA) 합성 촉진 | ㄷ. 엽면적 증가 |
|---|---|---|

① ㄱ

② ㄱ, ㄴ

③ ㄴ, ㄷ

④ ㄱ, ㄴ, ㄷ

**문제풀이** SOLUTION

- 수분 부족은 팽압 저하로 세포신장 감소 → 엽면적 감소 → 증산량 감소 → 건조 저항성 증가로 진행된다.
- 스트레스호르몬(ABA) : 추위, 염, 수분이 부족할 때에 함량이 늘어난다. 그래서 앱시스산(ABA)을 스트레스호르몬이라고도 부른다. 특히 수분부족에는 그 함량이 40배까지 늘어난다. 앱시스산(ABA)는 수분 스트레스를 감지하여, 기공을 폐쇄하는 역할을 한다. 기공폐쇄는 외부로부터 공급량을 감소시켜 광합성의 저하를 일으킨다.

정답 ②

# CHAPTER 03 온도

**01** A 손해평가사가 어떤 농가에게 다음과 같은 조언을 하고 있다. (　　)에 들어갈 내용으로 옳은 것은?  
<제8회>

> • 농가 : 저희 농가의 딸기가 최근 2℃ 이하에서 생육 스트레스를 받았습니다.
> • A : 딸기의 ( ㄱ ) 를 잘 이해해야 합니다. 그리고 30℃를 넘지 않도록 관리해야 됩니다.
> • 농가 : 그럼, 30℃는 딸기 생육의 ( ㄴ )라고 생각해도 되는군요.

① ㄱ: 생육가능온도,　ㄴ: 최적적산온도  
② ㄱ: 생육최적온도,　ㄴ: 최적한계온도  
③ ㄱ: 생육가능온도,　ㄴ: 최고한계온도  
④ ㄱ: 생육최적온도,　ㄴ: 최고적산온도

**문제풀이** S·O·L·U·T·I·O·N

작물의 생육가능온도는 최저한계온도, 생육최적온도, 최고한계온도로 구분할 수가 있다. 딸기는 호냉성 채소작물로 재배의 최저한계온도는 5℃이고 생육최적온도는 평균 18℃~23℃이며, 25℃ 이상이 되면 생육이 지연되고 최고한계온도인 30℃ 이상에서는 생육이 정지된다.

정답 ③

**02** 생육적온이 달라 동일 재배사에서 함께 재배할 경우 재배효율이 떨어지는 조합은?  
<제9회>

① 상추, 고추  
② 당근, 시금치  
③ 가지, 호박  
④ 오이, 토마토

**문제풀이** S·O·L·U·T·I·O·N

상추는 저온성 작물이고, 고추는 대표적인 고온성 작물이다. 상추의 생육적온은 10~18℃로 비교적 낮은 온도에서 잘 자라며, 고온에서는 생육이 나쁘다. 고추의 생육적온은 25~28℃, 밤 18~22℃이다.

정답 ①

**03** 종자춘화형에 속하는 작물은? <제8회>

① 양파, 당근  
② 당근, 배추  
③ 양파, 무  
④ 배추, 무

**문제풀이** SOLUTION

**[춘화현상]**
① 종자춘화형 : 종자가 물을 흡수하여 배(embryo)가 활동을 개시한 이후에는 언제든지 저온에 감응하여 춘화가 일어나는 식물
   예 무, 배추
② 녹식물춘화형 : 식물체가 어느 정도 영양생장을 한 다음에 저온을 받아야 춘화가 일어나는 식물
   예 당근, 양배추, 양파

정답 ④

**04** 저온자극을 통해 화아분화가 촉진되는 작물이 <u>아닌</u> 것은? <제9회>

① 양파  
② 상추  
③ 배추  
④ 무

**문제풀이** SOLUTION

저온자극에 의해 화아분화가 촉진되는 것을 춘화(버널리제이션)라고 한다. 상추의 경우 저온에서는 발아가 늦어지고 30℃ 이상의 고온에서는 발아율이 떨어지며, 초기 생육에도 지장을 준다. 따라서 저온 시에는 반드시 온상을 설치해서 파종해야 발아가 일정하고 생육상태가 좋아서 우량 모를 육성할 수 있다. 즉 상추는 고온 자극을 통해 화아분화가 촉진되는 작물이다.
① 양파는 녹식물춘화형 작물(식물체 생장 후 저온감응)이다
③·④ 배추와 무는 종자춘화형 작물(종자 때부터 저온감응이다)이다.

정답 ②

**05** 다음 (　　)에 들어갈 내용으로 옳은 것은?　　　　　　　　　　　　　　　　　　　　　<제8회>

> 저온에서 일정 기간 이상 경과하게 되면 식물체 내 화아분화가 유기되는 것을 ( ㄱ )라 말하며, 이후 25~30℃에 3~4주 정도 노출시켜 이미 받은 저온감응을 다시 상쇄시키는 것을 ( ㄴ )이라 말한다.

① ㄱ : 춘화, ㄴ : 일비　　　　　　　　　② ㄱ : 이춘화, ㄴ : 춘화

③ ㄱ : 춘화, ㄴ : 이춘화　　　　　　　　④ ㄱ : 이춘화, ㄴ : 일비

**문제풀이**　S·O·L·U·T·I·O·N

① 춘화 : 식물체가 생육의 일정시기(주로 초기)에 저온에 의하여 화성, 즉 화아의 분화, 발육의 유도 촉진하는 것을 말한다.

② 이춘화 : 저온춘화 한 작물을 고온에 노출시켜 춘화처리 효과가 상쇄되는 현상을 말한다.

정답 ③

**06** 온도계수(Q10)가 2라고 할 경우에 2가 의미하는 것은?

① 온도가 10℃ 상승함에 따라 이화학적 반응이 2배 빨라진다.

② 온도가 10℃ 상승함에 따라 이화학적 반응이 2배 늦어진다.

③ 온도가 10℃ 상승함에 따라 광합성작용이 호흡작용보다 2배 빨라진다.

④ 온도가 10℃ 상승함에 따라 호흡작용이 광합성작용보다 2배 늦어진다.

**문제풀이**　S·O·L·U·T·I·O·N

온도가 10℃ 상승함에 따라 이화학적 반응(생물체에서 세포분열의 속도, 호흡할 때의 호흡횟수 등)이 2배 빨라진다는 의미이다.

정답 ①

**07** 온도에 관한 설명이다. (       ) 안에 들어갈 내용으로 옳은 것은?

> • (          )는 작물의 생육이 가능한 범위의 온도이다.
> • (          )는 생육은 멈추지만 죽지는 않는 최저온도이다.

① 기본온도, 유효온도  
② 유효온도, 기본온도  
③ 최적온도, 적산온도  
④ 적산온도, 최적온도

**문제풀이** S·O·L·U·T·I·O·N

① 작물의 생육이 가능한 범위의 온도 : 유효온도  
② 생육은 멈추지만 죽지는 않는 최저온도 : 기본온도

정답 ②

**08** 다음 (       ) 안에 들어갈 내용을 순서대로 옳게 나열한 것은?

> 식물의 생육이 가능한 온도를 (          )(이)라고 한다. 배추, 양배추, 상추는 (          )채소로 분류되고, (          )는 종자 때부터 저온에 감응하여 화아분화가 되며, (          )는 고온에 의해 화아분화가 이루어진다.

① 생육적온, 호온성, 배추, 상추  
② 유효온도, 호냉성, 배추, 상추  
③ 생육적온, 호냉성, 상추, 양배추  
④ 유효온도, 호온성, 상추, 배추

**문제풀이** S·O·L·U·T·I·O·N

**[온도의 종류]**

| 구분 | 의의 |
| --- | --- |
| 유효온도 | 식물의 생육이 가능한 온도의 범위 (5 - 50℃) |
| 최적온도(생육적온) | 식물이 생육에 가장 적합한 온도 |

• 호냉성 채소 : 시금치, 상추, 배추, 당근, 완두, 감자  
• 상추는 호냉성 채소이지만 고온춘화 작물임에 유의

정답 ②

**09** 작물의 유효적산온도를 잘 설명한 것은?

① 작물생육기간 중의 일일 최고기온을 총합한 온도
② 작물생육기간 중의 최적온도를 생육일수로 곱한 온도
③ 생육일수의 일평균기온에서 생육최저온도를 뺀 값을 총합한 온도
④ 작물생육기간 중의 일일 최저기온을 총합한 온도

**문제풀이** SOLUTION

- 유효적산온도 : 생육일수의 일평균기온에서 생육최저온도를 뺀 값을 총합한 온도로, 벼는 3,500~4,500℃ 이다.

정답 ③

**10** 일평균 적산온도가 가장 많은 작물은?

① 추파맥류　　　　　　　　② 벼
③ 옥수수　　　　　　　　　④ 감자

**문제풀이** SOLUTION

[주요 작물의 적산온도]

| 작물명 | 최저 | 최고 |
| --- | --- | --- |
| 벼 | 3,500 | 4,500 |
| 감자 | 3,200 | 3,600 |
| 옥수수 | 2,370 | 3,000 |
| 추파소맥 | 1,960 | 2,250 |

정답 ②

**11** '주요 온도'가 <u>아닌</u> 것은?

① 최고온도
② 적산온도
③ 최저온도
④ 최적온도

문제풀이 SOLUTION

- 적산온도 : 어떤 작물의 발아로부터 성숙까지의 생육 기간 중 0℃ 이상의 일 평균기온을 합산한 것

정답 ②

**12** 변온에 대한 작물의 생육반응에 대한 설명으로 <u>틀린</u> 것은?

① 맥류 등 화곡류는 밤온도가 낮아 변온이 클 때 개화를 촉진한다.
② 밤온도가 어느 정도 높아 밤낮의 온도차가 적으면 동화양분의 소모가 왕성하여 빨리 자란다.
③ 감자, 고구마에 있어 주야간 변온은 괴경, 괴근의 비대를 촉진한다.
④ 종자의 발아에는 정온에 비해 이화학성을 촉진하며 효율적이다.

문제풀이 SOLUTION

- 일반적으로는 변온이 개화를 촉진하지만, 맥류에서는 변온이 작은 것이 출수, 개화를 촉진한다.

정답 ①

**13** 하루 중의 기온변화, 즉 기온의 일변화(변온)와 식물의 동화물질 축적과의 관계를 바르게 설명한 것은?

① 낮의 기온이 높으면 광합성과 합성물질의 전류가 늦어진다.
② 기온의 일변화가 어느 정도 커지면 동화물질의 축적이 많아진다.
③ 낮과 밤의 기온이 함께 상승할 때 동화물질이 축적이 최대가 된다.
④ 낮과 밤의 기온차가 적을수록 합성 물질의 전류는 촉진되고 호흡 소모는 적어진다.

**문제풀이** S·O·L·U·T·I·O·N

낮의 기온이 높으면 광합성과 합성물질의 전류가 촉진되고 밤의 기온은 비교적 낮은 것(따라서 변온차가 크게 됨)이 호흡소모(동화물질소모)가 적으므로 변온이 어느 정도 클 때 동화물질의 축적이 증대한다.
① 전류가 촉진된다.
③ 낮의 기온은 상승하고 밤의 기온은 하락할 때 동화물질의 축적이 최대가 된다.
④ 낮의 기온은 높을수록 합성물질의 전류는 촉진되고, 밤의 기온이 낮을수록 호흡소모는 적어지므로, 낮과 밤의 기온차가 클수록 합성 물질의 전류는 촉진되고 호흡 소모는 적어진다.

정답 ②

**14** 변온에 대한 작물의 생육반응에 대한 설명으로 틀린 것은?

① 맥류 등 화곡류는 밤온도가 낮아 변온이 클 때 개화를 촉진한다.
② 밤온도가 어느 정도 높아 밤낮의 온도차가 적으면 동화양분의 소모가 왕성하여 빨리 자란다.
③ 감자, 고구마에 있어 주야간 변온은 괴경, 괴근의 비대를 촉진한다.
④ 종자의 발아에는 정온에 비해 이화학성을 촉진하며 효율적이다.

**문제풀이** S·O·L·U·T·I·O·N

일반적으로는 변온이 개화를 촉진하지만, 맥류에서는 변온이 작은 것이 출수, 개화를 촉진한다.

정답 ①

**15** 식물의 종자가 발아한 후 또는 줄기의 생장점이 발육하고 있을 때 일정기간의 저온을 거침으로써 화아가 형성되는 현상은?

① 휴지　　　　　　　　　　　　　② 춘화
③ 경화　　　　　　　　　　　　　④ 좌지

문제풀이　SOLUTION

① 휴지현상 : 생존에 불리한 환경조건에 처할 경우 대사와 발육이 느린 속도로 진행되다가 환경조건이 좋아지면 즉시 정상상태를 회복하는 현상을 말한다.
③ 경화현상 : 일반적으로 각종 스트레스에 대하여 내성이 강화되는 모든 형태적 또는 생리적 변화과정과 그 결과를 의미한다.
④ 좌지(로제트)현상 : 추파작물을 봄에 심으면 영양생장만 하고 생식 생장은 하지 못하는 현상

정답 ②

**16** 가을보리(밀)를 봄에 파종하면 영양생장만 하다가 좌지현상을 일으키고 출수하지 <u>못하는</u> 이유는?

① 고온이며 일장이 짧기 때문이다.
② 일장이 길기 때문이다.
③ 저온처리가 되지 않았기 때문이다.
④ 생육기간이 짧아지기 때문이다.

문제풀이　SOLUTION

추파맥류에 있어서 춘화를 하지 않으면 출수할 수 없는 성질을 추파성이라 하고, 영양생장만 하고 생식생장을 하지 못해 잎만 무성하게 자라다가 결국엔 열매나 이삭이 생기지 못하는 좌지현상(로제트)현상이 일어난다. 이러한 현상을 막기 위해 파종기를 바꾸는 경우에는 인위적으로 춘화처리를 해주어야 한다. 즉, 파종 전에 종자에 수분이나 산소를 주어, 배(胚)가 생장을 개시한 시기에 필요온도를 경과시킨 후에 파종한다. 예를 들면, 추파하는 밀의 경우에는 적당한 수분을 주면서 10℃ 이하, 최적 0~3℃에 35~50일 경과시킨다.

정답 ③

**17** 저온 버널라이제이션(0~10℃)으로 개화된 작물을 모두 고른 것은?

| ㄱ. 상추 | ㄴ. 배추 | ㄷ. 딸기 |
|---|---|---|

① ㄱ  
③ ㄴ, ㄷ  
② ㄱ, ㄴ  
④ ㄱ, ㄴ, ㄷ

**문제풀이** SOLUTION

**[저온춘화와 고온춘화]**

| 구분 | 내용 | 식물 |
|---|---|---|
| 저온춘화 | 대체로 1~10℃의 저온에 의해서 춘화되는 식물 | 월년생(두해살이) 장일식물(맥류, 무, 배추, 딸기, 유채 등) |
| 고온춘화 | 비교적 고온인 10~30℃의 온도에서 춘화되는 식물 | 콩 같은 단일식물, 상추, 글라디올러스 등 |

정답 ③

**18** 다음 중 춘화처리효과에 관여하는 가장 주된 환경요인은?

① 광 또는 이산화탄소  
② 저온 또는 고온  
③ 저온 또는 산소  
④ 고온 또는 일장

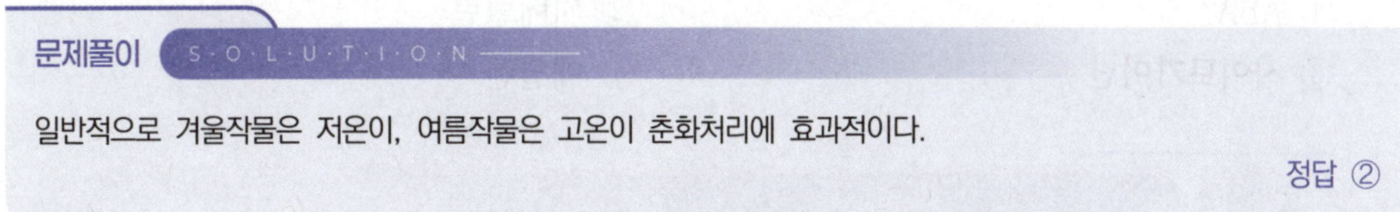

**문제풀이** SOLUTION

일반적으로 겨울작물은 저온이, 여름작물은 고온이 춘화처리에 효과적이다.

정답 ②

**19** Vernalization의 감응부위는?

① 생장점  ② 줄기
③ 어린 잎  ④ 성숙한 잎

문제풀이   SOLUTION

Vernalization의 감응부위는 생장점이다.

정답 ①

**20** 저온 춘화처리 기간 중의 고온, 건조, 산소 부족과 같은 불량환경에 의하여 춘화처리의 효과가 상실되는 현상을 무엇이라고 하는가?

① 탈춘화  ② 버널리제이션 효과의 정착
③ 재춘화  ④ 화학적 춘화

문제풀이   SOLUTION

저온춘화처리 기간 중의 고온, 건조, 산소부족과 같은 불량환경에 의하여 춘화처리의 효과가 상실되는 현상을 탈춘화라고 한다.

정답 ①

**21** 저온이나 장일을 대체하여 화성을 유도, 촉진하는 호르몬은?

① ABA  ② 지베렐린
③ 사이토카이닌  ④ 에틸렌

문제풀이   SOLUTION

지베렐린은 저온이나 장일을 대체하여 화성을 유도, 촉진하는 호르몬이다.

정답 ②

**22** Spring flush란 무엇인가?

① 북방형목초가 봄에 생식생장이 유도되어 산초량이 급증하는 것
② 남방형목초가 봄에 생식생장이 유도되어 산초량이 급증하는 것
③ 북방형목초가 가을에 생식생장이 유도되어 산초량이 급증하는 것
④ 남방형목초가 가을에 생식생장이 유도되어 산초량이 급증하는 것

**문제풀이**   SOLUTION

- 스프링 플러시 : 북방형목초가 봄철에 생육이 왕성하여 목초의 생산량에 집중되는 것을 말하는데, 스프링 플러시가 심하면 하고현상도 심해지므로 이른 봄부터 채초하거나 방목하여 스프링 플러시를 완화시켜야 한다.

정답 ①

**23** 목초의 하고현상의 원인을 모두 고른 것은?

| ㄱ. 고온 | ㄴ. 단일 | ㄷ. 포장과습 |
| --- | --- | --- |

① ㄱ
② ㄱ, ㄴ
③ ㄴ, ㄷ
④ ㄱ, ㄴ, ㄷ

**문제풀이**   SOLUTION

**[하고현상의 원인]**
① 건조 : 북방형목초는 대체로 요수량이 커서 알팔파 852, 브롬그라스 828, 스위트클로버 731, 레드클로버 698 등이며, 남방형 목초인 수단그라스의 380과 수수의 271에 비하면 현저히 크다. 따라서 여름철의 고온과 더불어 건조도 하고의 큰 원인이 된다. 포장과습은 하고현상과 관련이 없다.
② 고온 : 북방형 목초는 생육온도가 낮다. 6℃ 정도이면 생육을 개시하고, 6~12℃에서 완만한 생육을 하며, 12~18℃에서 생육이 가장 좋다. 그러나 18~24℃ 이상이면 생육이 정지상태에 이르고 하고현상이 심해진다.
③ 장일 : 월동하는 북방형 목초는 대부분 장일식물인데, 초여름의 장일조건에 의해서 생식생장이 촉진되는 것도 하고현상을 조장한다.
④ 병충해 : 봄철에 무성한 목초에서 여름철이 되어 병충해 발생이 많아지고, 하고현상이 촉진된다.
⑤ 잡초 : 여름철에 목초는 쇠약해지나 잡초는 고온에 의하여 무성하게 되므로, 목초의 생육을 더욱 억제하여 하고현상을 조장한다.

정답 ①

**24** 하고현상의 대책으로 옳지 <u>않은</u> 것은?

① 이른 봄에 추비를 한다.
② 고온건조기에 관개를 한다.
③ 남방형목초를 북방형목초와 혼파하여 재배한다.
④ 방목과 채초를 약하게 한다.

---

**문제풀이**  S·O·L·U·T·I·O·N

**[하고현상의 대책]**
① 스프링플러시의 억제 : 스프링플러시를 방지하기 위하여 이른 봄부터 채초하거나 방목하여 하고현상을 완화시켜야 한다. 아울러 추비를 늦게 여름철에 주면 하고현상이 완화된다.
② 관개 : 고온건조기에 관개를 하면 수분을 공급하고, 지온을 낮추어서 하고현상을 경감시킨다.
③ 초종의 선택 : 지역의 환경에 따라서 하고현상이 덜한 우량 초종을 선택한다. 고랭지에서는 티머디의 재배가 많으나, 평지에서는 티머디보다 하고현상이 덜한 오쳐드그라스를 재배하는 것이 좋다.
④ 혼파 : 하고현상이 덜한 초종이나 하고현상이 없는 남방형목초를 북방형목초와 혼파하여 재배하면 하고현상에 의한 목초 생산량의 감소를 줄일 수 있다.
⑤ 방목채초의 조절 : 목초가 과도하게 무성해도 병충해가 많고, 토양수분이 결핍하기 쉬우며, 목초의 밑을 너무 바싹 베어도 지온이 높아지고 뿌리작용이 쇠퇴한다. 따라서 방목과 채초를 약하게 함으로서 하고현상을 경감시킨다.

정답 ①

## CHAPTER 04 광(光)

**01** 작물의 생장에 영향을 주는 광질에 관한 내용이다. (    )에 들어갈 내용을 순서대로 옳게 나열한 것은?

<제9회>

> 가시광선 중에서 (    )은 광합성 광주기성 광발아성 종자의 발아를 주도하는 중요한 광선이다. 근적외선은 식물의 신장을 촉진하여 적색광과 근적외선의 비가 (    ) 절간신장이 촉진되어 초장이 커지다.

① 청색광, 작으면　　　　　　　　　② 적색광, 크면

③ 적색광, 작으면　　　　　　　　　④ 청색광, 크면

**문제풀이** ─ S·O·L·U·T·I·O·N ─

- 광합성 : 650~700nm의 적색광이 가장 효과적이다.
- 광주기성(일장효과) : 일장에 따라 식물의 개화를 결정하는 것으로, 600~680nm의 적색광이 최대의 효과를 가진다.
- 광발아성은 종자의 발아(꽃눈의 분화) : 670nm 부근의 적색광이 촉진한다.
- 적색광과 근적외선의 비 (R/Fr ratio) : 근적외선은 식물의 신장을 촉진하며, 적색광과 근적외선의 비가 작으면 절간신장이 촉진되어 식물의 신장이 커지고, 적색광과 근적외선의 비가 크면 식물의 신장을 억제한다.

정답 ③

**02** 광도가 증가함에 따라 작물의 광합성이 증가하는데 일정 수준 이상에 도달하게 되면 더 이상 증가하지 <u>않는</u> 지점은?

<제8회>

① 광순환점　　　　　　　　　　② 광보상점

③ 광반응점　　　　　　　　　　④ 광포화점

**문제풀이** ─ S·O·L·U·T·I·O·N ─

- 광보상점 : 식물이 광합성을 위해 흡수한 이상화탄소량과 호흡으로 방출한 이산화탄소량이 같은 지점을 말하며 하루 동안 아침과 저녁 2번에 걸쳐 존재
- 광포화점 : 작물의 광합성량이 더 이상 증가하지 않을 때의 빛의 세기

정답 ④

**03** '잎들깨'를 생산하는 농가에서 생산량 증대를 위해 야간 인공조명을 설치하였다. 이 야간 조명으로 인하여 옆 농가에서 피해가 있을 법한 작물은?  \<제8회\>

① 장미  ② 칼랑코에  
③ 페튜니아  ④ 금잔화

**문제풀이** SOLUTION

- 재배지 주변에 야간 인공조명이 켜져 있으면 긴 암기를 인공조명으로 분단하는 광중단(또는 암기중단) 현상 때문에 암기가 길어야 개화하는 단일식물의 경우 피해를 입을 수 있다.
- 칼랑코에는 단일식물이고, 장미는 중성식물이며, 페튜니아, 금잔화는 장일식물이다.

정답 ②

**04** 오이의 암꽃 수를 증가시킬 수 있는 육묘 관리법은?  \<제8회\>

① 지베렐린 처리  ② 질산은 처리  
③ 저온단일조건  ④ 고온장일 조건

**문제풀이** SOLUTION

오이는 보통 8~10시간의 단일조건에서 개화가 유도, 촉진되는 단일식물이다. 오이의 암꽃 착생에 큰 영향을 끼치는 환경조건은 온도와 일장이다. 육묘기간 중 야간 온도를 15℃ 이하로 하면 암꽃 착생률이 높아지며, 일조시간을 8시간 정도 짧게 하면(단일처리) 암꽃 착생을 촉진시킬 수 있다.

정답 ③

**05** 광합성에 영향을 주는 파장은?

① 2000Å  ② 675 nm  
③ 3900Å  ④ 775 nm

**문제풀이** SOLUTION

광합성에는 6750Å을 중심으로 한 6100~7000Å(610nm~700nm)의 적색광이 가장 유효하고, 4500Å을 중심으로 한 4000~5000Å(400nm~500nm)의 청색광이 유효하다.
* 1nm(나노미터) = 10Å(옴스트롱)

정답 ②

**06** 다음 중 작물의 광합성에 가장 유효한 광선은?

① 적색과 청색

② 황색과 자외선

③ 녹색과 적외선

④ 자색과 녹색

문제풀이 S·O·L·U·T·I·O·N

광합성에는 6750Å을 중심한 6500~7000Å의 적색의 부분과 4500Å을 중심한 4000~5000Å의 청색부분이 가장 유효적이고, 녹색·황색·주황색의 부분은 대부분 투과, 반사되어 효과가 적다.

정답 ①

**07** 다음 중 녹색식물의 광합성에 직접적인 영향을 미치는 요인이 <u>아닌</u> 것은?

① 온도

② 산소의 양

③ 빛의 세기

④ 빛의 파장

문제풀이 S·O·L·U·T·I·O·N

① 작물의 광합성은 10℃ 이하의 저온에서는 거의 일어나지 않으며, 온도가 높아질수록 증대하는데, 30~35℃에서 광합성 속도가 최대이며, 그 이상에서는 급격히 감소한다.
② 이산화탄소의 양이 광합성에 직접적인 영향을 미친다.
③ 빛의 세기가 증가함에 따라 어느 정도까지는 증가하지만, 광포화점 이상에서는 더 이상 증가하지 않는다.
④ 400~700nm의 가시광선을 주로 이용하는데, 특히 적색광과 청색광을 주로 이용한다.

정답 ②

**08** 광합성 암반응이 일어나는 곳은?

① 틸라코이드        ② 그라나
③ 스트로마        ④ 뉴클레오티드

**문제풀이**   S O L U T I O N

- 광합성 : 녹색식물이 광에너지의 존재하에서 대기중의 탄산가스와 뿌리로부터 흡수한 물을 이용하여 탄수화물을 합성하는 물질대사를 광합성 또는 탄소동화작용이라고 한다.
- 명반응은 그라나에서, 암반응은 스트로마에서 진행된다.

정답 ③

**09** 작물의 광합성량(속도)에 대한 $CO_2$ 농도와 광강도와의 관계를 옳게 나타낸 것은?

① $CO_2$ 농도가 높고 광강도가 약할수록 광합성량은 증가한다.
② $CO_2$ 농도와 광강도와는 관계없이 광합성량은 온도에 좌우된다.
③ $CO_2$ 농도가 높고 광강도가 강할수록 광합성량은 증가한다.
④ $CO_2$ 농도가 낮고 광강도가 낮을수록 광합성량은 증가한다.

**문제풀이**   S O L U T I O N

- $CO_2$ 농도가 높고 광강도가 강할수록 광합성량은 증가한다.

정답 ③

**10**  비닐하우스 내의 탄산가스 농도를 높여주었다. 하우스 내 작물의 광합성 능력은?

① 낮아진다(저하).

② 높아진다(증대).

③ 특정작물을 제외하고는 모든 작물이 낮아진다.

④ 차이가 없다.

문제풀이  S·O·L·U·T·I·O·N

작물은 대기중의 $CO_2$를 흡수하여 유기물을 합성하고, 호흡에 의하여 $CO_2$를 방출하고 유기물을 소모한다.

정답 ②

**11**  진정광합성량이란?

① 외관상 광합성량 + 호흡에 의한 소모량

② 외관상 광합성량 - 호흡에 의한 소모량

③ 외관상 광합성량

④ 외관상 광합성량 - 산소방출량

문제풀이  S·O·L·U·T·I·O·N

진정광합성(총광합성량) : 호흡을 무시한 절대적인 광합성량
진정광합성 = 외관상 광합성량 + 호흡에 의한 소모량

정답 ①

**12** 식물체 내에 함유된 탄수화물과 질소의 비율이 개화와 결실을 유도한다는 이론은?

① 일장효과                    ② G - D균형
③ C - N율                    ④ T/R 율

**문제풀이** SOLUTION

탄소동화작용에 의해 잎에서 만들어진 탄수화물(C)과 뿌리에서 흡수된 질소(N)성분의 비율을 말한다. 바꿔 말하면 탄수화물 ÷ 질소 = C/N율에 따라서 식물의 가지의 생장, 꽃눈형성 및 결실에 영향을 미치게 되는 것이다.

정답 ③

**13** 세포의 신장(伸長)을 촉진시키며 굴광현상을 유발하는 식물호르몬은?

① 옥신(Auxin)
② 지베렐린(Gibberellin)
③ 사이토카이닌(Cytokinin)
④ 에틸렌(Ethylene)

**문제풀이** SOLUTION

굴광성은 옥신이 줄기의 그늘진 쪽으로 이동하여 그곳에서 세포 신장을 일으킴으로써 일어난다.

정답 ①

**14** 다음 중 굴광현상에 가장 유효한 광은?

① 청색광                    ② 녹색광
③ 황색광                    ④ 적색광

**문제풀이** SOLUTION

식물이 광조사의 방향에 반응하여 굴곡반응을 나타내는 현상으로 4,400~4,800Å의 청색광이 가장 유효하다.

정답 ①

**15** 일장처리에 가장 잘 반응하는 부분은?

① 성엽
② 유엽
③ 노엽
④ 생장점

문제풀이 S·O·L·U·T·I·O·N

**[일장처리와 춘화처리]**

| 구분 | 감응부위 |
|---|---|
| 일장처리 | 성엽(성숙한 잎) |
| 춘화처리 | 생장점 |

정답 ①

**16** 광주기성에서 가장 효과가 큰 광선은?

① 녹색광
② 청색광
③ 황색광
④ 적색광

문제풀이 S·O·L·U·T·I·O·N

• 광주기성에는 적색광의 효과가 크며 청색광은 떨어지고 녹색광은 효과가 없다. (광중단 처리에 있어서도 적색광이 가장 효과적이고 원적색광은 효과가 없다.)

**[주요 광선의 정리]**

| 구분 | 광선 |
|---|---|
| 광합성 | 450nm(청색광)와 650nm(적색광)이 가장 유효하다. |
| 굴광성 | 청색광이 가장 유효하다. |
| 광주기성·광중단성 | 적색광의 효과가 가장 크다, |

정답 ②

**17** 일조량이 부족한 경우 벼의 수량에 미치는 영향이 가장 큰 시기는?

① 유숙기

② 유효분얼기

③ 이앙기

④ 최고분얼기

문제풀이 S·O·L·U·T·I·O·N

종합적으로 보면 유숙기와 생식세포 감수분열기의 좋은 일사는 수량 증대에 매우 필요하다.

정답 ①

**18** 작물의 잎이 거의 모두가 직사광선을 쪼일 수 있도록 되어 있는 상태를 무엇이라 하는가?

① 군락상태

② 고립상태

③ 포화상태

④ 응결상태

문제풀이 S·O·L·U·T·I·O·N

- 고립상태 : 포장에서는 생육 초기에 여러 개체의 잎들이 엉키기 전의 상태이다.
- 군락상태 : 포장에서 작물이 밀생하고 크게 자라서 잎이 서로 엉기고 포개져서 많은 수의 잎이 직사광을 받지 못하고 그늘에 있는 상태

정답 ②

**19** 군락상태에서 작물의 포장동화능력을 잘 표시한 것은?

P ; 포장동화능력, A ; 총엽면적, f ; 수광능력, P0 ; 평균동화능력

① P = A/f · P0
② P = A · f · P0
③ P = A · f · P0/A
④ P = A · f/P0

**문제풀이** SOLUTION

**[포장동화능력]**
① 포장군락의 단위면적당 동화능력(광합성 능력)을 말하며, 수량을 직접 지배한다.
  P = A · f · P0
    (P ; 포장동화능력, A ; 총엽면적, f ; 수광능력, P0 ; 평균동화능력)
② "수광능력"은 군락의 잎들이 어느 정도 광을 효율적으로 받아서 광합성에 이용하는가 하는 표시이다.
③ 포장 동화능력은 포장군락의 단위면적당 동화능력을 말한다.
④ 평균동화능력은 시비와 물관리를 잘하여 영양상태를 좋게했을 때 높아진다

정답 ②

**20** 수광 개선 재배법의 내용이 <u>아닌</u> 것은?

① 벼에서 규산·가리를 넉넉히 주어서 잎을 직립화한다.
② 맥류에서 드릴파재배보다 광파재배하는 것이 수광태세가 좋아진다.
③ 어느 작물이든지 재식밀도와 비배관리를 적절히 해야 한다.
④ 무효분얼기에 질소를 적게 준다.

**문제풀이** SOLUTION

**[수광태세의 개선 재배법]**
① 벼에서 규산과 가리를 넉넉히 주어 잎을 직립화한다.
② 무효분얼기에 질소를 적게 주어 상위엽을 직립화 한다. 질소를 과하게 주면 과번무(영양성장이 과하게 일어나서 줄기나 잎이 무성하게 된 식물체)하고 잎도 늘어진다.
③ 벼나 콩에서 밀식을 할 때에는 줄사이(열간)을 넓히고 포기사이(주간)을 좁히는 것이 파상군락을 형성케하여 군락 하부로의 투사광을 좋게 한다.
④ 맥류에서는 광파재배(넓은골 가꾸기 재배)보다 드릴파재배를 하는 것이 수광태세가 좋아진다.

정답 ②

**21** 다음 중 수광에 관한 옳지 <u>못한</u> 설명은?

① 동서이랑은 남북이랑에 비하여 수광시간은 약간 짧으나, 작물 생장기의 수광량이 훨씬 많아서 유리하다.

② 봄에 감자를 심을 때 이랑을 동서방향으로 내고 골의 북쪽에 바짝 다가 심으면 수광량이 많아져서 지온이 높아지므로 싹이 속히 튼다.

③ 장지의 투광률은 유리 90%, 플라스틱 필름(비닐) 85%, 유지 40% 정도로서 유리나 플라스틱 필름을 쓰는 것이 투광이 잘 되어 보온이 잘 되고 생육도 건실해진다.

④ 비닐이라도 여러 겹을 덮으면 자외선의 부족으로 도장하게 된다.

> **문제풀이** SOLUTION
>
> 남북이랑은 동서이랑에 비하여 수광시간은 약간 짧으나, 작물 생장기의 수광량이 훨씬 많아서 유리하다. 그러나 토양의 건조가 심해질 우려도 있다.
>
> 정답 ①

**22** 겨울철에 이랑의 방향은?

① 동서이랑       ② 남북이랑
③ 남서이랑       ④ 남쪽이랑

> **문제풀이** SOLUTION
>
> **[이랑 방향]**
> ① 남북이랑 : 여름철에 동서이랑에 비해 온도가 높고, 후기 수광량이 많아서 유리하다.
> ② 동서이랑 : 월동이 문제되는 곳에서는 동서이랑을 설치하여 겨울의 수광량을 많게 하고 이랑을 높게 하여 서북풍을 막아서 지온을 높이는 것이 월동에 유리하다.
>
> 정답 ①

**23** 단일일장(short day length) 조건에서 개화 억제를 위해 야간에 보광을 실시하는 작물은?

① 장미  
③ 국화  
② 가지  
④ 토마토

**문제풀이** S·O·L·U·T·I·O·N

• 일조시간과 개화 : 단일일장(short day length) 조건에서 개화 억제를 위해 야간에 보광을 실시하는 작물은 단일식물이며, 국화가 이에 속한다.  
① 장미 : 중성식물  
② 가지 : 중성식물  
④ 토마토 : 중성식물

정답 ③

**24** 장일처리를 할 때 광처리 방법에 관한 설명이다. (    ) 안에 들어갈 내용으로 옳은 것은?

• (       )는 장일 조건을 만들어 주기 위하여 인공광으로 계속 조명해 주는 것을 말한다.  
• (       )는 한밤중에 전등 조명을 하여 화아분화를 억제하는 기술이다.

① 보광, 광중단  
③ 광중단, 교호조명  
② 교호조명, 보광  
④ 보광, 교호조명

**문제풀이** S·O·L·U·T·I·O·N

[장일처리의 광처리방법]

| 구분 | 내용 |
| --- | --- |
| 보광 | 장일 조건을 만들어 주기 위하여 인공광으로 계속 조명해 주는 것을 말한다. |
| 광중단 | 한밤중에 전등 조명을 하여 화아분화를 억제하는 기술을 광중단(光中斷, 광으로 암기를 중단시킴)이라고 한다. |
| 교호조명 | 심야 조명 중에서도 계속 조명하지 않고 일정 주기로 조명을 반복하여 전력 소비량을 줄이는 방법 |

정답 ①

## CHAPTER 05 생장발육과 환경

**01** 다음 (     )에 들어갈 필수원소에 관한 내용을 순서대로 옳게 나열한 것은?  <제9회>

> (     )원소인 (     )은 엽록소의 구성성분으로 부족시 잎이 황화된다.

① 다량, 마그네슘  ② 다량, 몰리브덴
③ 미량, 마그네슘  ④ 미량, 몰리브덴

**문제풀이 · S·O·L·U·T·I·O·N**

- 마그네슘 : 다량원소로서 엽록소의 구성원소이며, 결핍하면 황백화 현상이 일어나고 줄기나 뿌리의 생장점의 발육이 저해된다.
- 몰리브덴 : 미량원소로서 몰리브덴은 질산환원효소의 구성성분이며, 결핍하면 황백화 현상이 일어난다.

정답 ①

**02** 작물의 질소에 관한 내용이다 (     )에 들어갈 내용을 순서대로 옳게 나열한 것은?  <제9회>

> 작물재배에서 (   )작물에 비해 (   )작물은 질소 시비량을 늘려 주는 것이 좋으며, 잎의 질소 결핍 증상은 (   )보다 (   )에서 먼저 나타난다.

① 콩과, 벼과, 유엽, 성엽  ② 벼과, 콩과, 유엽, 성엽
③ 콩과, 벼과, 성엽, 유엽  ④ 벼과, 콩과, 성엽, 유엽

**문제풀이 · S·O·L·U·T·I·O·N**

**[작물의 질소 시비량]**
콩과작물은 질소고정 능력이 있으므로 벼과 작물에 비해 질소 시비량을 줄여주고, 벼과 작물은 질소 시비량을 늘려 주는 것이 좋다. 질소화합물은 성엽에서 유엽으로 이동하므로 질소 결핍증상은 유엽보다 성엽에서 먼저 나타난다.

정답 ①

**03** A농가가 요소 엽면시비를 하고자 하는 이유가 <u>아닌</u> 것은?  <제6회>

① 신속하게 영양을 공급하여 작물 생육을 회복시키고자 할 때
② 토양 해충의 피해를 받아 뿌리의 기능이 크게 저하되었을 때
③ 강우 등으로 토양의 비료 성분이 유실되었을 때
④ 작물의 생식 생장을 촉진하고자 할 때

**문제풀이** S·O·L·U·T·I·O·N

**[엽면시비를 하는 이유]**
- 작물의 영양생장을 촉진하고자 할 때
- 미량요소의 공급
- 뿌리의 흡수력이 약해졌을 경우
- 급속한 영양회복
- 품질향상
- 비료성분의 유실방지
- 시비의 노력 절약
- 토양시비가 곤란할 경우

정답 ④

**04** 소비자의 기호 변화로 씨가 없는 샤인머스캣 포도가 인기를 모으고 있다. 샤인머스캣을 무핵화하고 과립비대를 위해 처리하는 생장조절물질은?  <제9회>

① 아브시스산  ② 지베렐린
③ 옥신  ④ 에틸렌

**문제풀이** S·O·L·U·T·I·O·N

- 지베렐린은 샤인머스캣 재배시 무핵화, 숙기촉진, 과립비대의 목적으로 처리하는 생장조절물질이다. 지베렐린의 1차 처리는 수정 작용이 일어나지 못하게 하여 무핵화를 위한 것이고, 2차 처리는 과립비대 및 성숙을 촉진시키기 위한 것이다.
① 아브시스산 : 식물의 생장을 억제하는 대표적인 식물호르몬이다. 주요 기능은 식물의 휴면유도와 낙엽촉진이다.
③ 옥신 : 세포분열과 세포신장을 촉진하여 생장을 촉진하는 생장조절물질이다.
④ 에틸렌 : 과일의 숙성, 개화와 노화 및 부패, 낙엽 현상 등을 일으키는 식물호르몬이다.

정답 ②

**05** 식물의 종자 또는 눈이 휴면에 들어가면서 증가하는 것은?  <제9회>

① 호흡량
② 옥신
③ 지베렐린
④ 아브시스산

**문제풀이** SOLUTION

종자 또는 눈이 휴면에 들어가면서 증가하는 것은 아브시스산이다. 아브시스산은 식물의 생장을 억제하는 대표적인 식물 호르몬이다.

정답 ④

**06** 작물이 영양생장에서 생식생장으로 전환하는 데 가장 큰 관여를 하는 환경요인은?

① 온도와 수분
② 온도와 양분
③ 온도와 일장
④ 광과 이산화탄소

**문제풀이** SOLUTION

일장 및 온도는 식물의 개화·화아분화 및 그 밖의 발육부면에 영향을 미쳐, 작물이 영양생장에서 생식생장으로 전환하는 데 가장 큰 관여를 한다.

정답 ③

**07** 식물의 상적발육에 관여하는 식물체의 색소는?

① 엽록소
② 피토크롬
③ 안토시아닌
④ 카로테노이드

**문제풀이** SOLUTION

식물이 발아하여 성숙하는 동안 여러 가지 단계적 과정을 거치면서 생육하는 것을 상적 발육이라 한다. 피토크롬은 빛 조건에 따라 식물의 여러 생리학적 기능을 조절하는 데 관여한다.

정답 ②

**08** 다음은 Lysenko의 상적발육설의 4가지 내용에 관한 설명이다. 옳은 것을 모두 고른 것은?

> ㄱ. 작물의 생장과 발육은 같은 현상이 아니다.
> ㄴ. 개개의 발육상은 서로 이어져서 순차적으로 이행된다.
> ㄷ. 1년생 종자식물의 전발육과정은 개개의 단계(Stage)에 의해 성립된다.
> ㄹ. 개개의 발육상을 완료하는 데에는 동일한 환경조건이 필요하다.

① ㄱ
② ㄴ, ㄷ
③ ㄱ, ㄴ, ㄷ
④ ㄴ, ㄷ, ㄹ

**문제풀이** SOLUTION

**[Lysenko의 상적발육설]**
식물체가 개개의 발육상을 경과하려면, 발육상에 따라 서로 다른 특정한 환경조건이 필요하다.
ㄱ. 생장과 발육은 같은 현상이 아니다. 생장은 양적 증가, 발육은 체내의 순차적인 질적 재조정을 말한다.
ㄴ. 개개의 발육단계(상)은 서로 접속해서 발생하고 있으며 앞의 발육상이 완료되지 않으면 다음의 발육상으로 이행하지 못한다.
ㄷ. 1년생 종자식물의 전 발육과정은 개개의 단계(Stage)에 의해 성립된다.
ㄹ. 1개의 식물체가 개개의 발육상을 경과하려면 발육상에 따라 서로 다른 특정한 환경조건이 필요하다.

정답 ③

**09 십자화과 작물의 성숙과정이 옳은 것은?**

① 백숙기 → 갈숙기 → 녹숙기 → 고숙기
② 녹숙기 → 백숙기 → 갈숙기 → 고숙기
③ 백숙기 → 녹숙기 → 갈숙기 → 고숙기
④ 호숙기 → 황숙기 → 완숙기 → 고숙기

**문제풀이** SOLUTION

**[십자화과(네 개의 꽃받침 조각과 네 개의 꽃잎이 십자 모양을 이룬 작물)]**

| 십자화과 작물의 성숙과정 | 화곡류의 성숙과정 |
|---|---|
| ㉠ 백숙 : 종자가 백색이고, 내용물이 물과 같은 상태의 과정이다.<br>㉡ 녹숙 : 종자가 녹색이고, 내용물이 손톱으로 쉽게 입출되는 상태의 과정이다.<br>㉢ 갈숙 : 꼬투리가 녹색을 상실해 가며, 종자는 고유의 성숙색이 되고, 손톱으로 파괴하기 어려운 과정이다. 보통 갈숙에 도달하면 성숙했다고 본다.<br>㉣ 고숙 : 고숙하면 종자는 더욱 굳어지고, 꼬투리는 담갈색이 되어 취약해진다. | ㉠ 유숙 : 종자의 내용물이 아직 유상(우유같은 상태)인 과정<br>㉡ 호숙 : 종자의 내용물이 아직 된 풀모양인 과정<br>㉢ 황숙 : 이삭이 황변하고, 종자의 내용물이 납상인 과정, 수확가능 시기<br>㉣ 완숙 : 성숙했다는 단계로 내용물이 경화하여 손톱으로 파괴되지 않는 과정<br>㉤ 고숙 : 식물체 퇴색, 내용물이 더욱 경화 한 과정, 탈립·동할 등이 생기기 쉽고, 품질이 나빠진다. |

정답 ③

**10 작물의 분화 과정을 바르게 나타낸 것은?**

① 유전적 변이의 발생 → 도태와 적응을 통한 순화 → 지리적·생리적·인위적 격리(고립)
② 지리적 생리적 격리(고립) → 도태와 적응을 통한 순화 → 유전적 변이의 발생
③ 야생종의 유지 → 인위적인 교배 육종 → 선발 도태를 통한 격리(고립)
④ 작물의 분화 → 유전적 변이 → 작물의 진화

**문제풀이** SOLUTION

**[작물의 분화과정]**
㉠ 유전적 변이 : 자연교잡과 돌연변이에 의해 새로운 유전형이 생긴다.
㉡ 도태와 적응 : 새로 생긴 유전형 중에서 환경이나 생존경쟁에 견디지 못하고 멸망하는 것을 도태라고 하며 그에 견디는 것을 적응이라고 한다
㉢ 순화 : 한편 어떤 생육조건에 오래 생육하게 되면 더 잘 적응하는 순화의 단계에 들어가게 된다.
㉣ 고립 : 성립된 적응형들이 유전적인 안정상태를 유지하려면 유전형들 사이의 유전적 교섭, 즉 상호 간에 교잡이 생기지 않아야 하는데 어떤 개체군과 다른 개체군 사이에 유전적인 교섭이 방지되는 것을 고립이라고 한다.

정답 ①

**11** 다음 (     ) 안에 들어갈 내용으로 옳은 것은?

> • (       )식물의 생육이나 성숙은 분화와 균형에 의하여 지배된다는 이론이다.
> • (       )은 수목은 지상부와 지하부의 생장이 서로 부합되지 않으면 건전한 생장을 할 수 없다는
>   이론이다.

① G/D균형, R/T율　　　　　　　② T/R율,　C/N율
③ C/N율, R/T율　　　　　　　　④ G/D균형, T/R율

**문제풀이** SOLUTION

**[주요 비율]**

| 구분 | 내용 |
| --- | --- |
| C/N율 | • 화성(花成)유도와 영양생장관계 (생육과 화성·결실과의 관계)<br>• 잎에서 만들어진 탄수화물(C)과 뿌리에서 흡수된 질소(N)성분의 비율에 의하여 가지 생장, 꽃눈형성 및 결실에 영향을 준다는 이론 |
| G/D균형 | • 식물의 생육이나 성숙(Growth, 성장)이 분화(Differentiation, 세포, 조직 이 미숙한 상태에서 복잡한 기능과 형태를 가진 성숙된 상태로 발육 성장해 가는 것)와 균형에 의하여 지배된다는 이론 |
| T/R(=S/R)율 | • 식물의 생장량을 측정하기 위하여 지상부(Top, shoot : 새가지)생장량과 지하부(Root)생장량의 비율을 측정하는 이론으로, 수목은 지상부와 지하부의 생장이 서로 부합되지 않으면 건전한 생장을 할 수 없다는 이론 |
| R/T율 | • 생육상태의 변동 중 지하부 생장을 주로 고찰할 때의 비율 |

정답 ④

**12** 품종의 조만생과 관련이 없는 것은?

① 기본영양생장성　　　　　　　② 감광성
③ 감온성　　　　　　　　　　　④ 감습성

**문제풀이** SOLUTION

품종의 조만생과 관련이 있는 것은 BLT(기본영양생장성, 감광성, 감온성)이다.

정답 ④

**13** 벼의 기상 상태형 중 고위도지대에 알맞은 형은?

① 기본 영양 생장성이 크고 감광성, 감온성이 모두 큰 품종
② 기본 영양 생장성이 크고 감광성이 작은 품종
③ 기본 영양 생장성이 크고 감광성이 큰 품종
④ 기본 영양 생장성이 작고 감온성이 큰 품종

**문제풀이** SOLUTION

• 고위도지대에서는 생육기간이 짧고 서리가 일찍 온다. 따라서 다음의 형이 알맞다.
① 기본영양생장성·감광성·감온성이 모두 작아서 생육기간이 짧은 blt형
② 기본영양생장성·감광성이 작고 감온성이 커서 일찍 고온에 감응하는 감온형(blT형)이 일찍 출수하여 안전하므로 이런 기상 상태형들이 분포한다.

정답 ④

**14** 기본영양생장성이 크고 감온성·감광성이 작아서 생육기간이 주로 기본영양생성에 지배되는 형태의 품종은?

① Blt형
② blT형
③ bLt형
④ blt형

**문제풀이** SOLUTION

**[기상생태형 기본구조]**
㉠ Blt형 : 기본영양생장형
㉡ blT형 : 감온형 – 기본영양생장 기간이 짧고, 감광성은 낮으며, 감온성만이 큰 품종
㉢ bLt형 : 감광형 – 기본영양생장 기간이 짧고 감온성은 낮으며, 감광성만이 커서 생육기간이 감광성에 지배되는 현상
㉣ blt 형 : 어떤 환경에서라도 생육기간이 짧은 형의 품종

정답 ①

**15** 저위도지대의 벼 품종을 고위도지대에서 재배할 경우 어떤 현상이 일어나겠는가?

① 출수 개화가 현저히 촉진되어 조기수확이 가능하다.
② 출수 개화는 촉진되나 생육이 저조하여 수량이 떨어진다.
③ 품종이 같으면 어느 지대에서든 생육의 차이는 없다.
④ 출수 개화가 현저히 늦어져서 저온으로 등숙이 불량하게 된다.

**문제풀이** SOLUTION

저위도지대의 벼 품종(Blt형)은 기본영양생장기가 길기 때문에 출수 개화가 현저히 늦어져서 고위도지방에서 재배할 경우 저온으로 등숙이 불량하게 된다.

정답 ④

**16** 다음에서 조생종 벼에 관한 생육특성으로 맞는 것은?

① 감온성이 크다.
② 기본영양생장성이 크다.
③ 기본영양생장성과 감광성이 크다.
④ 감광성이 크다.

**문제풀이** SOLUTION

조생종 벼는 일찍 출수 개화하므로 기본영양생장성이 짧아야 하며, 감온성이 커야한다. 만생종은 기본영양생장형과 감광형이다.

정답 ①

**17** 개화촉진에 크게 관여하는 요인들을 모두 고른 것은?

| ㄱ. C/N율 | ㄴ. 식물호르몬 | ㄷ. T/R율 |
|---|---|---|

① ㄱ

② ㄱ, ㄴ

③ ㄴ, ㄷ

④ ㄱ, ㄴ, ㄷ

**문제풀이** SOLUTION

**[작물의 개화촉진 요소]**
① 일장효과 : 성엽(成(葉))에 알맞은 광처리를 하면 개화가 촉진된다.
② 춘화처리(온도) : 생장점에 춘화처리할 경우 개화가 촉진된다.
③ C/N율 : 탄수화물과 질소의 비가 알맞으면 개화가 촉진된다.
④ 식물호르몬 : 지베렐린 처리를 하면 개화가 촉진된다.

정답 ②

**18** 작물 피해를 발생시키는 대기오염 물질이 <u>아닌</u> 것은?

① 아황산가스

② 이산화탄소

③ 오존

④ 불화수소

**문제풀이** SOLUTION

• 대기 중에 이산화탄소 수준이 높아지게 되면 광합성이 증대하여 작물생육이 촉진되고, 수량, 품질이 향상된다.

**[대기오염 물질]**

| | |
|---|---|
| 이산화황 | 세포 내에서 물에 녹아 아황산, 황산, 황산염을 만들어 엽록소 분자의 Mg을 추출하여 잎이 황화되고 광합성을 억제한다. |
| 오 존 | 지상에서 30km 부근에 형성되는 오존층이 파괴되면 자외선이 다량으로 지표에 도달하여 동물은 물론 식물에게도 피해를 입힌다. |
| 불화수소 | 기공을 통해 식물체 내로 들어간 불화수소는 도관에서 불화수소산이 형성되고 증산을 통해 상승하는 동안 규산과 결합하여 규불화수소산이 된다. 이같이 규산과의 결합이 용이한 특성 때문에 규산의 선단부 축적과 행동을 같이하여 잎의 선단이나 가장자리 부분에 피해를 주는 특성을 지녀 대기오염의 좋은 지표가 된다. |

정답 ②

**19** 대기오염물질의 식물생육에 미치는 영향으로 가장 거리가 먼 것은?

① 잎표면에 반점이 생기고, 뿌리의 활력도 약해진다.
② 대기오염물질은 대부분 뿌리를 통하여 식물체 내로 들어온다.
③ 불소계가스, 염소, 오존 등은 독성이 강한 물질이다.
④ 광합성 능력의 저하로 식물의 생육이 저하된다.

**문제풀이**  S·O·L·U·T·I·O·N

대기오염물질은 대부분 기공을 통하여 식물체내로 들어온다.

정답 ②

**20** 최근 대기오염에 의한 유해가스로 인하여 작물에 대한 피해가 증가하고 있다. 다음 중 그 피해를 경감시킬 수 있는 것으로 짝지은 것은?

① 질소, 철, 규산　　　　　　　　② 인산, 마그네슘, 석회
③ 철, 마그네슘, 망간　　　　　　④ 칼륨, 규산, 석회

**문제풀이**  S·O·L·U·T·I·O·N

칼륨, 규산, 석회 등을 대기오염가스와 접촉시켜 처리하는 방법으로 피해를 경감시킬 수 있다.

정답 ④

**21** 작물의 '질소결핍증' 증세는?

① 작물의 생장·발육이 저해되어 잎은 황백화를 띤다.
② 생장점이 말라죽고 잎의 끝이 황화현상이 된다.
③ 엽록소의 생성이 불량하게 된다.
④ 엽록체에 그라나의 발육이 나빠지고 동시에 액포가 발생된다.

**문제풀이**  S·O·L·U·T·I·O·N

질소결핍의 특징은 잎이 소형(小形)으로 나타나며 상위 잎이 극단적으로 작아진다. 식물체에 엽록체 생성이 잘 안되어 하위잎에서 상위잎으로 순차적으로 황백화가 생기며 결국 백화되어 괴사한다.
② 칼슘결핍증, ③ 마그네슘결핍증, ④ 아연결핍증

정답 ①

**22** 작물 재배에서 도복을 유발시키는 재배 조건은?

① 밀식, 질소 결핍
② 소식, 이식재배
③ 토입과 배토
④ 칼륨과 규산질 결핍

**문제풀이** SOLUTION

칼륨과 규산질이 부족하면 조직이 연해져서 도복이 유발되기 쉽다. 그 외에 도복의 유발조건으로는 밀식과 질소 과다 시비가 있다.

정답 ④

**23** 필수원소 중 결핍시 생장점이 말라 죽고 줄기가 약해지며, 어린잎에 병해가 나타나는 것은?

① N　　　　② Ca　　　　③ K　　　　④ Mg

**문제풀이** SOLUTION

[필수원소 결핍 및 과잉시 증상]

| 필수원소 | 결핍시 | 과잉시 |
|---|---|---|
| 질소(N) | • 잎의 색채가 연해지고 작아지고 묵은 잎부터 누렇게 변하며 말라감<br>• 줄기가 가늘어지며 곁가지가 적게 퍼지며, 키가 크지 않으며 생육이 정지 | 줄기나 잎이 연약해져 내도복성이 약해지며 병해충, 냉해 등의 저항성이 감소 |
| 칼륨(K) | • 조직이 연해져서 도복발생<br>• 생장점이 말라 죽음, 줄기가 연약해짐, 하엽의 탈락<br>• 한해에 약함 | 칼슘, 마그네슘의 흡수를 억제하여 양분의 결핍을 초래 |
| 칼슘<br>(Ca. 석회) | • 생장점이 말라 죽고 줄기가 약해짐<br>• 어린 잎이 처음에 구부러지며 마침내 끝과 가장자리가 죽게 됨 | 마그네슘 결핍을 초래 |
| 마그네슘<br>(고토)(Mg) | • 엽록소의 생성이 불량<br>• 늙은 잎의 가장자리(엽연부)에서 엽맥 사이가 황화(黃化) | |

정답 ②

**24** 비료의 3요소에 해당하지 <u>않는</u> 것은?

① 질소　　　　　② 인　　　　　③ 칼륨　　　　　④ 마그네슘

**문제풀이** ─ SOLUTION ─

- 비료의 3요소 : 질소(N), 인(P), 칼륨(K)
- 비료의 4요소 : 비료의 3요소 + 칼슘(Ca)
- 비료의 5요소 : 비료의 4요소 + 마그네슘(Mg)

정답 ④

**25** 작물과 비료에 관한 법칙이다. (　　　) 안에 들어갈 내용으로 옳은 것은?

- (　　　)식물의 생산량(수량)은 가장 소량으로 존재하는 무기성분에 의해 지배받는 법칙이다.
- (　　　)은 작물재배에 있어 시비량의 증가에 따라 수확량이 늘지만, 어느 정도 증가하면 그 후에는 효과가 점차 작게 나타나는 법칙이다.

① 수확체감의 법칙, 증수율의 법칙
② 최소량의 법칙, 수확체감의 법칙
③ 증수율의 법칙, 최소량의 법칙
④ 최소량의 법칙, 증수율의 법칙

**문제풀이** ─ SOLUTION ─

[작물과 비료 법칙]

| 법칙 | 내용 |
| --- | --- |
| 최소 양분율의 법칙<br>(최소 인자율의 법칙) | 양분 중 어떤 한가지 성분이 부족하면 그 작물의 생육은 그 부족 성분량에 의해 지배되고, 다른 다량으로 존재하는 양분에는 영향을 받지 않는다는 법칙 |
| 수확체감의 법칙 | 작물재배에 있어 시비량의 증가에 따라 수량이 늘지만, 어느 정도 증가하면 그 후에는 그 효과가 점차 작게 나타나는 법칙 |
| 증수율(비효율)의 법칙 | 비료의 효과를 비교하기 위하여 '어느 표준비료를 시용하였을 때의 증수량'으로 '목적하는 비료의 증수량'을 나눈 것 |

정답 ②

**26** 엽면시비의 실용성에 적용되지 <u>않는</u> 경우는?

① 작물에 다량요소 결핍증이 나타난 경우
② 작물의 영양상태를 급속히 회복시켜야 할 경우
③ 토양시비로서 뿌리흡수가 곤란한 경우
④ 품질향상을 위한 경우

**문제풀이** SOLUTION

**[엽면시비 사유]**
- 미량요소 결핍
- 영양상태의 신속한 회복이 필요할 때
- 뿌리의 흡수가 나쁠 때
- 토양시비가 곤란하거나 특수목적을 위한 경우

정답 ①

**27** 굴광현상에 관여하는 식물호르몬은?

① 옥신
② 지베렐린
③ 에틸렌
④ 시토키닌

**문제풀이** SOLUTION

굴광현상은 식물에 광을 조사하면 광이 조사되는 방향에 반응하여 식물체가 굴곡반응을 나타내는 현상이다. 옥신은 굴광현상 및 굴지성(굴중성)에 관여하고, 시토키닌은 음성굴지성에 관여한다.

정답 ①

**28** 옥신류 생장조절제의 이용법으로 <u>잘못된</u> 것은?

① 발근촉진  ② 개화촉진
③ 적화 및 적과  ④ 낙과촉진

**문제풀이** S·O·L·U·T·I·O·N

옥신의 재배적 이용법에는 발근촉진, 개화촉진, 적화 및 적과, 접목의 활착촉진, 낙과방지, 과실의 비대와 성숙의 촉진, 단위결과 유도, 증수효과, 제초제로서의 효과 등이 있음

정답 ④

**29** 지베렐린이 작물체에 미치는 영향이 <u>아닌</u> 것은?

① 세포분열 및 세포신장의 증대
② 개화지연 및 광합성 감소
③ 단위결과
④ 종자의 휴면타파와 발아촉진

**문제풀이** S·O·L·U·T·I·O·N

지베렐린(생장촉진호르몬) : ①, ③,④ 외에 개화를 유도하고 촉진하므로 버널리제이션이나 장일 및 단일 처리대용으로 할 수도 있다.

정답 ②

**30** 세포분열을 촉진하는 호르몬은?

① 시토키닌  ② ABA
③ 지베렐린  ④ MH

**문제풀이** S·O·L·U·T·I·O·N

시토키닌은 뿌리에서 생성되는 호르몬으로 식물체의 세포분열을 촉진한다.

정답 ①

**31** 작물의 내한성을 증대하고, 발아를 촉진하며, 호흡억제, 노화방지 등에 효과가 있다고 하는 것은?

① 시토키닌(Cytokinin)
② MH - 30(Maleic hydrazide)
③ 지베렐린(Gibberellin)
④ ABA(Abscisic acid)

**문제풀이** SOLUTION

**[시토키닌의 작용]**
㉠ 종자의 발아를 촉진하고 증진
㉡ 잎의 생장을 촉진
㉢ 착과증진, 모양과 크기의 향상
㉣ 호흡을 억제하여 엽록소와 단백질의 분해를 억제하고 잎의 노화 방지
㉤ 저장중의 신선도를 증진
㉥ 식물의 내한성(내동성) 증대
㉦ 줄기가 하늘로 향하게 하는 음성굴지성을 갖는다.

정답 ①

**32** 작물의 성숙 촉진에 효과적으로 쓰이는 것은?

① MH - 30
② 에스렐
③ CCC
④ ABA

**문제풀이** SOLUTION

**[에틸렌(에스렐) = 숙성호르몬]**
– 작물의 성숙촉진 과실의 숙성촉진
– 식물의 노화를 촉진해 작물의 저장성을 약화시킨다.
– 착색촉진 (착색촉진제, 에테폰 = 에스렐)

정답 ②

**33** 식물의 생장을 억제하는 물질이 <u>아닌</u> 것은?

① MH  
② ABA  
③ NAA  
④ CCC

**문제풀이** S O L U T I O N

인돌 아세트산(IAA) 또는 나프탈렌 아세트산(NAA)은 옥신계호르몬으로 생장촉진호르몬이다.

정답 ③

**34** 다음 중 생장 촉진 물질이 <u>아닌</u> 것은?

① CCC  
② 옥신  
③ 지베렐린  
④ 시토키닌

**문제풀이** S O L U T I O N

① CCC : 생장억제 물질로 많은 식물에서 절간신장을 억제하는 호르몬이다. 억제호르몬이지만 토마토에서는 개화를 촉진하기도 한다.  
② 생장촉진물질 : 옥신, 지베렐린, 시토키닌

정답 ①

## CHAPTER 01  종자와 육묘

**01** P 손해평가사는 '가지'의 종자발아율이 낮아 고민하고 있는 육묘 농가를 방문하였다. 이 농가에서 **잘못** 적용한 영농법은?  <제8회>

① 보수성이 좋은 상토를 사용하였다.
② 통기성이 높은 상토를 사용하였다.
③ 광투과가 높도록 상토를 복토하였다.
④ ph가 교정된 육묘용 상토를 사용하였다.

**문제풀이** S·O·L·U·T·I·O·N

'가지'는 혐광성 종자이므로 광투과가 되지 않도록 상토를 복토해야 한다. 반면에 '상추'와 같은 호광성 종자는 광투과가 높도록 상토를 복토하지 않거나 얇게 복토한다.

정답 ③

**02** 식물의 종자 또는 눈이 휴면에 들어가면서 증가하는 것은?  <제9회>

① 호흡량  ② 옥신
③ 지베렐린  ④ 아브시스산

**문제풀이** S·O·L·U·T·I·O·N

종자 또는 눈이 휴면에 들어가면서 증가하는 것은 아브시스산이다. 아브시스산은 식물의 생장을 억제하는 대표적인 식물호르몬이다.

정답 ④

**03** 종자의 구조를 크게 3가지로 나눌 때 해당하지 <u>않는</u> 것은?

① 배  
② 근초  
③ 저장조직(배젖)  
④ 씨껍질

**문제풀이** S·O·L·U·T·I·O·N

- 종자의 구조 : 배(씨눈), 배젖(배유), 종피(씨껍질)

정답 ②

**04** 종묘로 이용되는 영양기관이 괴경인 작물을 모두 고른 것은?

| ㄱ. 생강 | ㄴ. 감자 | ㄷ. 토란 |
|---|---|---|

① ㄱ  
② ㄱ, ㄴ  
③ ㄴ, ㄷ  
④ ㄱ, ㄴ, ㄷ

**문제풀이** S·O·L·U·T·I·O·N

**[종묘로 이용되는 영양기관의 분류]**

㉠ 눈 : 마·포도나무·꽃의 아삽  
㉡ 잎 : 베고니아 등  
㉢ 줄기  
   – 지상경 : 사탕수수, 포도나무, 사과나무, 귤나무, 모시풀 등  
   – 땅속줄기(지하경) : 생강, 연, 박하, 홉 등  
   – 덩이줄기(괴경) : 감자, 토란, 뚱딴지 등  
   – 알줄기(구경) : 글라디올러스 등  
   – 비늘줄기(인경) : 나리(百合), 마늘 등  
㉣ 뿌리(괴근) : 달리아, 고구마, 마 등

정답 ③

**05** 종자의 수명이 가장 짧은 종자는 어느 것인가?

① 배추　　　　　② 토마토　　　　　③ 벼　　　　　④ 메밀

> **문제풀이** SOLUTION
>
> **[종자의 구분]**
> ㉠ 단명종자(1~2년) : 콩·메밀·고추·양파·시금치·상추
> ㉡ 상명종자(2~3년) : 벼·보리·완두·밀·옥수수·수박·무·배추
> ㉢ 장명종자(4~6년 또는 그 이상) : 녹두·오이·가지·토마토·팥·담배
>
> 정답 ④

**06** 종자의 수명을 연장할 수 있는 저장방법으로 가장 좋은 조건은?

① 고온, 다습, 개방　　　　　② 고온, 저습, 개방
③ 저온, 저습, 밀폐　　　　　④ 저온, 다습, 밀폐

> **문제풀이** SOLUTION
>
> 건조한 종자를 저온, 저습, 밀폐 상태로 저장하면 수명이 매우 연장된다.
>
> 정답 ③

**07** 종자 발아의 3요소는?

① 비료, 수분, 공기　　　　　② 광선, 수분, 온도
③ 수분, 온도, 산소　　　　　④ 소독, 온도, 비료

> **문제풀이** SOLUTION
>
> **[종자발아 요소]**
> ㉠ 발아의 3요소 : 수분, 온도, 산소
> ㉡ 발아의 4요소 : 수분, 온도, 산소, 광선
>
> 정답 ③

**08** 다음 중 호광성 종자의 조합만으로 된 것은?

① 담배·상추·베고니아·가지
② 우엉·담배·상추·페튜니어
③ 토마토·가지·담배·상추
④ 토마토·가지·호박·오이

**문제풀이** ─ SOLUTION ─

• 호광성 종자 : 담배·상추·우엉·차조기·금어초·뽕나무·페튜니어 등
• 혐광성 종자 : 토마토·가지·오이·호박 등
• 광무관성 종자 : 벼·보리·옥수수와 대부분의 콩과 식물

정답 ②

**09** 다음 각 종자 중 수중에서 비교적 잘 발아하는 작물은?

① 밀·귀리
② 양파·메밀
③ 벼·상추
④ 콩·양배추

**문제풀이** ─ SOLUTION ─

**[수중과 발아]**

| 구분 | 작물 |
|---|---|
| 수중에서 잘 발아하는 종자 | 벼, 상추, 당근, 셀러리, 티머디, 페튜니어 등 |
| 수중에서 발아가 감퇴되는 종자 | 담배, 토마토, 화이트클로버, 카네이션, 미모사 등 |
| 수중에서 발아를 하지 못하는 종자 | 콩, 밀, 귀리, 메밀, 무, 양배추, 가지, 고추, 파, 알팔 파, 옥수수, 수수, 호박, 율무 등 |

정답 ③

**10** 종자의 휴면 원인이 <u>아닌</u> 것은?

① 종피의 불투기성
② 종피의 기계적 저항
③ 배와 배유의 미숙
④ 생장소의 과다

---

문제풀이　S·O·L·U·T·I·O·N

**[휴면 원인]**
1. 경실 : 씨껍질이 물의 투과를 방해하기 때문에 수분 조건이 알맞아도 발아하지 않는 종자
2. 종피의 산소흡수 저해
3. 발아억제 물질(블라스토콜린) 존재
4. 배의 미숙
5. 종피의 기계적 저항
6. 생장소 부족

정답 ④

---

**11** 종자 휴면의 휴면타파 및 연장에 관한 내용 중 옳은 것은?

① 벼의 휴면타파에는 과산화수소가 사용된다.
② 종자의 휴면타파에는 M·H를 사용한다.
③ 감자의 휴면타파에는 지베렐린이 이용된다.
④ 종자의 휴면연장에는 시토키닌을 사용한다.

---

문제풀이　S·O·L·U·T·I·O·N

**[휴면타파와 휴면연장]**

| 휴면 타파 | 휴면 연장 |
| --- | --- |
| 벼 : 고온처리, 질산처리<br>맥류 : 과산화수소<br>감자 : 지베렐린, 에틸렌 | 저온에 밀폐저장<br>MH -30 (생장억제제)<br>$\gamma$(감마)선처리 |

정답 ③

**12** 경실종자 휴면타파 방법은?

① 농황산 처리　　　　　　② ABA
③ 옥신　　　　　　　　　　④ MH

**문제풀이**　S·O·L·U·T·I·O·N

**[경실 종자의 발아 촉진법]**
㉠ 씨껍질에 상처를 낸다.
㉡ 농황산 처리 : 종자를 농황산에 일정한 시간 담그고 저으며 씨껍질의 표면이 침식되면 물에 씻어서 뿌린다. 씨고구
　마 1시간, 씨감자 20분, 레드클로버 15분, 화이트클로버 30분, 목 화 5분간씩 처리한다.

정답 ①

**13** 전체 종자의 50%가 발아한 상태는?

① 발아시　　　　　　　　② 발아전
③ 발아기　　　　　　　　④ 발아후

**문제풀이**　S·O·L·U·T·I·O·N

**[발아조사]**
– 발아율 : 파종한 전체 종자수에 대한 발아종자의 비율, 발아세 : 일정기간 내에 발아율
– 발아시 : 종자 발아가 처음 나타난 때
– 발아기 : 파종된 종자의 50%가 발아한 상태
– 발아전 : 파종된 종자의 80% 이상이 발아된 상태

정답 ③

**14** 저장종자가 발아력을 잃게 되는 가장 큰 원인은?

① 단백질의 변성  
② 수분손실에 의한 대사정지  
③ 호흡에 의한 저장물질 소모  
④ 산소부족으로 인한 호흡 저해

**문제풀이** S·O·L·U·T·I·O·N

단백질의 변성이 가장 큰 원인이다.

정답 ①

**15** 종자 춘화처리(Vernalization)의 감응부위는?

① 생장점  
② 어린잎  
③ 성숙한 잎  
④ 줄기

**문제풀이** S·O·L·U·T·I·O·N

• 춘화처리의 감응부위 : 생장점  
• 일장처리의 감응부위 : 성엽

정답 ①

**16** 육묘의 특징으로 볼 수 <u>없는</u> 것은?

① 딸기·고구마·과수 등 직파가 매우 불리한 작목에 필요하다.  
② 조기수확이 가능하다.  
③ 종자가 많이 필요하다.  
④ 추대가 방지 된다.

**문제풀이** S·O·L·U·T·I·O·N

직파하는 것보다 종자량이 훨씬 적게 들기 때문에 비싼 종자의 경우에는 크게 유리하다.

정답 ③

**17** 묘상의 설치장소로 알맞지 <u>않은</u> 곳은?

① 집과 우물 및 본밭에서 멀지 않은 곳

② 서북쪽이 뚫린 곳

③ 배수가 잘 되는 곳

④ 오수·냉수가 침입하지 않는 곳

**문제풀이** SOLUTION

서북쪽이 막힌 곳이 좋으며 이 밖에도 묘상의 설치장소로는 상토의 pH가 알맞은 곳이 좋다.

정답 ②

**18** 결구배추를 직파하지 않고 육묘하여 이식하는 주된 이유는?

① 종자절약

② 용수절약

③ 추대방지

④ 생육촉진

**문제풀이** SOLUTION

봄결구배추를 보온육묘해서 이식하면 직파할 때 포장에서 냉온의 시기에 저온감응하여 추대(식물이 꽃줄기를 내는 것)하고 결구(속이 차는 것)하지 못하는 현상이 방지된다.

정답 ③

**19** 벼 이앙재배시 육묘의 필요성에 해당 되지 <u>않는</u> 것은?

① 토지 이용도의 증대

② 재해 방지

③ 종자 절약

④ 추대 방지

**문제풀이** SOLUTION

추대방지는 봄 결구배추를 직파하지 않고 육묘하여 이식하는 주된 이유이다.

정답 ④

**20** 벼 기계이앙 상자육묘에서 20일 정도 육묘한 것은?

① 어린모  ② 치묘

③ 중묘  ④ 성묘

---

**문제풀이** · S · O · L · U · T · I · O · N ——

**[벼 기계이앙 상자육묘의 분류]**
1. 어린모(유묘) : 파종 후 8~9일에 이앙하는 모
2. 치묘 : 파종 후 20일경에 이앙하는 모
3. 중묘 : 파종 후 35일경에 이앙하는 모

정답 ②

---

**21** 화훼작물의 플러그묘 생산에 관한 옳은 설명을 모두 고른 것은?

> ㄱ. 좁은 면적에서 대량육묘가 가능하다.
> ㄴ. 최적의 생육조건으로 다양한 규격묘 생산이 가능하다.
> ㄷ. 노동집약적이며 관리가 용이하다.
> ㄹ. 정밀기술이 요구된다.

① ㄱ, ㄴ, ㄷ  ② ㄱ, ㄴ, ㄹ

③ ㄱ, ㄷ, ㄹ  ④ ㄴ, ㄷ, ㄹ

---

**문제풀이** · S · O · L · U · T · I · O · N ——

• 플러그 육묘란 여러 개의 작은 용기(셀, cell)가 연결된 '플러그 트레이'라고 불리는 육묘 전용 용기를 이용하여
묘를 키우는 것을 말한다. 다음과 같은 장점이 있다.
 - 좁은 면적에서 대량육묘가 가능하다.
 - 재배시기에 관계없이 최적의 생육조건으로 다양한 규격묘 생산이 가능하다.
 - 정식작업시 시간이 단축되고 노동력이 절감된다.(노동집약적 ×)
 - 정밀기술이 요구된다.
 - 자동화된 공정 과정에서 대량생산되기 때문에 육묘 비용이 절감된다.
 - 묘가 균일하고 건실하며 병해충 발생이 없다.

정답 ②

# CHAPTER 02 파종 및 이식

**01** 정지(整地)작업에 관한 내용으로 거리가 먼 것은?

① 복토  ② 작휴  ③ 쇄토  ④ 진압

**문제풀이**  S·O·L·U·T·I·O·N

파종·이식에 앞서서 알맞은 토양상태를 조장하기 위하여 토양에 가해지는 처리를 정지(整地)라고 한다. 경기·작휴·쇄토·진압 등의 작업이 이에 포함된다. 복토는 파종시 뿌린 종자에 흙을 덮는 것이다.

정답 ①

**02** 다음 (      )에 들어갈 용어가 순서대로 바르게 나열된 것은?

> 작토를 갈아 일으켜 큰 흙덩이를 대강 부스러뜨리는 작업은 (      )(이)라 하고, 갈아 일으킨 흙덩이를 곱게 부수고 지면을 편평하게 고르는 작업을 (      )(이)라 한다.

① 쇄토, 경운  ② 경운, 쇄토
③ 객토, 경운  ④ 객토, 쇄토

**문제풀이**  S·O·L·U·T·I·O·N

[토양작업]
- 경운 : 작토를 갈아 일으켜 큰 흙덩이를 대강 부스러뜨리는 작업
- 쇄토 : 갈아 일으킨 흙덩이를 곱게 부수고 지면을 편평하게 고르는 작업
- 객토 : 토양의 물리성과 화학성이 불량하여 농작물의 생산성이 떨어지는 농경지의 지력(地力)을 증진시키기 위하여 다른 곳으로부터 적당한 성질을 가진 흙을 가져다 넣는 작업
- 중경 : 작물이 생육 중에 있는 포장의 표토를 경운 쇄토하는 작업

정답 ②

**03** 작휴법 중 성휴법에 관한 설명으로 옳은 것은?

① 이랑을 세우고 낮은 고랑에 파종하는 방식

② 이랑을 보통보다 넓고 크게 만드는 방식

③ 이랑을 세우고 이랑 위에 파종하는 방식

④ 이랑을 평평하게 하여 이랑과 고랑의 높이가 같게 하는 방식

**문제풀이** S·O·L·U·T·I·O·N

| 평휴법 | 이랑높이 = 고랑깊이 | • 채소, 벼 재배<br>• 건조해, 습해 동시완화 |
|---|---|---|
| 휴립휴파법 | 이랑높이 > 고랑깊이<br>이랑에 파종 | • 조, 콩 재배<br>• 배수와 토양 통기양호 |
| 휴립구파법 | 이랑높이 > 고랑깊이<br>고랑에 파종 | • 맥류재배<br>• 한(寒)해, 동해 방지 |
| 성휴법 | 이랑을 크고<br>넓게 만듦 | • 중부지방에서 맥후작콩의 파종에 유리,<br>• 답리작 맥류 재배, 건조해, 장마철습해방지 |

정답 ②

**04** 작휴법에 대한 설명으로 옳지 <u>않은</u> 것은?

① 평휴법은 이랑을 고랑보다 높게 하는 방식으로 동해와 병해가 동시에 완화된다.

② 휴립구파법은 이랑을 세우고 낮은 골에 파종하는 방식으로 감자에서는 발아를 촉진하고 배토가 용이하도록 하기 위한 것이다.

③ 휴립휴파법은 배수와 토양 통기가 좋아진다.

④ 성휴법은 이랑을 보통보다 넓고 크게 만드는 방법이다.

**문제풀이** S·O·L·U·T·I·O·N

평휴법은 이랑을 평평하게 하여 이랑과 고랑의 높이가 같게 하는 방식으로 건조해와 습해가 동시에 완화된다.

정답 ①

**05** 다음 작물 중 휴립 휴파법을 이용하여 재배하는 작물은 어느 것인가?

① 보리　　　　　　　　　　　② 콩
③ 감자　　　　　　　　　　　④ 논벼

**문제풀이** SOLUTION

- 보리, 감자 : 휴립구파법
- 논벼 : 평휴법
- 콩, 조, 고구마 : 휴립휴파법

정답 ②

**06** 한 종류의 작물이 생육하고 있는 이랑사이 또는 포기사이에 한정된 기간 동안 다른 작물을 파종 또는 심어서 재배하는 방법은?

① 윤작　　　　　　　　　　　② 간작
③ 연작　　　　　　　　　　　④ 혼작

**문제풀이** SOLUTION

- 간작(사이짓기) : 한 가지 작물이 생육하고 있는 휴간 또는 주간에 다른 작물을 재배하는 것을 말한다.
- 윤작(돌려짓기) : 같은 땅에서 일정한 순서에 따라 종류가 다른 작물을 재배하는 경작방법 이다.
- 연작(이어짓기) : 같은 작물을 항상 한 포장에서 해마다 재배하는 방법이다.
- 혼작(섞어짓기) : 혼작은 생육 기간이 거의 같은 두 종류 이상의 작물을 섞어 심는 것으로 콩밭에 옥수수를 심거나, 목화씨 뿌릴 때 참깨를 사이사이에 뿌리는 방법이다.

정답 ②

**07** 벼 담수직파에 적합한 파종방법은?

① 적파  ② 산파

③ 점파  ④ 혼파

---

문제풀이  S·O·L·U·T·I·O·N

**[벼의 파종]**

| 구분 | | | 내용 |
|---|---|---|---|
| 이앙재배 | 모를 키우고 모내기를 하는 재배 | | |
| 직파재배 | 논에 직접 파종하는 재배 | 건답재배 | 마른논에 파종기로 파종하는 재배 |
| | | 담수재배 | • 물이 있는 논에 파종하는 재배<br>• 볍씨를 손으로 산파하거나, 동력살포기로 살포하여 파종 |

정답 ②

---

**08** 작물체가 생장할 때 평면공간으로 상당히 퍼지는 작물에 알맞은 파종 양식은?

① 산파  ② 조파

③ 점파  ④ 적파

---

문제풀이  S·O·L·U·T·I·O·N

**[점파]**
㉠ 일정한 간격을 두고 종자를 1~ 수립씩 띄엄띄엄 파종하는 방식이다(두류·감자).
㉡ 작물체가 생장할 때 평면공간으로 상당히 퍼지는 작물에 알맞은 파종 양식이다.

정답 ③

**09** 종자를 파종 전에 씨앗담그기(침종)를 한다. 그 주된 목적이 <u>아닌</u> 것은?

① 발아억제물질 제거          ② 발아의 균일과 촉진

③ 병충해의 방제             ④ 종자의 수분흡수

**문제풀이**   S·O·L·U·T·I·O·N

• 침종 : 발아에 필요한 수분을 흡수시켜 파종 후의 흡수에 소요되는 시간을 절약할 수 있어서 발아의 지연과 불균일을 피할 수 있다.

정답 ③

**10** 파종 후 복토를 얇게 해야 하는 것은?

① 당근, 상추             ② 금어초, 호박

③ 토마토, 상추           ④ 오이, 가지

**문제풀이**   S·O·L·U·T·I·O·N

**[주요 작물의 복토의 깊이]**

| 복토의 깊이(mm) | 작물명 |
| --- | --- |
| 종자가 보이지 않을 정도만<br>(호광성종자) | 화본과와 콩과목초의 소립종자·담배·금어초·파·양파·당근·상추·감자·유채 등 |
| 5~10 | 양배추·호박·가지·토마토·고추·배추·오이·순무·차조기 등 |
| 100 이상 | 튤립·수선·히아신스·나리 등 |

정답 ①

**11** 다음 중 이식이 불리한 식물이 <u>아닌</u> 것은?

① 메밀          ② 무
③ 당근          ④ 우엉

**문제풀이** SOLUTION

천근성 작물이 직근성(심근성)작물에 비하여 이식이 유리하다.

| 구분 | 내용 | 작물 |
|---|---|---|
| 천근성<br>'얕은뿌리성작물' | • 뿌리가 깊이 들어가지 않고 주로 겉흙에 머무는 작물을 말한다.<br>• 뿌리의 80%가 깊이 20~30 ㎝ 에 분포하고 옆으로 많은 잔뿌리<br>만 뻗는다 | 메밀, 포도,<br>참다래, 오미자,<br>앵두 블루베리,<br>고추 등 |
| 심근성<br>'깊은 뿌리 작물' | • 30㎝이하 1m까지 깊이 뻗는다.<br>• 잔뿌리 발달이 적어 정식시 활착률이 낮고 단근이 되어 생육이<br>불량해 지기쉽다. | 무, 당근, 우엉 등 |

정답 ①

**12** 벼의 이앙시 정조식의 특징으로 옳지 <u>않은</u> 것은?

① 줄 사이를 훨씬 넓게 하고, 포기 사이를 훨씬 좁게 하는 방식이다.
② 예정한 포기수를 정확히 심을 수 있다.
③ 생육 간격이 균일하다.
④ 수광·통풍이 좋아지므로 증수가 된다.

**문제풀이** SOLUTION

**[벼 이앙의 방식]**

| 방식 | 난식(막모) | 정조식(줄모) | 병목식 |
|---|---|---|---|
| 의의 | 줄을 띄우지 않고 눈어림으로 이식하는 방식 | 줄을 띄우고 줄 사이와 포기 사이를 일정하게 하여 줄을 맞추어 이식하는 방식 | 줄 사이를 훨씬 넓게 하고, 포기 사이를 훨씬 좁게 하는 방식 |

정답 ①

**13** 다음 중 파종량을 늘려야 하는 경우는?

① 단작을 할 때　　　　　　　　　② 발아력이 좋을 때
③ 따뜻한 지방의 파종시　　　　　④ 파종기가 늦어질 때

**문제풀이**　S·O·L·U·T·I·O·N

- 파종기가 늦어질수록 대체로 모든 작물이 개체의 발육도가 작아지므로 파종량을 늘리는 것이 알맞다.
- 콩·조에서는 단작할 경우보다 맥후작(맥류 다음에 재배하는 것)의 경우에 파종량을 늘린다.
- 발아력이 좋을 때는 파종량을 줄인다.
- 따뜻한 지방보다 추운지방에서 파종량을 늘린다.

정답 ④

## CHAPTER 03　종자번식, 영양번식, 조직배양

**01** 농가에서 널리 이용하는 엽삽에 유리한 작물이 <u>아닌</u> 것은?　　　<제8회>

① 렉스베고니아　　　　　　　　　② 글록시니아
③ 페페로미아　　　　　　　　　　④ 메리골드

**문제풀이**　S·O·L·U·T·I·O·N

**[꺾꽂이(삽목)의 종류]**

| 꺾꽂이의 종류 | | 작물의 종류 |
|---|---|---|
| 줄기꽂이 (지삽 또는 경삽) | 새순꽂이 (신초삽) | 국화, 카네이션, 콜레우스, 제라늄, 베고니아, 드라세나 |
| | 푸른가지꽂이 (녹지삽) | 동백나무, 치자나무, 회양나무, 철쭉류, 사철나무, 수국, 포인세티아, 메리골드 |
| | 묵은가지꽂이 (숙지삽) | 석류나무, 무궁화, 배롱나무, 남천, 개나리, 포도, 무화과, 장미, 향나무 |
| 잎꽂이(엽삽) | | 산세베리아, 렉스베고니아, 페페로미아, 글록시니아, 아프리칸바이올렛 |
| 잎눈꽂이(엽아삽) | | 국화, 고무나무, 동백나무, 몬스테라, 감귤류, 치자나무 |
| 뿌리꽂이(근삽) | | 사과나무, 배나무, 명자나무, 자두나무, 라일락 |

정답 ④

**02** 수박재배 농가에서 대목을 사용하는 접목재배로 방제할 수 있는 것은? <제9회>

① 덩굴쪼김병
② 애꽃노린재
③ 진딧물
④ 잎오갈병

**문제풀이** SOLUTION

- 수박은 연작장해의 방지, 저온 신장성 증대, 내병성을 강화하기 위해 접목재배를 하고 있다. 수박재배시 호박 대목을 사용하는 접목재배로 덩굴쪼김병 등과 같은 토양 감염성 병해를 방제할 수 있다.
② 애꽃노린재는 해충인 총채벌레의 천적이다
③ 과채류의 해충인 진딧물의 천적에는 기생성인 진디벌과 포식성인 파리류, 무당벌레, 풀잠자리 등이 있다.
④ 잎오갈병은 주로 복숭아에서 발생하는 병해이다.

정답 ①

**03** 무성생식에 비해 종자번식이 갖는 상업적 장점이 <u>아닌</u> 것은? <제8회>

① 대량생산 용이
② 결실연령 단축
③ 원거리이동 용이
④ 우량종 개발

**문제풀이** SOLUTION

개화와 과수의 결실연령을 단축시킬 수 있는 것은 무성생식(영양번식)의 장점이다.

정답 ②

**04** 영양번식(무성번식)에 관한 설명으로 옳지 <u>않은</u> 것은?

① 과수의 결실연령을 단축시킬 수 있다.
② 모주의 유전형질이 똑같이 후대에 계승된다.
③ 번식체의 취급이 간편하고 수송 및 저장이 용이하다.
④ 종자번식이 불가능한 작물의 번식수단이 된다.

**문제풀이** S·O·L·U·T·I·O·N

**[영양번식과 종자번식]**

| 영양번식(무성번식) | 종자번식(유성번식) |
|---|---|
| • 성세포의 분화(分化)를 필요로 하지 않기 때문에 무성번식이라고 한다.<br>• 종자로 번식하는 것보다 개화와 결실이 빠르다.<br>• 어버이의 유전형질이 자손에게 그대로 전해져 품종 보존이 가능하며, 번식방법이 비교적 간단하고 시간이 짧게 걸린다.<br>• 종자번식(유성번식)이 어려운 경우에 사용된다.<br>(고사리, 국화, 마늘의 경우)<br>• 바이러스감염에 약하다. | • 암수 생식세포를 만들어 번식하는 방법이다.<br>(생식세포의 수정)<br>• 번식체의 취급이 간편하고 수송 및 저장이 용이하다.<br>• 개화와 결실이 길다.<br>• 양친의 형질이 전달되지 않는다. |

정답 ③

**05** 영양번식법을 실시하는 가장 큰 이유는?

① 종자의 생산이 용이하다.
② 우량 유전질을 영속적으로 유지할 수 있다.
③ 수명이 길고 생육이 왕성하다.
④ 노동력을 절약한다.

**문제풀이** S·O·L·U·T·I·O·N

• 모본이 지니고 있는 유전적인 특성을 그대로 유지할 수 있기 때문에 동일한 품종(식물체의 크기나 형태가 균일)을 많이 생산할 수가 있다.
①,③,④는 종자번식의 특징이다.

정답 ②

**06** 작물의 특성을 유지하기 위한 방법이 <u>아닌</u> 것은?

① 영양번식에 의한 보존재배　　　　② 격리재배
③ 원원종재배　　　　　　　　　　　④ 자연교잡

문제풀이　SOLUTION

**[품종의 퇴화와 품종의 유지]**

| 품종의 퇴화 | 품종의 유지 |
|---|---|
| • 유전적 퇴화의 원인 : 이형 유전자형 분리, 자연교잡, 돌연변이, 이형종자의 기계적 혼입 등<br>• 생리적 퇴화 : 기상이나 토양 등 환경조건이 식물생육에 영향을 끼치는 것임<br>• 병리적 퇴화 : 감자, 콩, 백합 등의 바이러스병에 의한 퇴화, 맥류의 깜부기병에 의한 퇴화 등 | • 개체집단선발 : 이형개체를 제거한 후 품종 고유의 특성을 구비한 개체만을 선발하여 집단채종을 함<br>• 계통집단선발 : 개체선발과 계통재배를 통하여 품종의 특성을 유지함<br>• 주보존 : 영양번식에 의해 특정 유전자형(품종)의 특성을 유지함<br>• 격리재배 : 타식성 식물은 자연교잡에 의한 품종퇴화의 위험이 크므로 품종특성을 유지하려면 반드시 격리재배를 해야 함<br>• 종자갱신(원원종 재배) : 육종가에 의해 육성된 신품 종이나 기존품종 중 그 계통의 유전적 특성이 변화되지 않도록 유지하여 종묘 증식의 근원이 되는 종(種), 품종을 재배 |

정답 ④

**07** 취목의 방법이 <u>아닌</u> 것은?

① 성토법　　　　　　　　　　　　　② 고취법
③ 삽목법　　　　　　　　　　　　　④ 휘묻이법

문제풀이　SOLUTION

**[영양번식의 방법]**

| 방법 | 유형 |
|---|---|
| 취목법 | 성토법, 보통법, 고취법, 휘묻이법, 당목취법 |
| 삽목법<br>(꺾꽂이법) | 엽삽(잎꽂이), 근삽(뿌리꽂이), 지삽(가지꽂이), 단아삽 |
| | 접목(접붙이기) |
| | 분주(포기 나누기) |

정답 ③

**08** 작물의 취목번식 방법 중에서 가지의 선단부를 휘어서 묻는 방법은?

① 선취법　　　　　　　　　　② 성토법
③ 당목취법　　　　　　　　　　④ 고취법

**문제풀이** SOLUTION

**[취목번식방법]**

| 구분 | | 내용 | 대상식물 |
|---|---|---|---|
| 성토법 | | 모식물의 기부(지표와 맞닿은 부분, 기관 또는 부속기관의 접촉면에 가까운 것)에 새로운 측지를 나오게 한 후 끝이 보일 정도로 흙을 덮어서 뿌리가 내린 후 잘라서 번식시키는 방법 | 뽕나무, 사과나무, 환엽해당, 양앵두, 자두 등 |
| 휘묻이법 (언지법) | 보통법 | 가지를 보통으로 휘어서 일부를 흙 속에 묻는 방법 | 포도, 자두, 양앵두 등 |
| | 선취법 | 가지의 선단부를 휘어서 묻는 방법 | 나무딸기 등 |
| | 당목취법 | 가지를 수평으로 묻고, 각 마디에서 발생하는 새 가지를 발근시켜 한 가지에서 여러 개 취목하는 방법 | 포도, 양앵두, 자두 등 |
| | 파상취법 | 긴 가지를 휘어서 하곡부마다 흙을 덮어 한 가지에서 여러 개 취목하는 방법 | 포도 등 |
| 고취법 (양취법) | | 지조(=가지)를 땅속에 휘어묻을 수 없는 경우에 높은 곳에서 발근시켜 취목하는 방법 | 고무나무와 같은 관상수목 |

정답 ①

**09** 나무딸기에서 주로 이용되는 취목법은?

① 보통법　　　　　　　　　　② 선취법
③ 파상취법　　　　　　　　　　④ 당목취법

**문제풀이** SOLUTION

나무딸기는 선취법이 이용된다.

정답 ②

**10** 다음 과수 접목법의 분류기준은?

> 절접, 아접, 할접, 혀접, 호접

① 접목부위에 따른 분류  
② 접목장소에 따른 분류  
③ 접목시기에 따른 분류  
④ 접목방법에 따른 분류

**문제풀이** SOLUTION

[접목의 분류]
① 접목부위에 따른 분류 : 고접, 근두접, 배접(복접), 근접(뿌리접)
② 접목장소에 따른 분류 : 제자리접(거접), 들접(양접)
③ 접목시기에 따른 분류 : 봄접, 여름접, 가을접
④ 접목방법에 따른 분류 : 절접, 아접, 할접(쪼개접), 혀접(설접), 호접(쌍접)

정답 ④

**11** 다음 설명에 공통적으로 해당하는 영양번식방법으로 알맞은 것은?

> • 종자번식이 어려운 식물의 경우에 많이 이용되고 있다.
> • 모본과 같은 성질을 가진 식물체를 짧은 시간에 쉽게 얻을 수 있다.
> • 식물체의 줄기를 잘라 모래나 펄라이트 등의 모판흙에 꽂아 뿌리를 내리게 하고, 싹을 돋게 하여 독립된 식물체를 만든다.

① 휘묻이  
② 꺾꽂이  
③ 조직배양  
④ 접붙이기

**문제풀이** SOLUTION

꺾꽂이에 대한 설명이다.

정답 ②

**12** 접목의 이점으로 해당하지 <u>않는</u> 것은?

① 결과의 촉진

② 병충해 저항성 향상

③ 묘목생산비의 감소

④ 풍토 적응성 증대

문제풀이 S·O·L·U·T·I·O·N

**[접목의 장점 및 단점]**

| 장점 | 단점 |
|---|---|
| • 열매 맺는 나이가 빠름(결과의 촉진)<br>• 노목의 품종갱신이 가능<br>• 병충해에 대한 저항성 향상<br>• 새로 육성하거나 도입한 품종의 특성을 정확히 유지<br>• 대목의 선택에 따라 비교적 불량한 기후나 풍토에 적응 | • 묘목 생산비가 증가<br>• 숙련된 접붙이기 기술이 필요<br>• 접붙이기 친화성이 없는 경우에는 번식이 불가능 |

정답 ③

**13** 두 가지 식물의 영양체인 대목과 접수를 접목할 경우 접목 부위가 옳은 것은?

① 대목의 목질부 + 접수의 목질부

② 대목의 목질부 + 접수의 형성층

③ 대목의 형성층 + 접수의 목질부

④ 대목의 형성층 + 접수의 형성층

문제풀이 S·O·L·U·T·I·O·N

두 가지 식물의 영양체인 대목과 접수를 접목할 경우 접목 부위는 대목의 형성층과 접수의 형성층이다.

정답 ④

**14** 인공적으로 영양번식을 하는데 발근 및 활착을 촉진하는 처리가 있다. 그 방법이 <u>아닌</u> 것은?

① 황화                      ② B-9처리

③ 환상박피             ④ 생장호르몬 처리

**문제풀이**   SOLUTION

- 비나인(B-9처리)은 왜화제로 꽃목의 길이를 줄이는데 작용한다.
- 인공적으로 영양번식을 하는데 발근 및 활착을 촉진하는 처리하는 방법은 다음과 같다.
  - 황화(黃化)
  - 생장호르몬 처리
  - 자당액 침지
  - 환상박피·절상·절곡

정답 ②

**15** ( )에 들어갈 내용으로 옳은 것은?

> 조직배양은 식물의 세포, 조직, 또는 기관이 완전한 식물체로 만들어 질 수 있다는 ( )에 기반을 둔 것이다.

① 전형성능             ② 유성번식

③ 발아세                ④ 결실률

**문제풀이**   SOLUTION

- 식물은 암·수 배우자의 생식세포가 합체하여 번식하는 유성생식뿐만 아니라 영양번식과 같은 무성생식도 가능하다. 또한, 대부분의 식물은 뿌리, 줄기, 잎, 꽃가루 등의 다양한 식물조직세포에서 완전한 식물체를 재생시킬 수 있는 능력인 전형성능(全形成能) 이라는 특성을 가지고 있다. 식물조직배양은 식물세포가 전형성능을 가지고 있다는 것과 무성생식(번식)이 가능하다는 것으로부터 출발한다. 식물조직배양은 식물의 세포, 조직 및 기관을 모체에서 분리해 캘러스를 만들어내거나 식물체를 유지, 분화, 증식시키는 기술을 말한다.
- ③ 종자의 발아시험에 있어서 종자를 치상(置床 : 배지 위에 올려 놓음)한 후 일정한 일수(7~10일)를 정하여 놓고, 그 기간 내에 발아한 종자수를 파종된 종자수에 대한 비율로 표시한 것
- ④ 열매를 맺어야 할 나무 수에 대한, 열매를 맺은 나무 수의 비율

정답 ①

**16** 일반적으로 딸기와 감자의 무병주 생산을 위한 방법은?

① 자가수정　　　　　　　② 종자번식
③ 타가수정　　　　　　　④ 조직배양

**문제풀이** SOLUTION

• 무병주 생산 : 바이러스가 없는 상태의 작물 생산.
• 1952년 Morel과 Martin이 모자이크바이러스 병에 감염된 달리아의 정단분열조직을 인공배지에서 배양하여 무병주를 생산한 후 여러 가지 영양번식 식물의 무병주를 조직배양으로 얻게 됨

정답 ④

**17** 조직배양으로 많이 번식하는 것은?

① 팬지　　　　　　　　　② 장미
③ 카네이션　　　　　　　④ 고구마

**문제풀이** SOLUTION

• 조직배양 번식 : 카네이션, 감자, 난, 딸기

정답 ①

**18** 약배양의 가장 큰 장점은?

① 대량증식
② 신개체 육성
③ 육종기간단축
④ 바이러스에 감염되지 않은 무병주 생산

**문제풀이** SOLUTION

약배양은 주로 육종기간 단축에 이용된다.

정답 ③

**19** 벼 품종개량에서 고정개체들을 얻을 수 있어 육종년한을 단축시킬 수 있는 것은?

① 캘러스배양      ② 절편배양

③ 원형질체 배양      ④ 약배양

**문제풀이**   S·O·L·U·T·I·O·N

벼 품종개량에서 특히 약배양이 용이한 자포니카계 벼 품종의 형질전환 및 실용품종 육성을 통해 고정개체들을 얻을 수 있어 육종년한을 단축시킬 수 있다.

정답 ④

**20** 생물공학적 기법에 의해 반수체식물이 얻어지는 것은?

① 배배양      ② 약배양

③ 조직배양      ④ 세포융합

**문제풀이**   S·O·L·U·T·I·O·N

약배양은 체세포($2n$)와 달리 염색체가 감수분열을 통해 반수체($n$) 상태로 있기 때문에 배양 즉시 바로 반수체의 식물을 얻을 수 있는데, 주로 순계 육종에 이용된다.

정답 ②

**21** 인공종자의 생산과정에서 조직배양 기술로 만드는 것은?

① 외막      ② 내막

③ 배상체      ④ 배유

**문제풀이**   S·O·L·U·T·I·O·N

• 인공종자 : 식물조직이나 세포를 배양하여 배상체나 부정배를 대량생산하고 이를 잘 분리하여 적당한 수분·양분·통기성을 가진 겔로 싸고 외부를 피복하여 외부환경의 변화나 물리적 충격으로부터 배 상체나 부정배를 보호함으로써 종자의 기능을 가지도록 한 것이 인공종자이다.

정답 ③

**22** 채소의 조직배양으로 얻은 배상체로 할 수 있는 것은?

① 이차산물의 생산
② 배수체 육종재료
③ 인공종자의 생산
④ 씨 없는 수박생산

문제풀이 S·O·L·U·T·I·O·N

배상체로 인공종자를 생산한다.

정답 ③

# CHAPTER 04  재배관리

**01** 수량을 가장 많이 내는 3대 조건은?

① 유전성, 환경, 재배기술
② 자본, 환경, 유전성
③ 자본, 유전성, 재배기술
④ 환경, 자본, 재배기술

문제풀이 S·O·L·U·T·I·O·N

수량의 삼각형은 재배의 중심이 되는 것은 유전성과 환경 그리고 재배기술의 세가지를 삼각형의 그림으로 표시한 것이다.

정답 ①

**02** (　　　)에 들어갈 내용을 순서대로 바르게 나열한 것은?

> • 작물이 생육하고 있는 중에 이랑 사이의 흙을 그루 밑에 긁어모아 주는 것을 (　　　) (이)라고 한다.
>
> • 짚이나 건초를 깔아 작물이 생육하고 있는 토양 표면을 피복해 주는 것을 (　　　) (이)라고 한다.

① 중경, 멀칭　　　② 배토, 복토　　　③ 배토, 멀칭　　　④ 중경, 복토

**문제풀이** SOLUTION

**[작물의 토양관리 용어]**

| 구분 | | 내용 |
|---|---|---|
| 김매기 | 중경 | 작물이 생육 중에 있는 포장의 표토를 갈거나 쪼아서 부드럽게 하는 일 |
| | 제초 | 포장의 잡초를 없애는 것 |
| 배토 | | 작물이 생육하고 있는 중에 이랑 사이의 흙을 그루밑에 긁어모아 주는 것 |
| 멀칭 | | 포장 토양의 표면을 여러 가지 재료로 피복하는 것 |

정답 ③

**03** 밭에 중경은 때에 따라 작물에 피해를 준다. 다음 중 피해와 관계되지 <u>않는</u> 것은?

① 중경은 뿌리의 일부를 단근시킨다.
② 중경은 표토의 일부를 풍식시킨다.
③ 중경은 토양수분의 증발을 증가시킨다.
④ 토양온열의 지표까지 상승을 억제하여 동해를 조장한다.

**문제풀이** SOLUTION

**[중경의 장·단점]**

| 장점 | 단점 |
|---|---|
| ㉠ 발아 조장<br>㉡ 토양통기의 조장<br>㉢ 토양수분의 증발 경감<br>㉣ 비효 증진<br>㉤ 잡초 방제 | ㉠ 단근(斷根)<br>㉡ 풍식의 조장<br>㉢ 동상해의 조장 |

정답 ③

**04** 중경의 효과라고 볼 수 <u>없는</u> 것은?

① 잡초종자의 발아를 억제하고 어린 잡초를 제거해준다.
② 토양이 부드러워져서 공기와 수분, 온열의 투입이 좋아진다.
③ 생육 후기에 뿌리가 토양 전면에 분포되어 있는 경우에 중경을 하면 단근에 의한 피해가 없다.
④ 초기의 생육을 억제하고 후기의 생육을 조장하는 것이 필요한 환경조건인 경우에는 중경의 효과가 있다.

**문제풀이** S·O·L·U·T·I·O·N

중경은 작물의 생육초기에 하여야 하며 신근의 발생력이 쇠퇴하는 생육 중기에는 단근(중경을 하는 과정에서의 뿌리 끊김)에 의한 장해가 있으므로 주의해야 한다.

정답 ③

**05** 제초제 사용시 주의해야 할 사항 중 <u>틀린</u> 것은?

① 농약, 비료 등과 혼용을 고려해야 한다.
② 파종 후 처리의 경우에는 복토를 다소 얕게 한다.
③ 제초제의 사용시기 및 사용농도를 적절히 고려해야 한다.
④ 인축에 유해한 것은 취급에 주의한다.

**문제풀이** S·O·L·U·T·I·O·N

**[제초제 사용시 주의 사항]**
㉠ 농약, 비료 등과 혼용을 고려해야 한다.
㉡ 제초제에 대한 저항성 품종의 육성이 고려되어야 한다.
㉢ 제초제의 사용시기 및 사용농도를 적절히 고려해야 한다.
㉣ 파종후 처리의 경우 복토를 다소 깊고 균일하게 한다.
㉤ 인축에 유해한 것은 취급에 주의한다.
㉥ 제초제의 연용(계속사용)에 의한 토양조건이나 잡초군락의 변화에 유의해야 한다.

정답 ②

**06** 다음 중 출아전 처리에 대한 설명으로 옳은 것은?

① 경기하기 전에 포장에 제초제를 살포하는 것이다.

② 파종 후 3일 이내에 제초제를 토양 전면에 살포하는 처리이다.

③ 이식을 하는 작물로서 이식할 때에 토양을 교반하지 않는 작물에 대해서 이식 2~3일 전에 포장 전면에 제초제를 살포하는 처리이다.

④ 잡초의 발생이 심한 경우에는 생육초기에도 선택성인 제초제를 살포하는 처리이다.

문제풀이 

포장에 직접 파종하는 작물에 대해서는 파종 후 3일 이내에 제초제를 토양 전면에 살포하는 처리를 출아전 처리라고 한다.

정답 ②

**07** 다음 중 물리적 제초방식에 해당하지 <u>않는</u> 것은?

① 땅을 깊이 갈아서 겉흙에 있는 많은 잡초씨를 그 아래로 깊이 묻어 질식시키거나 출아를 억제하는 방법

② 무차별적으로 식물을 말려 죽이는 제초방법

③ 짚이나 비닐 등으로 지면을 뒤덮어 발아를 억제하는 방법

④ 겉흙을 얕게 휘저어 섞어서 갓 싹이 난 잡초를 죽이는 방법

문제풀이 SOLUTION

무차별적으로 식물을 말려 죽이는 제초방법은 화학적 제초방식에 해당한다.

정답 ②

**08** 미국의 건조 또는 반건조 지방의 밀재배에 있어서 토양을 갈아 엎지 않고 경운 하여 앞작물의 그루터기를 그대로 남겨서 풍식과 수식을 경감시키는 농법은?

① 폴리 멀칭
② 스터블 멀치농법
③ 소일멀칭
④ 멀칭

**문제풀이** S·O·L·U·T·I·O·N

• 스티블멀칭 농법에 대한 설명이다
① 폴리멀칭(비닐멀칭) : 폴리에틸렌·비닐 등의 플라스틱 필름으로 피복하는 방법을 말한다.
③ 소일(Soil)멀칭 : 포장의 표토를 곱게 중경하여 고운 흙을 피복한 것과 같은 상태로 만들 때에 중경된 토양층을 말한다.

정답 ②

**09** 배토의 목적이 <u>아닌</u> 것은?

① 도복 방지
② 신근 발생의 조장
③ 무효분얼의 촉진
④ 연백 또는 괴경 발생 촉진

**문제풀이** S·O·L·U·T·I·O·N

벼·밭벼 등에서 마지막 김매기를 하는 유효분얼 종지기(분얼수가 최종 이삭수와 일치된 시기)에는 더 이상의 유효분얼이 나오지 않고 이후에는 이삭이 맺지 않는 무효분얼만 나오게 된다. 이 때 포기밑에 두툼히 배토를 해 주면 분얼절이 흙속에 깊이 묻히게 되어 분얼이 중지되므로 무효분얼이 억제 된다.

정답 ③

**10** 다음 중 흙넣기(토입)의 생육상 효과가 <u>아닌</u> 것은?

① 도복을 방지한다.

② 무효분얼이 억제된다.

③ 제초효과가 있다.

④ 수확량을 늘려준다.

---

**문제풀이** SOLUTION

**[흙넣기의 생육상 효과]**

1. 도복을 방지한다.
2. 무효분얼이 억제된다.
3. 제초효과가 있다.
4. 생육을 좋게한다.(수확량을 늘려준다×)

정답 ④

---

**11** 가을보리의 생육기간 중 답압에 대한 설명 중 옳지 <u>않은</u> 것은?

① 월동 전에 보리의 생육이 과도할 때 답압을 한다.

② 서릿발에 의하여 떠오른 식물체는 월동중이라도 답압으로 고정한다.

③ 봄철 건조기에 답압은 건조해를 경감시킨다.

④ 유효분얼 종지기에 토입을 하고 답압을 하면 무효분얼의 발생을 촉진시킨다.

---

**문제풀이** SOLUTION

더 이상 유효분얼이 일어나지 않는 유효분얼 종지기에 토입을 하고 밟아주면 무효분얼이 억제 된다.

정답 ④

---

**12** 연작피해에 대한 설명으로 옳지 <u>않은</u> 것은?

① 특정 비료성분의 소모가 많아져 결핍현상이 일어난다.
② 토양 과습이나 겨울철 동해를 유발하기 쉬워 정상적인 성숙이 어렵다.
③ 토양 전염병의 발병 가능성이 커진다.
④ 하우스재배에서 다비 연작을 하면 염류과잉 피해가 나타날 수 있다.

**문제풀이** SOLUTION

- 토양 과습이나 겨울철 동해를 유발한다고 보기는 어렵다.

**[연작으로 인한 기지 피해]**
㉠ 토양 비료성분의 소모
㉡ 토양 물리성의 악화
㉢ 잡초의 번성
㉣ 토양 내의 염류집적집적되어서 이것이 작물의 생육을 저해한다.
㉤ 유독 물질의 축적
㉥ 토양선충 및 토양전염병의 발생

정답 ②

**13** 기지현상의 근본적인 재배대책으로 적절한 것은?

① 결핍양분의 보급
② 윤작
③ 토양 소독
④ 심경과 퇴비사용

**문제풀이** SOLUTION

**[기지의 대책]**
㉠ 윤작을 한다(근본적인 대책).
㉡ 담수상태와 밭상태로 돌려가면서 작물을 재배한다.
㉢ 기지현상이 유독물질의 축적인 경우에는 관개 또는 약제를 사용하여 유독물질을 유거( 流去)시킨다.
㉣ 객토한다.
㉤ 기지현상에 저항성이 강한 품종과 접목한다.
㉥ 심경, 퇴비 다용, 결핍성분 및 미량요소의 사용 등에 의해서 지력을 증대시킨다.
㉦ 토양선충이 기지의 원인이 될 때 살·선충제로 토양을 소독한다.

정답 ②

## 14  삼포식 농업의 목적은?

① 지력증진
② 잡초 방제
③ 입단형성
④ 토지 이용도 향상

**문제풀이** S·O·L·U·T·I·O·N

삼포식 농업은 토지의 지력쇠퇴를 방지하기 위하여 경작지의 2/3는 곡류를 심고 1/3은 휴한 하여 경작지 전체를 3년에 한번씩 휴한하는 방식이다.

정답 ①

## 15  개량삼포식 농업이란?

① 경작지의 1/3에는 춘파 또는 추파곡류를 심고 2/3는 콩과식물을 심는다.
② 경작지의 1/3에는 춘파 또는 추파곡류를 심고 2/3는 휴한한다.
③ 경작지의 2/3에는 춘파 또는 추파곡류를 심고 1/3는 콩과식물을 심는다.
④ 경작지의 2/3에는 춘파 또는 추파곡류를 심고 1/3는 휴한한다.

**문제풀이** S·O·L·U·T·I·O·N

• 삼포식 농업 : 토지의 경작을 3등분하여 1구간을 휴한시키고 다른 2구간에서는 춘파·추파 의 보리를 순차적으로 바꿔서 3년 만에 1번은 토지를 쉬게 하는 영농법
• 개량 삼포식 농업 : 3포식 농법에 있어서 휴한할 곳에 클로버 같은 콩과작물을 재배하면 사료도 얻고, 전 경작지에 3년에 한 번씩 클로버가 재배되어 지력도 좋아지게 된다. 3포식 농법을 이와 같이 개량한 것을 개량 삼포식 농법이 라고 한다.

정답 ③

**16** 답전윤환 재배의 효과에 해당하지 <u>않는</u> 것은?

① 지력증강　　　　　　　　　　② 기지의 회피
③ 잡초의 감소　　　　　　　　　④ 품질향상

문제풀이　S·O·L·U·T·I·O·N

**[답전윤환의 재배적 효과]**
㉠ 지력증강
㉡ 기지의 회피 : 벼를 재배하다가 채소를 재배하면 기지현상이 회피된다.
㉢ 잡초의 감소 : 담수상태와 배수상태가 서로 교체되므로 잡초의 발생량이 적어진다.
㉣ 벼의 수량 증가 : 클로버 등을 2~3년 재배하였다가 벼를 재배하면 벼의 수량이 초년도에 30% 가량 늘고, 또 질소의 시용량이 절반 이하로 절약된다.
㉤ 토양전염성병해충 감소

정답 ④

**17** 옥수수와 녹두를 간작형태로 재배하면 유리한 점은?

① 잡초 방제와 지력 유지　　　　② 투광태세 양호
③ 수확량의 증가　　　　　　　　④ 수확작업 용이

문제풀이　S·O·L·U·T·I·O·N

**[간작의 특징]**
㉠ 토지 이용상 단작보다 유리하다.
㉡ 노력의 분배 조절이 유리하다.
㉢ 상하작의 적절한 조합에 의해서 비료를 경제적으로 이용할 수 있고, 녹비에 의해서 지력을 높일 수 있다.
㉣ 상작은 하작에 대하여 불리한 기상조건과 병충해에 대하여 보호하는 작용을 한다.
㉤ 잡초의 번무를 막는다.

정답 ①

**18** 혼작의 효과가 가장 큰 작물은?

① 식용작물　　　② 원예작물　　　③ 공예작물　　　④ 사료작물

**문제풀이** SOLUTION

혼작이나 혼파의 경우 효과가 가장 큰 작물은 사료작물이다.

정답 ④

**19** 다음 중 교호작의 형태로 가장 적합한 것은?

① 맥류 - 콩　　　② 목화 - 참깨　　　③ 콩 - 옥수수　　　④ 콩 - 고구마

**문제풀이** SOLUTION

**[작부체계의 형태]**

| 간작 | 혼작 | 교호작 | 주위작 |
|---|---|---|---|
| 맥류(주로 보리) - 목화, 콩, 팥<br>보리 - 고구마<br>고구마 - 콩, 팥<br>뽕나무 - 콩 | 콩 - 수수, 옥수수<br>콩 - 수수, 조<br>콩 - 옥수수<br>콩 - 고구마<br>목화 - 참깨, 들깨 | 콩 - 옥수수 | 벼 - 콩<br>참외, 수박 - 수수, 옥수수 |

정답 ③

**20** 생력기계화 재배의 효과가 <u>아닌</u> 것은?

① 작부체계의 개선　　　　② 농약대의 절약
③ 단위수량의 증대　　　　④ 재배면적의 증대

**문제풀이** SOLUTION

**[생력기계화 재배의 효과]**
㉠ 농업 노력비의 절감
㉡ 단위 수량의 증대
㉢ 작부체계의 개선과 재배면적의 증대
㉣ 농업 경영의 개선

정답 ②

**21** 생력기계화재배의 전제조건으로 옳지 <u>않은</u> 것은?

① 경지정리와 집단재배
② 재배작목의 다양화
③ 잉여노력의 수익화
④ 제초제의 합리적인 사용

**문제풀이** SOLUTION

**[생력기계화재배의 전제조건]**
㉠ 경지정리가 잘 되어 있어야 한다.
㉡ 동일한 품종(재배작목의 단일화)을 동일하게 재배할 수 있는 집단재배체제를 갖추어야 한다.
㉢ 적응재배체계가 확립되어 있어야 한다
㉣ 제초제의 합리적인 사용이 있어야 한다.
㉤ 잉여노동력을 수익화에 활용하여야 한다.

정답 ②

**22** 벼의 재배법에 대한 설명으로 옳은 것은?

① 한냉지에서 조생종을 조기에 육묘 이앙하는 것을 조식재배라 한다.
② 조기재배는 남부평야지대의 답리작에 적합한 재배법이다.
③ 조기재배에 적합한 벼 품종은 기본영양생장성이 크고, 감광성이 높다.
④ 남부평야지대에서 조기재배하면 쌀의 품질이 좋아진다.

**문제풀이** SOLUTION

① 한랭지에 중만생종을 조기에 육묘하고 조기에 이앙하는 것은 조식재배이다.
③ 조기재배에 적합한 벼품종은 기본영양생장성이 적고, 감온성이 큰 조생종이어야 한다. 기본 영양생장성이 크고, 감광성이 높은 것은 만생종이다.
④ 조기재배는 여름철 고온 상태에서 출수와 등숙이 진행되기 때문에 분상질립(쌀 표면이 불투명하고 가루모양의 외관을 가진 낟알)의 발생을 증가되어 쌀의 외관품질을 저하시키는 것으로 알려져 있다.

정답 ②

**23** 이앙 및 수확시기에 따른 벼의 재배양식에 관한 설명이다. (    ) 안에 들어갈 내용으로 옳은 것은?

> • (        )는 조생종을 가능한 한 일찍 파종, 육묘하고 조기에 이앙하여 조기에 벼를 수확하는 재배형이다.
> • (        )는 앞작물이 있거나 병충해회피 등의 이유로 보통기재배에 비해 모내기가 현저히 늦은 재배형이다.

① 조생재배, 만생재배  
② 조식재배, 만기재배  
③ 조생재배, 만기재배  
④ 조기재배, 만식재배

---

**문제풀이** S·O·L·U·T·I·O·N

**[용어의 해설]**

| 용어 | 내용 |
| --- | --- |
| 조기재배 | 조생종을 가능한 한 일찍 파종, 육묘하고 조기에 이앙하여 조기에 벼를 수확하는 재배형 |
| 조식재배 | 중·만생종인 다수성 품종을 일찍 이앙하여 영양생장기간을 연장해줌으로써 다수확을 꾀하는 재배형 |
| 조생재배 | 표준적인 개화기의 것보다 일찍 꽃이 피고 성숙하는 재배형 |
| 만기재배 | 만파만식재배라고도 하며, 파종도 늦고 모내기도 늦어지는 재배형 |
| 만식재배 | 앞작물이 있거나 병충해회피 등의 이유로 보통기재배에 비해 모내기가 현저히 늦은 재배형 |

정답 ④

# CHAPTER 05 　병해충관리

## 01 경종적 방제차원의 병충해 방제가 <u>아닌</u> 것은?　　　　　　　　　<제8회>

① 내병성 품종선택　　　　　　　② 무병주 묘 이용
③ 콜히친 처리　　　　　　　　　④ 접목재배

**문제풀이**　S · O · L · U · T · I · O · N

• 경종적(생태적)방제 : 병충해와 잡초 및 작물의 생리 생태적 특성(내병성 품종선택, 접목재배, 윤작, 무병주 묘 이용 등)을 이용하여 병충해와 잡초의 경합력을 저하시키고, 작물의 경합력을 높여 피해를 경감시키는 방법이다.
＊ 콜히친(colchicine)은 저농도에서 세포의 핵분열을 교란시켜 배수체 육종에 쓰이고 있는 약제이다.

정답 ③

## 02 다음의 해충 방제법은?　　　　　　　　　　　　　　　　　　<제8회>

친환경농산물을 생산하는 농가가 최근 엽채류에 해충이 발생하여 제충국에서 살충성분(피레트린)을 추출 및 살포하여 진딧물 해충을 방제하였다.

① 화학적 방제법　　　　　　　　② 물리적 방제법
③ 페로몬 방제법　　　　　　　　④ 생물적 방제법

**문제풀이**　S · O · L · U · T · I · O · N

• 화학적 방제법은 화학물질을 이용하여 해충을 방제하는 방법으로, 가장 널리 사용되는 것은 살충제이다 제충국에서 추출된 피레트린은 온혈동물인 사람이나 가축에는 무해하며, 곤충에만 독성이 강하여 운동신경을 마비시키는 안전한 생물농약이라고 할 수 있다.
② 물리적 방제법 : 시설내 온도처리, 방충망을 이용하여 해충의 유입을 막는 방법, 빛에 끌리는 특성을 이용하여 해충을 유인하는 방법 등
③ 페로몬 방제법 : 해충의 페로몬을 이용하여 방제하는 방법
④ 생물적 방제법 : 해충의 천적을 이용하여 방제하는 방법

정답 ①

**03** 병충해 방제법 중 경종적 방제방법에 대한 설명으로 <u>틀린</u> 내용은?

① 고랭지를 감자의 파종지로 한다.
② 기지현상을 일으키는 원인의 병충해는 간작을 실시한다.
③ 무병종자를 선택한다.
④ 같은 작물이라도 저항성이 보다 높은 품종을 선택한다.

**문제풀이** SOLUTION

기지현상을 일으키는 원인의 병충해는 윤작을 실시함으로써 방제가 가능하다.

정답 ②

**04** 다음 병충해 방제 중 경종적 방제법이 <u>아닌</u> 것은?

① 시비법의 개선      ② 소각 및 담수
③ 종자의 선택      ④ 생육기의 조절

**문제풀이** SOLUTION

소각 및 담수는 물리적(기계적) 방제법이다.

정답 ②

**05** 기계적 잡초제거 방법이라 할 수 <u>없는</u> 것은?

① 수취      ② 경운
③ 훈연      ④ 윤작체제확립

**문제풀이** SOLUTION

윤작체제확립은 생태학적 잡초제거법에 해당한다.

정답 ④

**06** 작물의 파종량을 늘리고, 재식밀도를 증가시켜서 잡초의 발생량을 감소시켰다. 다음 중 어느 법에 속하는가?

① 생태학적 방제법  ② 화학적 방제법

③ 생물학적 방제법  ④ 기계적 방제법

---

**문제풀이** SOLUTION

**[잡초의 방제법]**
㉠ 기계적 방법 : 수취, 베기, 경운, 태우기, 침수, 훈연 등
㉡ 생태학적 방법 : 파종기를 조절하거나 파종량, 비료의 종류, 시비량과 시기를 조절, 관수를 달리하며, 지면 피복 또는 윤작체제 확립으로 잡초생육을 견제하는 것
㉢ 생물학적 방법 : 곤충이나 미생물 또는 병균의 천적 관계를 이용하여 잡초의 세력을 경감시키는 방법
㉣ 화학적 방법 : 제초제를 사용하여 잡초를 방제하는 것

정답 ①

---

**07** 작물의 병해충 방제법 중 생물적 방제에 해당하는 것은?

① 윤작 등 작부체계의 변경
② 멀칭 및 자외선 차단필름 활용
③ 천적 곤충 이용
④ 태양열 소독

---

**문제풀이** SOLUTION

• 천적 곤충을 이용한 방제는 생물적 방제에 해당한다.
① 경종적 방제
② 물리적 방제
④ 물리적 방제

정답 ③

**08** 다음 병해충 방제법 중 화학적 방제법에 해당되는 것은?

① 소각  
③ 차단  
② 온도처리  
④ 농약의 살포

**문제풀이** SOLUTION

소각, 온도처리, 차단은 물리적(기계적) 방제법이다.

정답 ④

**09** 배나무의 적성병은 주변에 중간기주식물인 향나무를 제거하여 방제한다. 이러한 방법은?

① 생물적 방제  
③ 물리적 방제  
② 경종적 방제  
④ 화학적 방제

**문제풀이** SOLUTION

**[작물의 병해충 방제법]**  
㉠ 경종적 방제법 : 토지선정, 혼식, 윤작, 생육기의 조절, 중간기주식물의 제거  
㉡ 생물적 방제법 : 천적 이용  
㉢ 물리적 방제법 : 포살 및 채란, 소각, 소토, 담수, 차단, 유살  
㉣ 화학적 방제법 : 살균제, 살충제, 유인제, 기피제

정답 ②

**10** 병충해 방제법 중 가장 실질적인 기본 방제법은?

① 법적 방제  
③ 생물학적 방제  
② 물리적 방제  
④ 화학적 방제

**문제풀이** SOLUTION

• 법적방재 : 식물의 방역법을 제정해서 식물검역업무를 실시하여 위험한 병균이나 해충의 국내침입과 전파를 방지함  
으로써 병충해를 방제하는 방법

정답 ①

**11** 유기농업의 병해충 방제법과 가장 거리가 <u>먼</u> 것은?

① 경종적 방제법

② 생물학적 방제법

③ 화학적 방제법

④ 물리적 방제법

**문제풀이** S·O·L·U·T·I·O·N

유기농업의 병해충 방제법은 농약을 사용하지 않는 방제법으로 농약을 사용하는 화학적 방제법과 가장 거리가 멀다.

정답 ③

**12** 화본과 식물재배시 병해에 강하게 하려면 무엇을 시비하는가?

① 질소

② 황

③ 마그네슘

④ 규소

**문제풀이** S·O·L·U·T·I·O·N

규소(Si)는 식물의 필수원소로 분류되지는 않지만, 규소를 첨가하여 재배한 식물은 생물적 또는 비생물적 스트레스에 대한 저항성이 증가되고, 식물의 강도를 높여 식물체를 직립하게 하여 광합성 효율을 증진시키는 한편, 오이, 멜론 등과 같은 채소작물이나 밀, 벼 등에서 병충해에 대한 저항성을 높인다.

정답 ④

**13** 병해충의 물리적 방제 방법이 <u>아닌</u> 것은?

① 천적곤충

② 토양가열

③ 증기소독

④ 유인포살

**문제풀이** S·O·L·U·T·I·O·N

천적곤충을 통한 방제방법은 생물학적 방제방법에 해당한다.

정답 ①

**14** **포식성 천적에 해당하는 것은?**

① 원생동물　　　　　　　　② 무당벌레
③ 선충　　　　　　　　　　④ 바이러스

**문제풀이** SOLUTION

**[생물학적 방제]**

| 구분 | 내용 | 종류 |
|---|---|---|
| 기생성천적 | 해충의 몸 속에 알을 낳아 기생하는 천적 | 고치벌, 좀벌, 콜레마니진디벌 등 |
| 포식성천적 | 해충을 잡아먹는 천적 | 무당벌레, 포식성 응애, 풀잠자리, 포식성노린재류 등 |
| 병원미생물 | 곤충에 기생하여 병을 일으키는 미생물 | 원생동물, 세균, 진균, 바이러스 등과 곤충 기생성 선충 및 응애 |

정답 ②

**15** **페르몬을 이용한 병충해 방제법은?**

① 생물적 방제　　　　　　　② 경종적 방제
③ 물리적 방제　　　　　　　④ 화학적 방제

**문제풀이** SOLUTION

화학적 방제법 중 페르몬이라는 화학물질 유인제를 이용하여 병충해를 퇴치하는 방법이다.

정답 ④

**16** **성페르몬을 이용하여 주로 방제하는 해충은?**

① 응애류　　　　　　　　　② 나방류
③ 진딧물　　　　　　　　　④ 온실가루이

**문제풀이** SOLUTION

성페르몬을 이용한 교미교란으로 심식나방류와 잎말이나방류를 방제하고 있다.

정답 ②

**17** 유해곤충의 유인, 포살이나 교미를 교란시키는데 이용되는 페로몬에 대한 설명으로 <u>틀린</u> 것은?

① 자연적으로 생산되고 독성이 거의 없다.

② 대표적으로 성페로몬이 농업에 활용된다.

③ 해충종합관리를 위한 적용 요소로 이상적이다.

④ 서로 다른 종 사이의 정보 통신에 사용된다.

---

**문제풀이** S·O·L·U·T·I·O·N

**[페로몬의 장점]**
1. 페로몬 물질이 자연적으로 발생한다.
2. 무독하다.
3. 환경오염이 없다.
4. 어떤 같은 종에만 영향을 미치는 종 특이적이다.
5. 유용 곤충에 안전하다.
6. 해충종합관리에 이상적인 적용요소이다.

정답 ④

---

**18** 병해충 방어막으로서의 다양한 생태계 창출을 위한 대안으로 <u>틀린</u> 것은?

① 윤작체계를 확립함으로써 단작체계하에서 재배 되는 작물보다 병해충 피해를 줄일 수 있다.

② 주작물의 사이사이에 다른 종류의 간작물을 실시하면 그곳이 천적의 서식공간으로 활용되어 병해충방제에 기여한다.

③ 익충들이 특히 좋아하는 유인작물을 경작지 둘레에 울타리같이 재배하여 생태계의 섬을 만들어 줌으로써 병해충제어 효과를 높인다.

④ 경작지 내외의 잡초를 깨끗하게 제거하기 위하여 제초제를 살포함으로써 병균이나 해충의 서식처를 원천적으로 봉쇄해 버리는 것이 좋다.

---

**문제풀이** S·O·L·U·T·I·O·N

과수원에서 제초제를 살포하면 병해충을 잡을 수 있지만 천적도 먹이가 없어 죽게 되므로 제초제 살포는 최소로 하고, 초생재배 (草生栽培)를 하여 천적이 살 수 있는 서식처를 제공하는 것이 종합적 해충관리의 지름길이다.

정답 ④

---



**01  벼의 일생 중 냉해에 가장 약한 시기는?**

① 유수형성기  ② 감수분열기
③ 출수개화기  ④ 유숙기

문제풀이  S·O·L·U·T·I·O·N

냉해 및 한해(건조피해)의 경우 모두 감수분열기(穗孕期)에 가장 피해가 심하고, 그 다음으로 출수기가 심하다.

정답 ①

**02  유수형성기부터 개화기까지 특히 생식세포의 감수분열에 영향을 주는 냉해는?**

① 지연형 냉해  ② 장해형 냉해
③ 병해형 냉해  ④ 등숙불량형 냉해

문제풀이  S·O·L·U·T·I·O·N

생식생장기(유수형성기 및 출수기)에 일시적 또는 지속적으로 저온이 찾아와 감수분열에 영향을 주어 비정상적인 꽃가루가 만들어지고 수정이 불량해져 불임이 발생하는 형태의 냉해를 장해형 냉해라고 한다.

정답 ②

**03** 다음 (     ) 안에 들어갈 내용으로 옳은 것은?

> • (          )는 생육초기부터 출수기에 걸쳐서 여러 시기에 냉온을 만나서 출수가 지연되고, 이에 따라 등숙이 지연되어 후기의 저온으로 인하여 등숙 불량을 초래하는 냉해이다.
> • (          )는 냉온조건하에서 생육이 저조하기 때문에 규산의 흡수도 적어지고, 조직의 규질화가 덜 되면 그 만큼 도열병 등의 병균 침입에 대한 저항성이 적어지며, 또한 광합성 속도가 떨어져서 체내의 암모니아 축적이 늘어감으로써 입게 되는 저온장해이다.

① 지연형 냉해, 병해형 냉해
② 장해형 냉해, 혼합형 냉해
③ 지연형 냉해, 혼합형 냉해
④ 장해형 냉해, 병해형 냉해

문제풀이 · S·O·L·U·T·I·O·N

지연형 냉해와 병해형 냉해에 대한 설명이다.

정답 ①

**04** 지연형 냉해에 대하여 틀린 것은?

① 양분흡수 저해
② 동화물질의 전류 저해
③ 질소동화의 저해로 암모니아 축적
④ 호흡이 급증하여 대사기능이 저해

문제풀이 · S·O·L·U·T·I·O·N

**[지연형 냉해의 특징]**
① 양분흡수가 저해된다.
② 동화물질의 전류가 저해되어 생장이 저해된다.
③ 질소동화의 저해로 암모니아 축적이 많아진다.
④ 호흡이 감퇴되어 대사기능이 저해된다(냉해의 원인은 호흡의 증가이며, 냉해현상은 호흡감퇴이다).

정답 ④

**05** 다음 중 일반적으로 가장 큰 피해를 가져오는 냉해는?

① 병해형 냉해  ② 장해형 냉해
③ 지연형 냉해  ④ 혼합형 냉해

**문제풀이** SOLUTION

혼합형 냉해는 장기적으로 저온이 계속되는 해에 발생하는 것으로 피해가 치명적이다.

정답 ④

**06** 냉해의 원인으로 옳지 <u>않은</u> 것은?

① 증산기능의 저하  ② 호흡과다 및 이상호흡
③ 단백질의 과잉분해  ④ 생리기능의 저하

**문제풀이** SOLUTION

저온으로 말미암아 뿌리에서 수분 및 양분의 흡수기능이 감퇴되는 반면 증산기능(식물이 뿌리를 통해 흡수한 물을 식물 잎의 기공을 통해 대기로 내보내는 과정)은 증대되어 체내 수분 부족으로 위조(잎이 시듦)되고 심하면 건조고사 하게 된다.

정답 ①

**07** 벼가 저온에 경과된 후 냉해와 연관되어 발생의 우려가 가장 큰 병은?

① 흰빛잎마름병  ② 줄무늬잎마름병
③ 키다리병  ④ 도열병

**문제풀이** SOLUTION

도열병의 발생은 기상과 비료 성분량에 따라 크게 좌우하는데 여름철의 저온, 잦은 강우로 식물체가 연약해지고 도열 병균의 증식과 감염이 활발해지기 때문에 저항성이 약한 품종이거나 약제방제가 소홀할 경우 도열병이 확산될 우려가 있다.

정답 ④

**08** 벼농사의 냉해대책으로 적당하지 <u>않은</u> 것은?

① 누수답 - 객토
② 습답 - 암거배수
③ 시비 - 인산 증시
④ 장해형 냉해 - 조기육묘

**문제풀이** SOLUTION

- 지연형 냉해에 대해서는 보온절충못자리나 비닐못자리를 만들어 조기육묘하여 벼의 생육기간을 보통 재배보다 약간 빨리 이동시키는 조식재배를 하는 것이 효과적이다.
① 누수가 심하면 항상 냉수를 계속 관개하게 되므로 수온 및 지온이 저하하게 되며 이에 의해서 냉해가 조장되므로 객토·다지기 등에 의해서 누수를 방지하는 것이 냉해의 기본대책의 하나가 된다.
② 습답을 암거배수에 의해서 건답화하면 수온·지온이 높아지므로 냉해대책으로서 극히 효과적이다.
③ 인산·칼리는 조직을 강건하게 하고 함당량을 증가시키므로 내랭성이 증가한다.

정답 ④

**09** 고온의 장해(열해)의 그 주요 원인을 잘못 설명한 것은?

① 고온에서 광합성이 호흡작용보다 우세하여 유기물 소모가 많아 작물이 피해를 입는다.
② 고온에서 단백질의 합성이 저해되고, 암모니아이 축적이 많아 작물이 고사한다.
③ 고온에 의해서 철분이 침전되면 황백화현상이 일어난다.
④ 수분 흡수보다 증산이 증대되어 위조를 유발한다.

**문제풀이** SOLUTION

고온에서는 광합성보다 호흡작용이 우세해지며, 고온이 오래 지속되면 유기물의 소모가 많아진다.

정답 ①

**10** 일소현상에 관한 설명으로 옳은 것은?

① 시설재배 시 차광막을 설치하여 일소를 경감시킬 수 있다.

② 겨울철 직사광선에 의해 원줄기나 원가지의 남쪽 수피 부위에 피해를 주는 경우는 일소로 진단하지 않는다.

③ 개심자연형 나무에서는 배상형 나무에 비해 더 많이 발생한다.

④ 과수원이 평지에 위치할 때 동향의 과수원이 서향의 과수원보다 일소가 더 많이 발생한다.

**문제풀이** SOLUTION

- 일소현상은 여름철에 직사광선에 노출된 원줄기나 원가지의 수피(樹皮) 조직에 생기는 고온장해를 말한다. 토양 수분 증발량 막기 위해 이랑에 부직포나 차광막을 피복함으로써 일소를 경감시킬 수 있다.
② 경우에 따라서는 겨울철에 원줄기나 원가지의 남쪽 수피 부위에 피해를 주는 현상도 일소에 포함시키기도 한다.
③ 배상형 수형에서 발생이 많고, 굵은 가지, 나무 세력이 약한 나무, 늙은 나무에서 발생이 많다.
④ 사면의 방향이 서향이나 남서향의 경사지는 강한 강선에 의해 잎의 일소현상을 받기 쉬운 데 나무의 체내에 수분이 가장 많이 감소되는 오후에 태양의 직사광선을 받기 때문에 증산작용이 충분히 이루어지지 못하여 수온이 국부적으로 40℃ 이상 높아져 일소를 일으키게 되는 것이다.

정답 ①

**11** 고온해의 대책으로 옳지 <u>않은</u> 것은?

① 월하할 수 있는 내열성이 강한 작물을 선택한다.

② 재배시기를 조절하여 혹서기의 위험을 회피한다.

③ 밀식재배를 한다.

④ 관개를 해서 지온을 낮춘다.

**문제풀이** SOLUTION

밀식·질소 과용 등을 피한다.

정답 ③

## CHAPTER 02  습해, 수해 및 관개

**01  토양의 과습에 의한 습해의 직접적인 피해는?**

① 양분흡수 저해
② 호흡 장해
③ 유해가스 피해
④ 유기산 피해

**문제풀이**  S O L U T I O N

• 토양이 과습하면 토양 중에 산소의 결핍을 초래하여 직접적으로 호흡작용이 장해를 받게 된다.
①, ③, ④는 모두 습해의 간접적 피해에 해당한다.

정답 ②

**02  내습성이 가장 약한 작물로만 나열된 것은?**

① 벼, 택사, 미나리
② 밭벼, 옥수수, 율무
③ 감자, 고추, 메밀
④ 당근, 양파, 파

**문제풀이**  S O L U T I O N

**[작물의 내습성]**
골풀, 미나리, 택사, 연, 벼 > 밭벼, 옥수수, 율무 > 토란 > 유채, 고구마 > 보리, 밀 > 감자, 고추 > 토마토,
메밀 > 파, 양파 당근, 자운영

정답 ④

**03** 다음 작물 중 내습성이 가장 강한 것은?

① 벼

② 보리

③ 밀

④ 메밀

**문제풀이** SOLUTION

- 작물의 내습성
- 골풀, 미나리, 택사, 연, 벼 등이 내습성이 강하다.

정답 ①

**04** 다습한 토양에 대한 작물의 적응성 증대방안에 관한 설명으로 옳지 <u>않은</u> 것은?

① 밭에서는 휴립휴파를 하고, 습답에서는 휴립재배를 하기도 한다.

② 심층시비를 하여 작물이 뿌리를 깊게 뻗도록 유도한다.

③ 내습성의 차이는 품종 간에도 크며, 답리작 맥류재배에서는 내습성이 강한 품종을 선택한다.

④ 과산화석회를 종자에 분의해서 파종하거나 토양에 혼입하면 습지에서 발아 및 생육이 촉진된다.

**문제풀이** SOLUTION

- 습답에서는 산소가 모자라서 뿌리가 길게 자라지 못해, 심층시비를 해도 효과가 없게 된다. 따라서 습해시에는 표층시비를 해서 뿌리를 지표면 가까이로 유도해야 한다.
- ① 밭에서는 휴립휴파(이랑에 파종하는 방식, 휴립재배보다 이랑이 높음)를 하고, 습답에서는 휴립재배(이랑재배)를 하기도 한다.
- ④ 과산화석회($CaO_2$)를 종자에 분의해서 파종하거나 토양에 혼입하면(4~8kg/10a) 상당한 기간 산소를 방출하므로 습지에서 발아 및 생육이 촉진된다.

정답 ②

**05** 작물의 내습성에 관여하는 요인에 대한 설명으로 옳지 <u>않은</u> 것은?

① 뿌리 조직의 목화(木化)는 환원성 유해물질의 침입을 막아 내습성을 증대시킨다.
② 뿌리의 황화수소 및 아산화철에 대한 높은 저항성은 내습성을 증대시킨다.
③ 습해를 받았을 때 부정근의 발달은 내습성을 약화시킨다.
④ 뿌리의 피층세포 배열 형태는 세포 간극의 크기 및 내습성 정도에 영향을 미친다.

**문제풀이** ─ S·O·L·U·T·I·O·N ─

• 근계가 얕게 발달하거나, 습해를 받았을 때 부정근의 발생력이 큰 것은 내습성을 강하게 한다.
④ 뿌리의 피층세포가 직렬로 되어 있는 것은 사열로 되어 있는 것보다 세포의 간극이 커서 뿌리에 산소를 공급하는 능력이 크기 때문에 내습성이 강하다.

정답 ③

**06** 토양습해 예방 대책으로 옳은 것은?

① 내습성 품종 선택      ② 고랑 파종
③ 미숙 유기물 사용      ④ 밀식 재배

**문제풀이** ─ S·O·L·U·T·I·O·N ─

• 토양의 과습 상태가 지속되어 토양의 산소가 부족해지면 뿌리가 상하고 심하면 부패하여 뿌리의 활력이 현저히 감소됨에 따라 지상부의 엽록소 함량의 감소로 황화되어 광합성 능력이 떨어져 수량이 감소된다. 상습적으로 습해가 발생하는 토양에는 습해에 다소 강한 품종을 선택하는 것이 유리하다.
② 고랑파종을 하면 지대가 낮아 습해의 피해를 쉽게 입으므로 고휴재배(높은이랑파종)을 해야 한다.
③ 미숙유기물은 유기물이 분해되는 과정에서 암모니아 등이 발생해 작물 뿌리에 피해를 줄 수 있으므로 사용하지 않는 것이 좋다.
④ 밀식 재배보다는 소식재배를 하여야 한다.

정답 ①

**07** 다음 중 습해의 대책으로 가장 적당한 것은?

① 이랑과 고랑의 높이를 동일하게 한다.
② 점토로 객토한다.
③ 황산근 비료를 시용한다.
④ 과산화석회를 분의하여 파종한다.

문제풀이 S·O·L·U·T·I·O·N

• 과산화석회를 종자에 분의해서 파종하거나 토양에 혼입하면 습지에서 발아 및 생육이 촉진된다
① 이랑을 고랑보다 높이는 고휴재배를 한다.
② 점토가 아닌, 가는 모래로 객토해서 투기성, 투수성을 높인다.
③ 황산근 비료는 환원작용을 통해 황화수소, 아산화철 등 유해 유기산 등이 생성되어 이들이 뿌리에 직접적 영향을 미쳐 뿌리는 암회색으로 변하고 괴사, 목화 木 化), 뿌리 썩음 현상이 일어나 심하면 죽게 된다.

정답 ④

**08** 습답의 지력증진에 도움이 되지 <u>않는</u> 것은?

① 암거배수시설을 하여 지하수위를 낮춘다.
② 관개를 하여 환원을 조장한다.
③ 객토를 하여 투수성을 증진시킨다.
④ 간단관개를 실시하여 건토효과를 얻도록 한다.

문제풀이 S·O·L·U·T·I·O·N

• 과습상태가 지속되면 토양산소가 결핍되고 때로는 각종 환원성 유해물질이 생성되어 각종 작물생리작용이 저해되고 근부·지상부의 황화 및 고사가 초래된다. 환원을 조장하는 것은 습해를 키우는 것이다.
④ 간단관개(물을 항상 담수상태로 유지하지 않고 며칠간 물을 뺀 다음 다시 관개하는 일)를 하여 건토 효과를 얻도록 해야 한다.

정답 ②

**09** 논벼가 홍수로 인해 침관수의 피해를 입었다. 어느 생육시기에 가장 피해가 심하겠는가?

① 유숙기  ② 감수분열기
③ 이앙 직후  ④ 출수기

**문제풀이** S·O·L·U·T·I·O·N

**[침관수피해]**
감수분열기 > 출수기 > 유수형성기 > 유숙기 > 분얼기

정답 ②

**10** 벼가 수해를 입는 조건에서는 병원균의 전파가 용이하며 식물체가 쇠약해져서 병해 발생이 조장된다. 다음 중 벼의 수해가 가장 커지는 조건은?

① 수온이 높은 흐르는 탁수에 침수(浸水)될 때
② 수온이 높은 흐르는 탁수에 관수(冠水)될 때
③ 수온이 낮은 흐르는 청수에 침수(浸水)될 때
④ 수온이 낮은 흐르는 청수에 관수(冠水)될 때

**문제풀이** S·O·L·U·T·I·O·N

**[종류별 피해정도]**
고온 > 저온, 관수 > 침수, 탁수 > 청수, 정체수 > 흐르는 물

정답 ②

**11** 관수해를 입은 논에서 적고현상이 나타나는 조건은?

① 저수온, 정체수, 탁수
② 고수온, 정체수, 탁수
③ 저수온, 유동수, 청수
④ 고수온, 유동수, 청수

**문제풀이** SOLUTION

**[관수피해에 의한 청고와 적고]**

| 구분 | 내용 | 조건 |
|---|---|---|
| 청고 | 녹색을 유지한 채 급속하게 말라죽는 피해 | 탁수, 정체수, 고수온 |
| 적고 | 황갈색으로 변하여 서서히 말라 죽는 피해 | 청수, 유동수, 저수온 |

정답 ③

**12** 벼 재배시 풍수해의 예방 및 경감 대책으로 옳지 <u>않은</u> 것은?

① 내도복성 품종으로 재배한다.
② 밀식재배를 한다.
③ 태풍이 지나간 후 살균제를 살포한다.
④ 침·관수된 논은 신속히 배수시킨다.

**문제풀이** SOLUTION

- 밀식재배보다는 소식재배를 할 경우에 뿌리가 많아지고 뿌리가 깊어지기 때문에 풍수해와 가뭄 등 기상재해로부터 조금 더 견디는 힘이 많아지므로, 소식재배를 하여야 한다.
③ 침관수된 논은 도열병, 흰잎마름병 및 벼멸구 등 병해충 방제를 실시한다.
④ 침관수 피해 : 식물체 일부가 수면 위에 노출된 상태인 침수피해와, 식물체 전체가 물에 잠긴 상태인 관수피해를 합하여 이르는 말이다.

정답 ②

**13** 수해를 입은 뒤의 사후대책이라 할 수 <u>없는</u> 것은?

① 물이 빠진 즉시 새뿌리 발생 전에 추비해야 한다.
② 철저한 병해충 방제노력이 있어야 한다.
③ 물이 빠진 즉시 새로운 물을 갈아 대야 한다.
④ 토양표면의 흙앙금을 헤쳐줌으로서 지중 통기를 좋게 한다.

**문제풀이** SOLUTION

표토가 많이 씻겨 내렸을 때에는 새뿌리의 발생 후에 추비를 주도록 한다.

정답 ①

**14** 수해에 관한 다음 설명 중 맞지 <u>않는</u> 것은?

① 벼에서 수잉기 ~ 출수개화기에는 수해에 매우 약하다.
② 벼에서 7일 이상이 관수 될 때에는 다른 작물 파종의 필요성이 있다.
③ 벼의 적고현상은 수온이 낮은 유동 청수(清水)에서 볼 수 있는 현상이다.
④ 질소질비료를 많이 주면 탄수화물의 함량이 적어지고 호흡작용이 감소되어 관수해가 더 커진다.

**문제풀이** SOLUTION

질소질비료를 많이 주면 탄수화물의 함량이 적어지고 호흡작용이 왕성하여 관수해가 더 커진다.

정답 ④

**15** 벼의 생육단계에 따른 물 관리에서 가장 물을 많이 필요로 하는 때는?

① 이앙기 ~ 활착기  
② 활착기 ~ 분얼성기  
③ 유수형성기 ~ 수잉기  
④ 유숙기 ~ 황숙기

**문제풀이** S·O·L·U·T·I·O·N

**[벼 생육에 따른 물관리]**

시기별 용수량을 보면 가장 물을 많이 필요로 하는 시기는 수잉기(이삭이 들 때)이고, 다음은 활착기와 유수발육전기이며, 그 다음은 출수기(이삭이 팰 때)전후이다. 반면에 생육중기인 헛가지 치는 시기(무효분얼기)에는 관개할 필요가 없으며, 유효분얼기와 여뭄기(등숙기)에는 적은 양의 관개가 필요하다

정답 ③

**16** 관개방법에 대한 설명으로 옳지 <u>않은</u> 것은?

① 수반법은 포장을 수평으로 구획하고 관개하는 방법이다.  
② 개거법은 지하수위가 낮지 않은 사질토지대에서 이용된다.  
③ 보더관개법은 등고선을 따라 수로를 내어 임의장소로부터 월류하는 방법이다.  
④ 암거법은 지하에 토관을 배치하여 통수하고, 간극으로부터 스며 오르게 하는 방법이다.

**문제풀이** S·O·L·U·T·I·O·N

**[일류관개법과 보더관개법]**

| 구분 | 내용 |
|---|---|
| 일류관개<br>(등고선월류관개법) | • 수개 혹은 수십개의 필지가 용배수의 한 집단을 형성하여 수로에서 최상류의 논에 유입한 용수가 논을 경과하여 하류의 논으로 보내는 관개방식<br>• 등고선을 따라 수로를 내어 임의장소로부터 월류하는 방법 |
| 보더관개법 | • 완경사의 포장을 알맞게 구획하고, 상단의 수로로부터 표면 전체에 물을 보내는 관개방식 |

정답 ③

**17** 밭의 용수량이 몇 %일 때 관개시기로 보는가?

① 20% 이하  
② 25 ~ 50%  
③ 50 ~ 70%  
④ 75% 이상

**문제풀이** SOLUTION

밭의 용수량이 25~50% 일 때 관개시기로 본다.

정답 ②

**18** 관개의 효과로 볼 수 <u>없는</u> 것은?

① 온도의 조절작용  
② 비료성분의 유실  
③ 유해물질의 제거  
④ 병충해의 경감

**문제풀이** SOLUTION

관개를 통해 N, K, 석회, 규산, 마그네슘 등의 비료성분이 공급된다.

정답 ②

**19** 다음 중 지하로 부터 수분을 공급하는 방법이 <u>아닌</u> 것은?

① 개거법  
② 일류관개법  
③ 암거법  
④ 압입법

**문제풀이** SOLUTION

일류관개법은 지표에서 물을 흘러내리게 하는 지표관개방법이다.
- 개거법 : 표면이 개방된 U형 상수로에 통수해서 모관상승하여 근부에 공급되게 하는 수분 공급 방법
- 암거법 : 지하에 토관이나 목관 등을 배치하여 통수하고 간극으로부터 스며오르게 공급하는 방법
- 압입법 : 뿌리가 깊은 과수의 주변에 구멍을 뚫고 물을 주입하거나 기계적으로 압입하는 병법

정답 ②

## CHAPTER 03 동해 및 상해

**01** 과수작물의 서리피해에 관한 내용이다. 밑줄 친 부분이 옳은 것은 모두 고른 것은?    <제9회>

> 최근 지구온난화에 따른 기상이변으로 개화기가 빠른 (ㄱ)핵과류에서 피해가 빈번하게 발생한다. 특히, 과수원이 (ㄴ)강이나 저수지 옆에 있을 때 발생률이 높다. 따라서 일부 농가에서는 상층의 더운 공기를 아래로 불어내려 과수원의 기온 저하를 막아주는 (ㄷ)송풍법을 사용하고 있다.

① ㄱ
② ㄱ, ㄴ
③ ㄴ, ㄷ
④ ㄱ, ㄴ, ㄷ

**문제풀이**   S·O·L·U·T·I·O·N

- 서리피해와 서리피해 방지 방법에 대한 내용이다.
① 최근 지구온난화에 따른 기상이변으로 개화기가 빠른 (핵과류)에서 서리피해가 빈번하게 발생한다.
  * 핵과류 : 복숭아, 살구, 자두 등
② 강이나 저수지는 지역 특성상 안개가 자주 발생하기 때문에 과수원이 강이나 저수지 옆에 있다면 서리피해 발생률도 높아진다.
③ 송풍법은 상층의 더운 공기를 아래로 불어내려 과수원의 기온 저하를 막아주는 방법이다.

정답 ④

**02** 다음 중 내동성의 저하 원인은?

① 전분함량 감소
② 당분함량 증가
③ 세포액의 삼투압 증가
④ 점도의 증가

**문제풀이**   S·O·L·U·T·I·O·N

**[작물의 내동성 증가요인]**
㉠ 전분함량의 감소
㉡ 당분함량의 증가 및 삼투압의 증가
㉢ 원형질의 수분투과성의 증가
㉣ 점도의 감소 및 연도(부드러운 정도)의 증가
㉤ 원형질의 친수성 콜로이드 증가
㉥ 칼슘이온(Ca) 및 마그네슘이온(Mg)의 증가

정답 ④

**03** 월동작물이 5℃ 이하의 저온에 계속 노출되면 내동성이 커지는 성질을 이용하여, 내동성을 증가시키는 방법은?

① 경화법

② 휴면법

③ 피복법

④ 관개법

**문제풀이** SOLUTION

월동작물이 5℃ 이하의 저온에 계속 노출되면 내동성이 커지는데, 이것을 경화라고 한다. 경화법이란 갑자기 추위가 오기 전에 경화의 성질을 이용하여 내동성을 증가시키는 방법이다.

정답 ①

**04** 작물의 내동성에 대한 설명으로 옳은 것은?

① 생식기관은 영양기관보다 내동성이 강하다.

② 친수성 콜로이드가 많고, 세포액의 농도가 높으면 내동성이 강하다.

③ 직립성인 것이 포복성인 것보다 내동성이 강하다.

④ 작물은 영양생장기보다 생식생장기에서 내동성이 강하다.

**문제풀이** SOLUTION

① 영양기관이 생식기관보다 내동성이 강하다.
③ 포복성인 것이 직립성인 것보다 내동성이 강하다.
④ 생식생장기보다 영양생장기가 내동성이 강하다.

정답 ②

**05** 내동성이 가장 강한 것은?

① 호밀　　　　　② 수도　　　　　③ 대맥　　　　　④ 엽맥

> **문제풀이** S·O·L·U·T·I·O·N
>
> **[맥류와 환경]**
> - 맥류에서 내동성 순서 : 호밀 > 밀 > 보리 > 귀리
> - 산성토양에 강한 순서 : 호밀 > 귀리 > 밀 > 보리
>
> 정답 ①

**06** 다음 중 내동성이 가장 강한 과수는?

① 사과　　　　　② 배　　　　　③ 복숭아　　　　　④ 포도

> **문제풀이** S·O·L·U·T·I·O·N
>
> • 과수의 내동성 순위 : 사과 > 배 > 복숭아 > 포도 > 감
>
> 정답 ①

**07** 맥류의 동상해 방지의 재배적 대책으로 옳은 것은?

① 질소질 비료를 충분히 시비한다.
② 파종은 적기보다 좀 빨리 하고 한지에서는 파종량을 줄인다.
③ 이랑을 세워 뿌림골을 얕게 한다.
④ 칼륨 비료를 증시하고 종자 위에 준다.

> **문제풀이** S·O·L·U·T·I·O·N
>
> ① 질소비료의 과용은 식물체의 도장을 초래하고 조직을 연약하게 하여 동해를 조장한다.
> ② 월년생 작물에 있어서 월동 전의 과도한 생장이나 불량한 생장은 모두 동해를 조장하므로 적기파종이 가능하도록 작부체계를 세워야 한다. 또한 동해가 염려되는 곳에서는 파종량을 늘려 미리 대비해야 한다.
> ③ 이랑을 세워 넓은 줄뿌림을 하고 뿌림골을 깊게 한다.
> ④ 인산·칼리질 비료를 증시하고 퇴구비를 종자 위에 시용한다. 인산 특히 칼리비료는 조직을 튼튼하게 하고 당분함량을 증가시켜서 내동성을 증대한다.
>
> 정답 ④

**08** 과수작물의 동해 및 상해(서리피해)에 관한 설명으로 옳지 <u>않은</u> 것은?

① 배나무의 경우 꽃이 일찍 피는 따뜻한 지역에서 늦서리 피해가 많이 일어난다.

② 핵과류에서 늦서리 피해에 민감하다.

③ 꽃눈이 잎눈보다 내한성이 강하다.

④ 서리를 방지하는 방법에는 방상팬 이용, 톱밥 및 왕겨 태우기 등이 있다.

**문제풀이** S·O·L·U·T·I·O·N

① 과실나무의 꽃이 일찍 피는 따뜻한 지역에서는 이 무렵에 내리는 늦서리 피해가 우려된다. 사과나 배, 복숭아 등 과일나무는 물론 고추나 오이 등 채소의 어린모가 서리를 맞게 될 경우 생장 기능이 저하되거나 동해를 입게 된다.
② 핵과류(살구나무, 복숭아나무, 매실나무, 자두나무 등)은 개화기가 빠르므로 늦서리 피해를 자주 받는다
③ 잎눈은 꽃눈보다 내동성이 강하며, 꽃눈 중에서 배주가 가장 약하다.
④ 저온·늦서리피해가 우려될 경우에는 방상팬(방상팬으로 바람을 송풍함으로써 저온 기류가 정체되지 않도록 하여 저온 피해를 방지), 스프링클러 등을 이용(살수법)하거나 과수원 군데군데에 톱밥 및 왕겨 태우기로 피해를 예방해야 한다.

정답 ③

**09** 늦서리에 관한 다음 설명 중 옳지 <u>않은</u> 것은?

① 낙엽과수는 겨울에 휴면상태에 들어가므로, 겨울에도 잎을 가진 상록과수보다 내한성이 강하다.

② 뿌리는 지상부보다 내한성이 강하다.

③ 생육단계가 진전될수록 저온에 대한 내한성이 약해진다.

④ 늦서리 피해가 많이 발생하는 분지나 산지사면은 회피한다.

**문제풀이** S·O·L·U·T·I·O·N

뿌리는 일반적으로 내한성이 약해 사과의 경우 지상부는 겨울철에 –40℃까지도 견디나, 지하부는 –11~–12℃에서도 동해를 받는다.

정답 ②

**10** 봄철에 늦추위가 닥쳐 동상해의 위험이 있을 때 잘 처리해야한다. 다음 중 보온 효과가 가장 큰 응급대책으로 적당한 방법은?

① 발연법　　　　　　　　　　　② 연소법
③ 송풍법　　　　　　　　　　　④ 살수빙결법

문제풀이　SOLUTION

봄철 늦추위가 올 때 동상해의 방지책으로 가장 균일하고 큰 보온 효과를 기대할 수 있는 것은 살수빙결법이다,

정답 ④

**11** 동상해 대책에서 살수빙결법은 다음 중 어떤 것을 이용하는 것인가?

① 잠열　　　　　　　　　　　　② 기화열
③ 응결열　　　　　　　　　　　④ 지열

문제풀이　SOLUTION

**[살수 빙결법]**
물이 얼 때 발생하는 잠열(물 1g당 80 ㎈)을 이용하는 방법이다. 서리가 내리는 추운 밤에 작물체 표면에 물을 공급하여 얼음으로 덮히게 하고, 그 얼음이 차가워 지기 전에 계속적으로 물을 뿌려 얼음이 얼게 하면 잠열이 방출되어 작물 체온을 0℃로 유지할 수 있게 된다.

정답 ①

## CHAPTER 04　도복 및 풍해

**01** 도복 피해를 입은 작물에 대한 피해 경감대책으로 옳지 <u>않은</u> 것은?　　　　　　　<제8회>

① 왜성품종 선택
② 질소질 비료 시용
③ 맥류에서의 높은 복토
④ 밀식재배 지양

**문제풀이**　S·O·L·U·T·I·O·N

질소질 비료 시용, 칼륨부족, 규산부족, 밀식재배 등은 도복을 유발한다.

정답 ②

**02** 도복에 대한 설명으로 옳지 <u>않은</u> 것은?

① 밀식, 질소다용, 규산 부족 등은 도복을 유발한다.
② 키가 크고, 줄기가 약한 품종일수록 도복이 심하다.
③ 맥류에서는 복토를 깊게 하면 중경의 효과가 있어 도복이 심하다.
④ 화곡류에서는 등숙 초기보다 후기에 도복의 위험이 크다.

**문제풀이**　S·O·L·U·T·I·O·N

① 밀식하면 줄기가 가늘고 간벽이 얇아져서 도복저항력이 감소되고 뿌리의 발달도 불량해져서 도복이 잘 된다. 질소
　비료를 많이 주면 줄기부의 좌절저항력을 감소시키는 동시에 엽신·간장이 지나치게 신장되어 도복이 발생하는
　경우가 많다. 도복을 방지하기 위해 규산질비료, 가리비료 등을 증가하여 균형에 알맞게 시비해야 한다.
② 도복에 잘 견디는 품종의 특성은 키가 작고 간기부가 굵고 건실하며 줄기와 잎이 직립형으로 투광상태가 좋아서
　아랫마디의 엽초 및 줄기가 튼튼하다.
③ 복토를 깊게 하면 중경효과가 있어 도복이 경감된다.
④ 도복에 가장 약한 시기는 화곡류에서는 등숙 후기이고, 두류에서는 개화 후 10일이다.

정답 ③

**03** 다음의 (       ) 안에 들어갈 내용으로 옳은 것은?

> • (       ) : 벼의 3~4절간에서 부러지는 양상의 도복이다.
> • (       ) : 줄기가 연약하여 부러지지 않고 휘어지는 형태의 도복이다.

① 좌절도복, 뿌리도복
② 뿌리도복, 분얼도복
③ 분얼도복, 만곡도복
④ 좌절도복, 만곡도복

**문제풀이** SOLUTION

• 좌절도복은 벼의 3~4절간에서 부러지는 양상의 도복으로 피해가 가장극심한 도복양상이며 우리나라에서 빈번하게 발생한다.
• 만곡도복은 줄기가 연약하여 부러지지 않고 휘어지는 형태의 도복으로 좌절도복보다는 피해가 적다.
• 뿌리도복은 얕게 심어지거나 생력화 재배를 위해 직파재배를 하는 농가에서 주로 문제가 되는 도복으로 포기 전체가 쓰러지는 도복이다.
• 분얼도복은 등숙기에 벼이삭이 지면에 닿아서 수발아 등의 피해를 가져오는 형태의 도복이다.

정답 ④

**04** 도복으로 인한 수확량 감소의 순이 바르게 된 것은?

① 유숙기 > 호숙기 > 황숙기
② 호숙기 > 유숙기 > 황숙기
③ 유숙기 > 황숙기 > 호숙기
④ 황숙기 > 호숙기 > 유숙기

**문제풀이** SOLUTION

벼 쓰러짐에 의한 수량 감소는 이삭이 나온 후 쓰러지는 시기가 빠르면 빠를수록 피해는 커진다. 즉 유숙기 > 호숙기 > 황숙기 순으로 수량이 감소된다.

정답 ①

**05** 작물 도복의 유발요인으로 볼 수 <u>없는</u> 것은?

① 질소성분의 과잉 흡수
② 근계의 발달과 근활력의 증대
③ 밀파 및 밀식
④ 병해충의 발생



근계의 발달과 근활력의 증대는 도복저항성을 크게 한다.

정답 ②


**06** 벼 도복의 대책을 가장 바르게 설명한 것은?

① 질소를 다량 시용한다.
② 만기추비를 다량으로 시용한다.
③ 직파재배보다 이앙재배를 한다.
④ 밀식을 한다.



• 직파재배는 이앙재배에 비하여 도복의 위험이 크므로 이앙재배를 하면 도복이 경감된다.
① 질소의 시용을 줄여 웃자람을 방지하여야 한다.
② 도복은 만기추비처럼 다비증수재배의 경우에 많이 발생한다. 따라서 입모수에 따라서 추비를 조절하여야 한다.
④ 밀식은 도복의 원인이 된다.

정답 ③

**07** 벼 담수표면산파 재배시 도복에 관한 설명으로 옳은 것은?

① 벼 무논골뿌림재배에 비해 도복이 경감된다.

② 도복경감제를 살포하면 벼의 하위절간장이 짧아져서 도복이 경감된다.

③ 질소질 비료를 다량 시비하면 도복이 경감된다.

④ 파종직후에 1회 낙수를 강하게 해주면 도복이 경감된다.

**문제풀이** SOLUTION

• 도복경감제 처리는 절간장 및 간장을 단축시키고 간벽을 두껍게 하여 도복을 경감시킬 수 있다.
① 담수직파재배는 종자가 논 표면에서 발아, 생육하기 때문에 지상부를 지지하는 힘이 약하고, 줄기가 가늘어져 도복에 약하게 된다. 벼 무논골뿌림재배(논을 알맞게 굳힌 후에 파종하는 방법)는 담수표면산파재배시의 도복문제를 해결하기 위해 고안된 방법으로 도복정도는 재배양식기 따라 '담수표면산파 > 무논골뿌림 > 건답줄뿌림 > 기계이앙 > 손이앙'의 순으로 잘 된다.
③ 과다 질소질비료는 과다생육으로 도복을 증가시키므로 적절한 질소질 비료를 사용하여야 한다.
④ 담수표면직파는 종자가 논 표면에 파종되므로 뿌리가 뽑히거나 끊어지며 넘어지는 뿌리도 도복이 많이 발생한다. 담수표면직파재배에서 도복되지 않으려면 뿌리량이 많고 깊이 뻗으며 뿌리활력이 등숙기까지 유지되어야한다. 따라서 담수표면직파재배는 반드시 2~3회 중간낙수를 하여야 하고 중간낙수 후에도 물걸러대기를 하여 뿌리의 활력을 생육후기까지 유지 증대시켜야 한다.

정답 ②

**08** 포기전체가 넘어지는 도복은?

① 뿌리도복                ② 좌절도복
③ 만곡도복                ④ 분얼도복

**문제풀이** SOLUTION

포기전체가 넘어지는 도복은 뿌리도복이다.

정답 ①

**09** 작물 재배에서 도복을 유발시키는 재배 조건은?

① 광파재배  
② 소식, 이식재배  
③ 토입과 배토  
④ 칼륨과 규산질 증시  

**문제풀이** SOLUTION

광파재배는 협폭파재배나 세조파 재배법에 비해 도복이 심하다.

정답 ①

**10** 두류에서 도복의 위험이 가장 큰 시기는?

① 개화기로부터 약 10일간  
② 개화기로부터 약 20일간  
③ 개화기로부터 약 30일간  
④ 개화기로부터 약 40일간  

**문제풀이** SOLUTION

도복에 가장 약한 시기는 화곡류에서는 등숙 후기이고, 두류에서는 개화 후 10일 전후이다.

정답 ①

**11** 배 재배시 도복발생시 위험이 가장 큰 것은?

① 검은줄오갈병 발생  
② 백엽고병 발생  
③ 잎집무늬마름병(문고병) 발생  
④ 호엽고병 발생  

**문제풀이** SOLUTION

벼에 잎집무늬마름병의 발생이 심하거나, 가을 멸구의 발생이 많으면 대가 약해져서 도복이 심해진다.

정답 ③

**12** 식물의 생육과정에서 강풍의 외부환경에 따른 영향으로 옳지 <u>않은</u> 것은? <제9회>

① 화분매개곤충의 활동을 억제한다.
② 상처를 유발하여 호흡량을 증가시키다.
③ 증산작용은 억제되나 광합성은 촉진된다.
④ 상처를 통한 병해충의 발생을 촉진한다.

**문제풀이** S·O·L·U·T·I·O·N

증산작용은 잎의 기공을 통하여 일어나며, 일반적으로 바람이 불면 증산작용이 활발해진다. 다만, 강풍은 잎의 기공을 닫게 함으로써 이산화탄소의 흡수를 감소시켜 광합성 작용을 방해한다.

정답 ③

**13** 풍해의 기계적 장해에 해당되는 것은?

① 벼에서 수분 및 수정이 저해되어 불임립이 발생한다.
② 상처가 나면 호흡이 증대되어 체내의 양분 소모가 증대된다.
③ 풍속이 강하고 공기가 건조하면 증산이 증대하여 호흡이 이를 따르지 못하고 위조고사한다.
④ 기공이 닫혀 광합성이 감소한다.

**문제풀이** S·O·L·U·T·I·O·N

①은 기계적 장해 ②,③,④는 생리적 장해에 해당한다.

| 기계적 장해 | 생리적 장해 |
| --- | --- |
| • 절상, 열상, 낙과, 도복, 탈립 등을 초래하며 2차적으로 병해나 부패 등이 초래된다.<br>• 수발아와 부패립이 발생되고 수분과 수정의 장해로 불임립 등이 발생한다. | • 바람에 의해 상처가 나면 호흡이 증대하여 체내 양분의 소모가 증대된다.<br>• 풍속이 강하고 공기가 건조하면 증산이 증대하여 위조고사하고 벼에서는 백수가 생긴다.<br>• 기공이 닫혀 이상화탄소의 흡수가 감소되므로 광합성이 감퇴한다.<br>• 매개곤충의 활동저하로 수정율이 감소한다.<br>• 작물의 체온을 저하시킨다.<br>• 상처난 곳을 통해 병해충 감염위험이 증가한다. |

정답 ①

**14** 강풍이 작물에 미치는 영향으로 옳지 **않은** 것은?

① 상처로 인한 호흡률 증가

② 매개곤충의 활동저하로 인한 수정률 감소

③ 기공폐쇄로 인한 광합성률 감소

④ 병원균 감소로 인한 병해충 피해 약화

**문제풀이** S·O·L·U·T·I·O·N

**[강풍이 작물에 미치는 영향]**
- 상처로 인하여 생기는 호흡의 증대 및 양분소모 촉진
- 상처난 곳을 통한 병해충 감염위험 증가
- 기공의 폐쇄로 인한 건조해 및 광합성률 감소
- 작물체온의 저하 등 직접적인 생리적 장해
- 쓰러짐에 따른 피해
- 해안지방의 경우 바람에 의한 염해
- 매개곤충의 활동저하로 인한 수정률 감소

정답 ④

**15** 풍해는 어떤 경우에 작물에 피해를 심하게 주는가?

① 풍속이 크고 공기습도가 낮을 때

② 풍속이 크고 공기습도가 높을 때

③ 풍속이 적고 온도가 높을 때

④ 풍속이 적고 온도, 습도가 낮을 때

**문제풀이** S·O·L·U·T·I·O·N

대체로 풍해는 풍속이 크고 공기습도가 낮을 때 심하다.

정답 ①

**16** 내풍성 작물에 해당하는 것은?

① 고구마

② 벼

③ 목화

④ 콩

> **문제풀이** S O L U T I O N
>
> 풍해가 심한 지역에서는 목초·고구마 같은 내풍성 작물이나, 단간(短稈 : 짧은 줄기)·강간성(强稈性 : 강한 줄기)인 내도복성 품종을 선택한다.
>
> 정답 ①

## CHAPTER 05 　우박 및 기타 자연재해

**01** 최종 적과 후 우박피해를 입은 사과농가의 대처로 옳은 것을 모두 고른 것은?    <제9회>

> - A농가 – 피해정도가 심한 가지에는 도포제를 발라준다
> - B농가 – 수세가 강한 피해 나무에 질소 엽면 시비를 한다.
> - C농가 – 90% 이상의 과실이 피해를 입은 나무의 과실은 모두 제거한다.
> - D농가 – 병해충 방제를 위해 살균제를 살포한다.

① A, C

② A, D

③ B, C

④ B, D

> **문제풀이** S O L U T I O N
>
> - A농가 : 피해정도가 심한 가지는 잘라 절단면에 도포제를 발라준다.
> - B농가 : 수세가 약한 피해 나무에 요소 엽면시비를 한다.
> - C농가 : 우박피해를 입은 나무의 과실은 모두 제거해서는 안된다. 우박피해를 입은 나무의 피해 과실을 제거하되 수세안정을 고려하여 일정한 과실을 남겨두어야 한다.
> - D농가 : 병해충 방제를 위해 살균제를 살포하여 상처 부위에 2차 감염이 일어나지 않도록 해야 한다.
>
> 정답 ②

**02** 우박피해에 대한 다음 설명 중 옳지 <u>않은</u> 것은?

① 광합성량이 감소되어 소과와 꽃눈불량의 원인이 된다.
② 우박예방을 위해서는 작물보다 30㎝정도 더 높게 5~10㎜ 망목의 망을 씌우는 것이 좋다.
③ 망피복의 경우 빗물이 직접 과실표면이나 잎에 닿지 않아 응애와 진딧물의 발생이 줄어든다.
④ 우박은 작물을 크게 손상시키며, 그 후 작용으로 생리적·병리적 장해를 유발한다.

**문제풀이** S·O·L·U·T·I·O·N

• 망을 씌웠을 때 결점은 빗물이 직접 과실표면이나 잎에 닿지 않아 응애와 진딧물이 일찍부터 많이 발생되므로 방제에 유의해야 한다.

정답 ③

**03** 우리나라 우박피해에 관한 설명으로 옳지 <u>않은</u> 것은?

① 전국적으로 7~8월에 집중적으로 발생한다.
② 과실 또는 새가지에 타박상이나 열상 등을 일으킨다.
③ 비교적 단시간에 많은 피해를 일으키고, 피해지역이 국지적인 경우가 많다.
④ 그물(방포망)을 나무에 씌워 피해를 경감시킬 수 있다.

**문제풀이** S·O·L·U·T·I·O·N

우박은 봄철에서 여름철로 접어드는 5~6월(연중의 50~60%)과 여름철에서 가을철로 접어드는 9~10월(연중의 20~30%)에 많이 발생한다.

정답 ①

**04** 배의 우박피해를 극심, 심, 중, 경으로 구분할 경우 심에 해당하는 피해는?

① 잎이 50% 이상 낙엽되거나 100% 찢어진 경우
② 엽의 50~30%가 낙엽되며, 80~100%가 찢어진 경우
③ 엽의 10~30%가 낙엽되며, 70~100%가 찢어진 경우
④ 엽의 10% 이하가 낙엽되고 40% 이하가 찢어진 경우

**문제풀이** S·O·L·U·T·I·O·N

**[배의 우박피해정도 분류기준]**

| 피해정도 | 낙엽율(%) | 열과율(%) | 가지 및 엽의 피해정도 |
|---|---|---|---|
| Ⅰ (극심) | 30 이상 | 100 | - 발육지의 잎의 대부분이 지그재그로 열개되고 가지의 열상이 많음 |
| Ⅱ (심) | 10~30 | 70~100 이하 | - 열개된 잎이 많고, 가지에도 상처자국이 있음 |
| Ⅲ (중) | 10 이하 | 40~70 이하 | - 잎에 구멍이 있고, 찢어진 자국이 있음 |
| Ⅳ (경) | 10 이하 | 40 이하 | - 잎에 구멍이 있음 |

정답 ③

**05** 배가 5월 하순 ~ 7월까지 우박피해를 받은 경우, 피해를 극심, 심, 중, 경으로 구분할 경우, 심에 해당하는 착과량 조절기준은?

① 50~60% 줄여 착과
② 30~50% 줄여 착과
③ 20~30% 줄여 착과
④ 10% 줄여 착과

**문제풀이** S·O·L·U·T·I·O·N

**[배의 피해정도에 따른 착과량 조절 기준]**

| 구분 | 피해 극심 | 심 | 중 | 경 |
|---|---|---|---|---|
| 낙화 직후~5월 중순 사이에 피해를 받은 경우 | 50~60% 줄여 착과 | 20~30% 줄여 착과 | 10% 줄여 착과 | 정상착과 |
| 5월 하순~7월까지 우박피해를 받은 경우 | 전부 적과 | 30~50% 줄여 착과 | 10% 줄여 착과 | 정상착과 |

정답 ②

## 06 수발아(穗發芽)에 대한 설명 중 맞지 <u>않는</u> 것은?

① 우리나라에서는 보리가 밀보다 성숙기가 빠르므로 수발아의 위험이 적다.

② 조숙종이 만숙종보다 수발아의 위험이 적고, 숙기가 같더라도 휴면기간이 긴 품종은 수발아가 적다.

③ 조기수확하면 수발아의 위험이 경감된다.

④ 맥류에서 출수 후 40일경 종피가 굳어진 후 발아억제제를 살포하면 수발아가 억제된다.

**문제풀이**  S·O·L·U·T·I·O·N

출수 후 20일경 종피가 굳어지기 전에 발아억제제인 MH액이나 $\alpha$-나프탈린초산을 살포하면 수발아가 억제된다.

정답 ④

## 07 한해가 가장 심한 시기는?

① 감수분열기　　　② 분열기　　　③ 유숙기　　　④ 출수개화기

**문제풀이** S·O·L·U·T·I·O·N

• 생육단계 및 재배조건과 내건성 : 화곡류의 경우 생식세포의 감수분열기(수잉기)에 가장 약하고, 출수개화기와 유숙기에 다음으로 약하며, 분열기에는 비교적 강하다.

정답 ①

## 08 다음 중에 내건성이 가장 약한 작물은?

① 수수　　　② 조　　　③ 콩　　　④ 옥수수

**문제풀이** S·O·L·U·T·I·O·N

화곡류는 일반적으로 내건성이 강한데, 그 중에서도 수수·조·피·기장 등은 강한 반면, 옥수수는 강하지 못하다.

정답 ④

**09 밭의 가뭄대책으로 알맞은 재배법은?**

① 뿌림골을 높게 한다.

② 질소를 적게 주고 퇴비를 증시한다.

③ 토양입단을 파괴한다.

④ 뿌림골을 넓히고 재식밀도를 높인다.

**문제풀이** S·O·L·U·T·I·O·N

**[밭에서의 한해 대책]**

㉠ 뿌림골을 낮게 하여 땅속의 수분에 가깝도록 한다.

㉡ 뿌림골을 좁히거나 재식밀도를 낮춘다.

㉢ 질소의 다용을 피하고 퇴비·인산·칼리를 증시한다.

㉣ 봄철 보리밭은 답압을 하여 건조를 막는다.

㉤ 내건성인 작물과 품종을 선택하고 토양수분의 보유력을 증대시키며 증발을 억제하는 조치를 취한다.

㉥ 토양입단을 조성한다.

정답 ②

**10 한해(가뭄피해)에 견디는 작물의 특성이 <u>아닌</u> 것은?**

① 세포가 작아서 수분이 적어져도 원형질의 변형이 적다.

② 저수능력이 크고, 다육질이다.

③ 잎이 작고, 왜소하다.

④ 뿌리의 분포가 얕다.

**문제풀이** S·O·L·U·T·I·O·N

지상부에 비하여 근군이 발달하고 뿌리의 분포가 깊어야 한다.

정답 ④

**11** 염해(salt stress)에 관한 설명으로 옳지 <u>않은</u> 것은?

① 토양수분의 증발량이 강수량보다 많을 때 발생할 수 있다.

② 시설재배시 비료의 과용으로 생기게 된다.

③ 토양의 수분포텐셜이 높아진다.

④ 토양수분 흡수가 어려워지고 작물의 영양소 불균형을 초래한다.

문제풀이 · S·O·L·U·T·I·O·N

**[염해(salt stress)]**
1. 주로 시설재배시나 연작토양에서 염류집적과 시비량의 과다사용으로 발생된다.
2. 뿌리 부위의 토양에 염분농도가 지속적으로 높아짐에 따라 삼투포텐셜값이 매우 낮아져 수목 뿌리의 수분포텐셜보다 토양의 수분포텐셜이 낮아져 더이상 뿌리에서의 수분흡수가 이루어지지 못하고, 오히려 뿌리에서 토양으로 수분이 빠져나간다.

정답 ③

## CHAPTER 01  채소재배 및 관리

**01** 채소작물 중 조미채소류가 <u>아닌</u> 것은?

① 마늘  ② 고추
③ 생강  ④ 배추

**문제풀이** S·O·L·U·T·I·O·N

**[채소작물의 분류]**

| 구분 | 내용 |
| --- | --- |
| 과채류(열매채소) | 수박, 참외, 토마토, 딸기, 멜론, 오이, 호박, 가지, 피망 |
| 양채류(서양채소) | 결구상추(양상추), 치커리, 샐러리, 브로콜리(녹색꽃양배추), 파슬리, 잎비트, 콜리플라워(꽃양배추), 아스파라가스 |
| 근채류(뿌리채소) | 열무, 무, 알타리무, 당근, 우엉, 연 |
| 조미채소류 (양념채소) | 고추, 양파, 파, 마늘, 생강 |
| 산채류(산나물류) | 고들빼기, 머위, 씀바귀, 취나물, 고사리, 두릅, 참나물, 도라지, 마, 더덕, 산마늘, 고비, 곤달비, 고려엉겅퀴(곤드레나물) |
| 엽경채류(잎, 줄기채소) | 배추, 양배추, 상추, 시금치, 미나리, 부추, 깻잎, 갓, 냉이, 달래 |
| 기타 채소 | 콩나물 |

정답 ④

**02** 우리나라에서 토마토를 사과와는 달리 채소로 분류하는 이유는?

① 신선한 상태로 이용되기 때문이다.
② 주로 간식이나 부식으로 이용되기 때문이다.
③ 초본성 식물에서 생산되기 때문이다.
④ 인위적으로 재배되기 때문이다.

**문제풀이** SOLUTION

• 우리나라의 과채의 분류 : 과일은 나무에서 나는 열매(목본성(木本性) 식물) 중 먹을 수 있는 것들을 총칭한다.
  채소는 부식으로 이용되는 풀과(초본성)의 식물을 총칭한다.

정답 ③

**03** 자연분류법에 의한 채소의 분류가 알맞게 짝지워진 것은?

① 박과 – 참외, 오이
② 백합과 – 마늘, 고추
③ 가지과 – 가지, 무
④ 십자화과 – 토마토, 양배추

**문제풀이** SOLUTION

① 참외, 오이 : 박과
② 마늘 : 백합과, 고추 : 가지과
③ 가지 : 가지과, 무 : 십자화과
④ 토마토 : 가지과, 양배추 : 십자화과

정답 ①

**04** 원예작물의 식물학적 분류에서 같은 과끼리 묶이지 <u>않은</u> 것은?

① 배추, 결구상추 　　　　　② 콩, 팥

③ 양파, 마늘 　　　　　　　④ 고추, 토마토

**문제풀이** *S·O·L·U·T·I·O·N*

① 배추 : 십자화과, 결구상추 ; 국화과

② 콩, 팥 : 콩과

③ 양파, 마늘 : 백합과

④ 고추, 토마토 : 가지과

정답 ①

**05** 멜론과 식물학적으로 가장 가까운 것은?

① 양파 　　　　　　　　　② 도라지

③ 참외 　　　　　　　　　④ 감자

**문제풀이** *S·O·L·U·T·I·O·N*

• 박과 : 수박, 참외, 멜론, 오이, 호박

① 양파 : 백합과 ② 도라지 : 도라지과 ④ 감자 : 가지과

정답 ③

**06** 딸기는 무슨 과에 속하는 채소인가?

① 장미과 　　　　　　　　② 가지과

③ 국화과 　　　　　　　　④ 꿀풀과

**문제풀이** *S·O·L·U·T·I·O·N*

딸기는 장미과에 속하는 채소이다.

정답 ①

**07** 인경채류에 속하는 채소를 모두 고른 것은?

| ㄱ. 마늘　　　　　ㄴ. 양파　　　　　ㄷ. 부추 |
| --- |

① ㄱ　　　　　　　　　　　　　　② ㄱ, ㄴ
③ ㄴ, ㄷ　　　　　　　　　　　　④ ㄱ, ㄴ, ㄷ

> **문제풀이** SOLUTION
>
> 마늘, 양파, 부추 : 인경채류에 속한다.
>
> 정답 ④

**08** 감자를 수확하여 식용으로 이용하는 부위는?

① 비대한 뿌리이다.
② 비대한 줄기이다.
③ 비대한 엽병(잎자루 : 잎몸과 줄기와의 사이)이다.
④ 비대한 자방(씨방)이다.

> **문제풀이** SOLUTION
>
> **[근채류(뿌리채소의 구분)]**
>
> | 구분 | 종류 |
> | --- | --- |
> | 직근류 | • 무, 당근, 우엉 |
> | 괴근류 | • 뿌리가 덩이로 된 채소<br>• 고구마, 마, 카사바 |
> | 괴경류 | • 줄기가 땅속에서 덩이 형태로 비대해진 채소<br>• 감자, 토란, 생강 |
> | 근경류 | • 뿌리줄기채소 : 땅속에서 얕게 수평으로 뻗는 땅속줄기에 양분이 저장되어 비대해진 형태<br>• 연근, 생강, 둥글레 |
>
> 정답 ②

**09** 화구(花球)를 형성하는 대표적인 채소는?

① 브로콜리  ② 양배추
③ 엔디브  ④ 아티쵸크

문제풀이 S·O·L·U·T·I·O·N

화구(花球)는 꽃이 집단을 모여 이루어진 것으로 브로콜리(녹색꽃양배추), 콜리플라워(꽃양배추)가 대표적인 채소이다. 양배추는 잎이 결구된 것으로 잎을 먹는 채소이다.

정답 ①

**10** 다음 중 잎이나 줄기를 이용하는 채소는?

① 시금치, 양파  ② 고추, 옥수수
③ 무, 생강  ④ 딸기, 마늘

문제풀이 S·O·L·U·T·I·O·N

① 시금치 : 잎을 이용하는 채소, 양파 : 명칭은 비닐줄기 채소지만 잎을 식용으로 하는 채소
② 고추, 옥수수 : 열매를 이용하는 채소(과채류)
③ 무 : 근채류중 뿌리를 이용하는 채소, 생강 : 근채류중 뿌리줄기을 이용하는 채소
④ 딸기 : 열매를 이용하는 채소, 마늘 : 잎을 이용하는 채소

정답 ①

**11** 다음 중 마늘 인편의 식물해부학적 특성을 바르게 설명한 것은?

① 잎이 저장기관으로 비대변형된 것이다.
② 지하경의 일부가 비대발달한 것이다.
③ 섬유근의 일부가 비대발달한 것이다.
④ 줄기의 생장점이 비대발달한 것이다.

문제풀이　S O L U T I O N

마늘은 비늘모양의 잎인 인편(마늘 한쪽 한쪽을 말함)들이 모여 전체적으로 구를 이루고 있는데, 이를 인경구라고 하며, 잎이 저장기관으로 발달한 특이한 예이다.

정답 ①

**12** 다음 중 내산성채소에 해당하지 <u>않는</u> 것은?

① 감자　　　　　　　　　　　　② 귀리
③ 호밀　　　　　　　　　　　　④ 옥수수

문제풀이　S O L U T I O N

**[저항성에 따른 분류]**
• 내산성 : 감자, 귀리, 호밀
• 내건성 : 조, 수수, 기장, 호밀
• 내습성 : 벼, 연, 미나리
• 내한성 : 호밀, 밀, 보리
• 내염성 : 시금치, 배추, 무우, 사탕무, 옥수수, 양배추

정답 ④

**13** 양생채소에 해당하지 <u>않는</u> 것은?

① 토란

② 딸기

③ 배추

④ 가지

문제풀이 SOLUTION

**[광요구도와 채소]**

| 구분 | 내용 | 작물 |
|---|---|---|
| 양생채소 | 강한 빛에 잘 자라는 채소 | 가지과 및 수박 등 박과 등의 열매채소, 딸기, 배추, 상추, 무, 순무, 당근 등 |
| 음생채소 | 약한 빛에 잘 자라는 채소 | 토란, 파, 아스파라거스, 부추, 마늘, 생강, 머위 등 |

정답 ①

**14** 호냉성 채소작물은?

① 상추, 가지

② 시금치, 고추

③ 오이, 토마토

④ 양배추, 딸기

문제풀이 SOLUTION

**[온도적응성에 따른 분류]**

| 구분 | 내용 | 작물 |
|---|---|---|
| 호온성 채소 | 높은 온도에서 잘 자라는 채소 | 참외, 토마토, 고추, 수박, 멜론 등 대부분의 열매채소, 고구마, 생강, 토란, 들깨, 마, 가지 등 |
| 호냉성 채소 | 낮은 온도에서 잘 자라는 채소 | 상추, 마늘, 배추, 감자, 시금치, 무, 당근, 양파, 잠두, 완두, 양배추, 딸기 등 |

정답 ④

**15** 채소의 광합성과 관련하여 낮잠을 자는 시간은?

① 정오부터 오후 2시  
② 오후 4시부터 일몰  
③ 일출부터 정오까지  
④ 한여름 정오부근

**문제풀이** SOLUTION

- 낮잠현상 : 채소작물은 주로 오전 중에, 특히 11시 부근에서 광합성이 가장 활발하게 일어난다. 그리고 정오부터 2시 사이에는 탄산가스 농도가 감소되어 광합성작용이 저하되는 현상을 낮잠현상이라고 한다.

정답 ①

**16** 채소의 재배방식에서 제철보다 늦은 시기에 재배하는 방식은?

① 노지재배  
② 촉성재배  
③ 반촉성재배  
④ 억제재배

**문제풀이** SOLUTION

**[채소의 재배방식]**

| 구분 | 내용 |
|---|---|
| 노지재배 | • 자연 상태의 농경지에서 작물을 재배하는 일반적인 보통재배방식 |
| 조숙재배 | • 비닐하우스 등에서 기른 묘를 늦서리가 내릴 염려가 없는 시기에 노지에 정식하여 노지재배보다 일찍 수확하는 재배 방식<br>• 정식 후에는 소형터널을 씌워서 보온하는 재배 양식 |
| 반촉성재배 | • 자연상태에서는 생육이 안 되는 시기에 유리온실, 비닐하우스, 터널 등의 시설을 이용하여 보통재배보다 일찍 출하하는 재배<br>• 인공적인 가온 없이 낮에는 태양열, 야간에는 철저한 보온으로 재배하는 방식(무가온, 야간보온) |
| 촉성재배 | • 시설 내에서 생육의 전 기간을 재배하는 방식<br>• 일찍 파종하여 장기간 수확이 가능하고, 가격이 높게 형성되어 수익성이 높지만 다른 작형에 비해서 관리 노력이 많이 소요되는 작형 |
| 억제재배 | • 제철보다 늦은 시기에 재배하는 방식으로 전반부에는 노지상태로 재배하다가 후반부는 보온이나 가온을 하면서 재배하는 방식 |

정답 ④

**17** 다음 ( ) 안에 들어갈 내용을 순서대로 옳게 나열한 것은?

> 토마토의 ( )는 9월 상순경에 파종하여 11월 경에 정식하고 1월부터 과실을 수확하는 재배양식으로 추운 겨울 동안 재배하여야 하므로 ( )과 ( )의 조건에서 비대하는 품종이 요구된다.

① 촉성재배, 약광, 저온

② 반촉성재배, 강광, 고온

③ 억제재배, 약광, 저온

④ 조숙재배, 강광, 고온

**문제풀이** SOLUTION

토마토의 촉성재배는 주로 우리나라의 남부지방에 국한되어 있으며, 9월 상순경에 파종하여 11월 경에 정식하고 1월부터 과실을 수확하는 재배양식으로 추운 겨울 동안 재배하여야 하므로 약광, 저온 조건에서 비대하는 품종이 요구된다.

정답 ①

**18** 채소의 재배방식에 대한 설명이다. ( ) 안에 들어갈 내용으로 옳은 것은?

> • ( )는 생육의 후반부터 보온이나 가온을 하면서 재배하는 방식이다.
> • ( )는 정식후 소형터널을 씌워서 보온하는 재배 방식이다.

① 촉성재배, 반숙재배

② 반촉성재배, 억제재배

③ 반숙재배, 조숙재배

④ 억제재배, 조숙재배

**문제풀이** SOLUTION

• 제철보다 늦은 시기에 재배하는 방식으로 전반부에는 노지상태로 재배하다가 후반부는 보온이나 가온을 하면서 재배하는 방식을 억제재배라고 한다.

• 터널조숙재배는 작물을 정식한 후 소형터널을 설치하여 재배하는 방식이다. 일반 노지재배 보다 20일 정도 일찍 심어 생육 중기까지 보온재배하여 생육기간을 늘려 다수확을 할 수 있으며 생육초기 저온, 바람 등의 기상재해를 경감할 수 있다.

정답 ④

# CHAPTER 02  과수재배 및 관리

**01** 과수의 결실에 관한 설명으로 옳지 **않은** 것은?  <제8회>

① 타가수분을 위해 수분수는 20% 내외로 혼식한다.
② 탄질비(C/N ratio)높을수록 결실률이 높아지다.
③ 꽃가루관의 신장은 저온조건에서 빨라지므로 착과율이 높아진다.
④ 엽과비(leaf/fruit ratio)가 높을수록 과실이 크기가 커진다.

**문제풀이**  S·O·L·U·T·I·O·N

• 꽃가루관의 신장은 고온조건에서 빨라지므로 착과율이 높아진다.
① 타가수분을 위해 최소한 수정혼식률은 20%는 되어야 한다.
② 유기물 중의 탄소와 질소의 함량비를 탄질비(C/N ratio)라고 한다. 미생물은 유기물을 분해하여 탄소는 에너지원
으로, 질소는 영양원으로 섭취하여 세포를 구성한다. 탄질비가 높을수록 에너지원이 많아지고 영양원이 적어지므
로 결실률이 높아진다.
④ 과실 1개당 잎 수인 엽과비(leaf/fruit ratio)가 높을수록 과실의 크기가 커진다.

정답 ③

**02** 다음 중 핵과류에 속하는 과수가 **아닌** 것은?

① 복숭아　　　② 살구　　　③ 대추　　　④ 사과

**문제풀이**  S·O·L·U·T·I·O·N

**[인과류와 핵과류]**

| | |
|---|---|
| 인과류 | 사과, 배, 모과, 비파 등 |
| 핵과류 | 복숭아, 자두, 살구, 매실, 대추, 양앵두 등 |

정답 ④

**03** 과수와 그 생육특성이 바르게 짝지어지지 <u>않은</u> 것은?

① 사과나무 – 교목성 온대과수
② 블루베리나무 – 관목성 온대과수
③ 참다래나무 – 덩굴성 아열대과수
④ 온주밀감나무 – 상록성 아열대과수

**문제풀이** S·O·L·U·T·I·O·N

**[과실의 구조에 따른 분류]**

| 구분 | 분류 | | 과수의 종류 |
|---|---|---|---|
| 온대과수 (낙엽과수) | 교목성 | 인과류 | 사과, 배, 모과, 비파 등 |
| | | 준인과류 | 감, 감귤류, 유자 등 |
| | | 핵과류 | 복숭아, 자두, 살구, 매실, 대추, 양앵두 등 |
| | | 각과류(견과류) | 밤, 호두, 개암, 알몬드 등 |
| | | 장과류 | 포도, 딸기, 무화과, 석류 등 |
| | 관목성 | | 나무딸기, 블랙베리, 블루베리 등 |
| | 덩굴성 | | 포도, 머루, 다래, 참다래, 키위 등 |
| 아열대과수 | 상록과수 | | 감귤류, 비파, 올리브 등 |
| 열대과수 | 상록과수 | | 바나나, 망고, 파인애플, 망고스틴, 두리안, 파파야 등 |

정답 ③

**04** 과수와 그 이용부분의 연결이 <u>잘못된</u> 것은?

① 인과류 – 꽃받침
② 핵과류 – 중과피
③ 각과류 – 내과피
④ 장과류 – 외과피

**문제풀이** S·O·L·U·T·I·O·N

- 인과류 – 꽃턱(꽃받침)이 과육이 된 것이다.
- 준인과류 – 씨방이 과육이 된 것이다.
- 핵과류 – 씨방의 중과피가 과육이 된 것이다.
- 각과류 – 씨의 자엽(떡잎)부분을 식용한다.
- 장과류 – 씨방의 외과피가 과육이 된 것이다.

정답 ③

**05** 다음 중 인과류에 속하는 과수가 <u>아닌</u> 것은?

① 사과            ② 모과

③ 비파            ④ 양앵두

**문제풀이**   S·O·L·U·T·I·O·N

**[인과류와 핵과류]**

| 인과류 | 사과, 배, 모과, 비파 등 |
|---|---|
| 핵과류 | 복숭아, 자두, 살구, 매실, 대추, 양앵두 등 |

정답 ④

**06** 다음 중 꽃받침이 발육하여 자란 열매는?

① 포도            ② 복숭아

③ 무화과          ④ 자두

**문제풀이**   S·O·L·U·T·I·O·N

**[진과와 위과]**

| 구분 | 내용 | 작물 |
|---|---|---|
| 진과 | 씨방만이 발육하여 자란 열매 | 감귤류, 포도, 자두, 살구, 감, 밤 등 |
| 위과 | 꽃받침이 발육하여 자란 열매 | 사과, 배, 비파, 무화과 등 |

정답 ③

**07** 다음 중 생육에 적합한 토양 pH가 가장 낮은 것은?

① 블루베리나무
② 무화과나무
③ 감나무
④ 포도나무

**문제풀이** SOLUTION

① 대부분의 작물은 약산성 내지 중성에서 가장 알맞은 생육을 하지만. 블루베리의 경우는 특이하게 산성토양(pH4.5 ~5.5)에서 잘자라고 약산성이나 중성토양에서는 잘 자라지 못하는 작물이다.
② 무화과는 산성토양에 대한 적응성이 약하여 pH 6.5~7.2인 약산성 내지 중성토양이 적합하다.
③ 감은 pH 5.6~6.5 정도의 미산성 토양에서 잘 자란다.
④ 포도나무는 pH가 6.5~7.5정도가 되는 토양에서 잘 생육된다.

정답 ①

**08** 과수원 토양관리에서 청경법에 대한 설명으로 옳은 것은?

① 양분 및 수분 경합이 있다.
② 주야간 지온 교차가 심하다.
③ 병해충의 잠복장소를 제공하기 쉽다
④ 토양수분의 증발이 억제된다.

**문제풀이** SOLUTION

**[청경법]**
• 초생과의 양수분 경합이 없다.
• 병해충의 잠복장소가 없어진다.
• 관리가 편리하다.
• 토양이 유실되고 영양분이 빠져나간다
• 토양 유기물이 소모된다.
• 토양의 물리성이 나빠진다.
• 초생법이나 멀칭법에 비하여 주야간 지온 교차가 심하다.
• 수분증발이 심하다.

정답 ②

**09** 과수원의 토양표면 관리법 중 초생법의 장점이 <u>아닌</u> 것은?

① 토양의 입단화가 촉진된다.
② 지력유지에 도움이 된다.
③ 토양침식과 양분유실을 방지한다.
④ 유목기에 양분 경합이 일어나지 않는다.

---

문제풀이 · S·O·L·U·T·I·O·N

초생법은 과수원 토양을 풀이나 목초로 피복하는 방법으로, 토양의 입단화가 촉진되고 토양침식이 방지되지만, 유목(어린 나무)기 양수분의 경합이 증대된다.

정답 ④

---

**10** 다음 중 부초법(멀칭법)의 장점에 해당하지 <u>않는</u> 것은?

① 토양 침식을 방지한다.
② 멀칭재료에서 양분이 공급된다.
③ 근군이 심층으로 깊게 발달한다.
④ 토양 유기물이 증가되고 토양의 물리성이 개선된다.

---

문제풀이 · S·O·L·U·T·I·O·N

부초법으로 표토를 관리하게 되면 근군이 표층으로 발달하는 단점이 있다.

정답 ③

**11** 토양표면을 짚으로 덮어 관리하는 부초법의 장점과 거리가 <u>먼</u> 것은?

① 토양수분의 증발 억제　　　　② 잡초 발생 억제
③ 서리 피해 방지　　　　　　　④ 지온이 조절

**문제풀이** SOLUTION

이른 봄에 지온상승이 늦어져, 늦서리피해를 입을 수 있다. 서리피해가 방지될 것 같지만 늦서리 피해를 입을 수 있음에 유의해야 한다.

정답 ③

**12** 과수원에서 각 표토관리방법의 장단점을 혼합할 경우, 가장 바람직한 방법은?

① 열간 – 초생법, 수간 – 청경법
② 열간 – 청경법, 수간 – 부초법
③ 열간 – 부초법, 수간 – 초생법
④ 열간 – 초생법, 수간 – 부초법

**문제풀이** SOLUTION

과수원에서 수간에는 영양분의 경합이 일어나지 않도록 청경법을 실시하고, 열간에는 초생법이나 부초법을 실시하여 토양침식을 막는 것이 바람직한 방법이다.

정답 ①

**13** 다음중 내음성이 가장 강한 작물은?

① 무화과　　　　　② 사과　　　　　③ 밤　　　　　④ 복숭아

**문제풀이** SOLUTION

• 내음성이 강한 과수 : 무화과, 포도, 감

정답 ①

**14** 과수에 대한 바람의 영향으로 옳지 <u>않은</u> 것은?

① 이산화탄소의 공급을 원활하게 하여 광합성을 왕성하게 한다

② 고온다습기에 수관 내부의 습도를 낮추어 병충해 발생을 적게 한다.

③ 증산작용을 촉진시켜 양분과 수분의 흡수 상승을 돕는다.

④ 엽소현상(잎마름증상)이 증가한다.

문제풀이 · S·O·L·U·T·I·O·N ─────

적당한 바람은 엽소현상(잎마름증상)을 억제한다.

정답 ④

**15** 정지와 전정의 효과라고 볼 수 <u>없는</u> 것은?

① 생장량이 감소한다.

② 해거리를 촉진한다.

③ 병충해를 방지한다.

④ 품질을 향상시킨다.

문제풀이 · S·O·L·U·T·I·O·N ─────

② 꽃눈 착생을 균일하게 하여 해거리를 방지해 준다.

① 정지와 전정을 하면 엽면적이 감소하면서 생장량이 감소하고 나무의 노화를 억제하여 과수나 화목의 경제수령을 늘려준다.

③ 병충해를 입은 가지를 제거하여 병충해 발생을 사전에 차단한다.

④ 내부 깊숙이 햇볕이 투과하여 과실의 당 함량을 높이는 등 산물의 품질을 향상 시킨다.

정답 ②

**16** 관리가 편리하고 통풍, 통광이 양호하나 결과수가 적어지는 결점이 있는 정지법은?

① 원추형  
② 변칙주간형  
③ 배상형  
④ 울타리형

**문제풀이** S·O·L·U·T·I·O·N

배상형은 짧은 원줄기상에 3-4개의 원가지를 거의 동일한 위치에서 발생시키는 방법으로, 관리가 편리하고 통풍, 통광이 양호하나 결과수가 적어지는 결점이 있다.

정답 ③

**17** 과수재배에서 기본적인 정지법 중 주간을 일찍 자르고 3~4본의 주지를 발달시켜 술잔모양으로 하는 정지법은 어느 것인가?

① 개심형  
② 원추형  
③ 변칙주간형  
④ 울타리형

**문제풀이** S·O·L·U·T·I·O·N

개심형은 짧은 원줄기상에 3-4개의 원가지를 거의 동일한 위치에서 발생시킨 정지법으로, 술잔 모양이라 하여 배상형(盃狀形)이라고도 한다.

정답 ①

**18** 왜성 사과나무 재배에 널리 적용되는 수형으로 주간상에 여러 개의 주지를 배치하고 주지에 측지나 결과모지가 달리게 하는 수형은?

① 변칙주간형  
② 개심자연형  
③ 주간형  
④ 세장방추형

**문제풀이** S·O·L·U·T·I·O·N

수고를 약 2.5m, 수폭을 2~2.5m로 하고 강한 원줄기(주간)에 여러 개의 주지를 배치하되, 주지에 측지(곁가지)나 결과모지(과실이 결실하는 가지가 발생하는 가지)가 달리게 하는 수형은 세장방추형이다.

정답 ④

**19** 울타리형이나 평덕형에 알맞은 작물은?

① 복숭아　　　　　　　　　　② 왜성사과

③ 포도　　　　　　　　　　　④ 사과

문제풀이　S·O·L·U·T·I·O·N

복숭아는 개심형, 왜성사과는 방추형, 배는 변칙주간형이나 배상형, 포도는 울타리형이나 평덕형이 알맞다.

정답 ③

**20** 3년생 가지에 열매가 맺는 과수는?

① 사과　　　　　　　　　　　② 감

③ 포도　　　　　　　　　　　④ 자두

문제풀이　S·O·L·U·T·I·O·N

[과수별 결과습성]

| 구분 | 작물 |
|---|---|
| 1년생 가지 | 포도, 감귤, 감 등 |
| 2년생 가지 | 복숭아, 매실, 자두 등 |
| 3년생 가지 | 사과, 배 등 |

정답 ①

**21** 다음은 전정의 효과에 관한 설명이다. 옳은 것을 모두 고른 것은?

> ㄱ. 목적하는 수형을 만든다.
> ㄴ. 가지를 적당히 솎아서 수광, 통풍을 좋게 한다.
> ㄷ. 격년결과를 예방하고, 적과의 노력을 적게 한다.
> ㄹ. 결과부위의 상승으로, 결과수를 증가시킨다.

① ㄱ　　　　② ㄴ, ㄷ　　　　③ ㄱ, ㄴ, ㄷ　　　　④ ㄴ, ㄷ, ㄹ

**문제풀이** SOLUTION

**[전정의 효과]**
1. 목적하는 수형을 만든다.
2. 죽은 가지, 병충해의 피해를 입은 가지, 노쇠한 가지 등을 제거하고, 튼튼한 새 가지로 갱신하여 결과를 좋게 한다.
3. 가지를 적당히 솎아서 수광·통풍을 좋게 하여 좋은 품질의 과실을 열리게 한다.
4. 결과부위의 상승을 막아 공간을 최대한 이용할 수 있게 하고, 보호·관리에 편리하도록 한다.
5. 결과지를 알맞게 절단하여 결과를 알맞게 조절함으로써 해거리를 예방하고 적과의 노력을 적게 한다.

정답 ③

**22** 화아 분화나 숙기를 촉진시킬 목적으로 실시하는 작업은?

① 순지르기　　　　　　　　② 환상박피
③ 잎따기　　　　　　　　　④ 절상

**문제풀이** SOLUTION

• 환상박피 : 줄기나 가지의 껍질을 3~6mm 정도 둥글게 도려내는 것으로, 박피부 윗부분에 합성된 동화양분이 내려가지 않아 그 가지가 충실해지고, 꽃눈의 분화가 잘되며, 숙기가 촉진된다.

정답 ②

**23** 생리적 낙과를 방지하기 위한 방법으로 가장 적절하지 <u>못한</u> 것은?

① 질소비료의 과다 및 과소를 피한다.
② 건조시 멀칭, 관수 및 중경 등을 실시한다.
③ 과수에서 차광처리를 한다.
④ 낙과를 방지하기 위하여 NAA 및 IAA 등의 옥신호르몬 처리가 유효하다.

---

**문제풀이** SOLUTION

과수에서 차광처리는 일조부족으로 낙과를 촉진할 수 있다.

정답 ③

---

**24** 과실솎기(적과)를 적기에 하였을 때의 이점이 <u>아닌</u> 것은?

① 과실의 착색이 좋아진다.
② 다음해에 결실될 꽃눈이 많이 분화된다.
③ 과실의 평균 무게가 무거워진다.
④ 과실이 익는 시기가 늦어진다.

---

**문제풀이** SOLUTION

**[열매솎기의 효과]**
- 과실의 크기를 크고 고르게 해준다.
- 과실의 착색을 돕고 품질을 높여준다.
- 나무의 잎, 가지, 뿌리 등의 수체 생장을 돕는다.
- 꽃눈의 분화 발달을 좋게 하고 해거리를 예방한다.
- 병·해충을 입은 과실이나 모양이 나쁜 것을 제거한다.
- 과실의 모양을 고르게 한다.
- 적기에 열매솎기를 하면 과실의 무게를 증가시킬 수 있다.

정답 ④

**25** 환상박피에 의하여 과수의 개화, 결실을 조절하는 것과 가장 밀접한 관계가 있는 것은?

① 일장효과  
② 춘화처리  
③ 감온성  
④ C-N율

**문제풀이** SOLUTION

환상박피를 통해 C-N(탄소-질소)율 조정함으로써 과수의 개화, 결실을 조절할 수 있다. 즉 환상박피를 통하여 광합성을 통해 만든 탄수화물이 환상박피한 하단부로 내려오지 못하고 그 윗부분에 탄수화물의 축적을 유도, 촉진하든지, 고구마 순을 나팔꽃 대목에 접목하여 덩이뿌리의 형성 비대를 막고 지상부의 탄수화물 축적을 조장하든지 하면 개화, 결실이 조장된다.

정답 ④

**26** 다음 (    ) 안에 들어갈 내용을 순서대로 옳게 나열한 것은?

> 씨가없는 과실은 상품 가치를 높일 수 있으며 포도, 수박 등은 단위결과를 유도하여 씨 없는 과실을 생산하고 있다. 수박은 (       )(을)를 이용해서 씨없는 수박을 만들고 포도는 (       ) 처리에 의하여 단위결과를 유도하고, 토마토의 착과를 촉진하고 단위 결과를 유도하기 위해 (       )처리를 한다.

① 지베렐린, 콜히친, 팔메트  
② 콜히친, 지베렐린, 토마토톤  
③ 팔메트, 지베렐린, 콜히친  
④ 팔메트, 콜히친, 토마토톤

**문제풀이** SOLUTION

씨가 없는 과실은 상품가치를 높일 수 있으며, 포도, 수박 등에서는 단위결과를 유도하여 씨 없는 과실을 생산하고 있다. 포도에서는 지베렐린처리, 수박에서는 콜히친을 이용하여 3배체를 생산한다. 토마토의 재배에는 착과제 토마토톤의 처리가 실용화되어 있다.

정답 ②

**27** 호흡과 더불어 발생하며 저장 중인 원예생산물의 성숙과 노화를 촉진하는 식물 호르몬은?

① 콜히친　　　　　　　　　　　② 옥신
③ 지베렐린　　　　　　　　　　④ 에틸렌

**문제풀이**　S·O·L·U·T·I·O·N

클라이맥터링과정에서 에틸렌이 분비되며, 에틸렌은 과실의 착색과 성숙을 촉진하지만 노화도 촉진시켜 저장수명을 단축시킨다.

정답 ④

**28** 과수재배 시 봉지씌우기의 목적이 <u>아닌</u> 것은?

① 과실에 발생하는 병충해를 방제한다.
② 생산비를 절감하고 해거리를 유도한다.
③ 과피의 착색도를 향상시켜 상품성을 높인다.
④ 농약이 직접 과실에 부착되지 않도록 하여 상품성을 높인다.

**문제풀이**　S·O·L·U·T·I·O·N

• 봉지씌우기를 하면 생산비가 증가한다. 해거리를 방지하기 위해 봉지씌우기를 한다.

**[봉지씌우기의 목적]**
– 병해충의 피해 방지
– 외관이 수려한 과실 생산이 가능
– 과피가 약한 열과성 품종에서 열과(과일이 찢어짐) 방지
– 과육 착색이 쉬운 품종의 과육 내 색소 발현 억제하여 과육이 깨끗한 과실 생산
– 농약이 직접 과실에 부착되지 않도록 함

정답 ②

**29** 다음의 생장조절제 중 과실의 성숙을 촉진하는 것은?

① ABA

② 에틸렌

③ 옥신

④ 지베렐린

**문제풀이** SOLUTION

**[식물호르몬]**
- 옥신, 지베렐린, 시토키닌 : 생장을 촉진하는 호르몬
- 에틸렌 : 성숙을 촉진하는 호르몬
- 앱시스산(ABA) : 생육을 억제하는 호르몬

정답 ②

**30** 과실을 수확한 후 바로 저장하지 않고 수일간 서늘한 곳에 보관하여 몸을 식혀 저장하는 것을 무엇이라 하는가?

① 방열

② 휴면

③ 후숙

④ 예냉

**문제풀이** SOLUTION

예냉은 과실을 수확 직후부터 수일간 서늘한 곳에 보관하여 식히는 것으로 저장, 수송 중의 부패를 적게 한다.

정답 ④

**31** 감귤의 부패과와 배의 과피 흑변 현상을 방지하기 위해 저장전에 실시하는 처리는?

① 예냉

② 예건

③ 큐어링

④ 후숙

**문제풀이** SOLUTION

- 수확 당시의 과실은 수분이 많아 증산작용이 왕성한데, 이러한 과실을 바로 저장고에 넣으면 저장고 내가 과습하게 되어 감귤은 부패과가 많이 발생하고 배는 과피흑변현상과 같은 생리장해가 일어난다.
- 저장전에 미리 일정량이 감소되도록 건조시킨 다음 저장하면 저장력을 향상시킬 수 있다.

정답 ②

**32** 다음 과실 저장방법 중 가장 이상적인 호흡을 하도록 저장고 내의 온도, 습도, 공기조성 등을 인위적으로 자동통제해 주는 저장 방식은?

① 상온저장

② 저온저장

③ CA 저장

④ 폴리에틸렌 포장저장

**문제풀이** S·O·L·U·T·I·O·N

• CA 저장이란 저장고 내의 공기성분 가운데 산소와 이산화탄소를 인위적으로 조절하여 저장성을 향상시키는 것으로 산소 농도는 2~3%로 낮추고, 이산화탄소 농도는 3~5%로 높여서 저장물의 호흡을 억제시키는 것이 기본원리이다.
• CA 저장은 미생물의 생장과 번식이 억제되는 효과로 인해 과실의 품질을 유지하면서 장기간의 저장이 가능한 자동통제 저장 방식이다.

정답 ③

---

## CHAPTER 03  화훼재배 및 관리

**01** 근경으로 영양번식을 하는 화훼작물은?  <제9회>

① 칸나, 독일붓꽃

② 시클라멘, 다알리아

③ 튤립, 글라디올러스

④ 백합, 라넌큘러스

**문제풀이** S·O·L·U·T·I·O·N

**[영양번식을 하는 화훼작물]**
– 근경(뿌리줄기) : 칸나, 독일붓꽃
– 괴경(덩이줄기) : 시클라멘
– 괴근(덩이뿌리) : 다알리아, 라넌큘러스
– 구경(구슬줄기) : 글라디올러스
– 인경(비늘줄기) : 튤립, 백합

정답 ①

**02** 장미의 블라인드 현상의 직접적인 원인은?　　　　　　　　　　　　　　　　<제9회>

① 수분 부족　　　　　　　　　　　② 칼슘 부족
③ 일조량 부족　　　　　　　　　　④ 근권부 산소 부족

**문제풀이**　S·O·L·U·T·I·O·N

**[블라인드(blind)현상]**
블라인드는 꽃눈이 정상적인 꽃으로 자라지 못하고 퇴화해버리는 현상을 말한다. 블라인드 피해를 받은 장미는 정상 개화 가지에 비해 가늘고 짧으며 잎의 수가 적고 생장이 느리다. 블라인드의 피해는 품종에 따라 다르지만 대부분 햇빛이 부족하고 저온인 겨울 재배에서 많이 나타난다(일조량 부족) 또한 나무의 세력이 나쁘고 영양 상태가 불균형 해도 블라인드 현상이 발생할 수 있다.

정답 ③

**03** 추파 일년초에 속하는 화훼작물은?

① 팬지　　　　　　　　　　　　　② 맨드라미
③ 샐비어　　　　　　　　　　　　④ 칸나

**문제풀이**　S·O·L·U·T·I·O·N

**[화훼류의 구분]**

| 구분 | 내용 | 종류 |
|---|---|---|
| 1년초 | 춘파 1년초 | 분꽃, 샐비어, 나팔꽃 맨드라미, 코스모스, 봉선화, 해바라기 등 |
| | 추파 1년초 | 아라비스, 팬지, 데이지, 안개초 등 |
| 2년초(두해살이 화초) | | 석죽, 종꽃, 접시꽃 등 |
| 다년초(숙근초) | | 수련, 옥잠화, 금낭화, 원추리, 꽃창포, 칸나 |

정답 ①

**04** 다음 중 비늘줄기 식물인 것은 무엇인가?

① 글라디올러스　　　　　　　　② 수선화
③ 다알리아　　　　　　　　　　④ 크로커스

문제풀이　S·O·L·U·T·I·O·N

**[형태별 분류]**

| 분류 | 식물 |
|---|---|
| 인경(비늘줄기) | 튜율립, 백합, 수선화, 히야신스, 나리 |
| 구경(구슬줄기) | 글라디올러스, 프리지아, 크로커스 |
| 괴경(덩이줄기) | 아네모네, 칼라, 시클라멘, 칼라디움 |
| 근경(뿌리줄기) | 아이리스, 칸나 |
| 괴근 | 다알리아, 라넌큘러스, 작약 |

정답 ②

**05** 가을에 노지에 심어 월동시키면 다음해 봄에 개화하는 화훼작물은?

① 칸나　　　　　　　　　　　　② 다알리아
③ 튜율립　　　　　　　　　　　④ 글록시니아

문제풀이　S·O·L·U·T·I·O·N

**[시기별 분류]**

| 분류 | 특징 | 식물 |
|---|---|---|
| 춘식구근 | • 노지월동이 불가능하므로 가을에 캐내어 10~15℃에서 저장하여 월동시킨 후 다음해 봄에 심는 화훼<br>• 건조에 강하고 척박한 토양에서도 잘 자란다. | 칸나, 다알리아, 글라디올러스, 수선 |
| 추식구근 | • 가을에 노지에 심어 월동시키면 다음 해 봄에 개화하는 화훼<br>• 생육이 불량하고 서늘한 조건에서 잘자라며 춘식구근에 비해 토양이 비옥해야 하며 건조에도 약한 편이다. | 튜율립, 백합, 수선, 크로커스, 아이리스, 무스카리 |
| 온실구근 | • 내한성이 약하여 노지에서는 겨울에 얼기 때문에 온실 안에서 재배하는 화훼<br>• 주로 화분 장식용으로 실내에서 재배 | 구근베고니아, 글록시니아, 아마릴리스, 칼라, 시클라멘, 아네모네, 프리지아, 히야신스, 라난큘러스 등 |

정답 ③

**06** 관엽식물의 특징이 <u>아닌</u> 것은?

① 꽃이 없다.
② 저광도의 환경에서 잘 견딘다.
③ 주로 영양번식을 한다.
④ 열대산이 많다.

> **문제풀이** SOLUTION
>
> • 관엽식물은 꽃보다는 잎을 보는 식물이지만, 꽃도 피운다.
> ② 울창한 밀림속에서 햇볕을 많이 받지 못하는 환경에서 자라 저광도의 환경에 잘 견딘다.
> ③ 온대성식물이 주로 종자번식을 하는 반면, 열대성 식물인 관엽식물은 입이나 줄기가 발달하여 영양번식을 주로 한다.
> ④ 관엽식물은 대부분 열대성 음지식물이다.
>
> 정답 ①

**07** 다음 중 지생란에 해당하지 <u>않는</u> 것은?

① 춘란  ② 심비듐
③ 풍란  ④ 새우난초

> **문제풀이** SOLUTION
>
> **[난과식물]**
>
> | 구분 | 내용 | 품종 |
> | --- | --- | --- |
> | 지생란 | • 일반 식물과 같이 땅에 뿌리를 내리고 자라는 난<br>• 주로 동양란이 많다. | 춘란, 한란, 심비듐, 새우난초 등 |
> | 착생란 | • 나무줄기나 바위에 붙어서 자라는 난<br>• 주로 서양란이 많다. | 풍란, 석곡, 지네발란, 덴드로븀 등 |
>
> 정답 ③

**08** 카네이션, 국화, 거베라 등의 화훼를 생장점 배양하는 주된 이유는?

① 역병을 방제하기 위해

② 바이러스병을 방제하기 위해

③ 뿌리썩음병을 방제하기 위해

④ 탄저병을 방제하기 위해

---

**문제풀이** S·O·L·U·T·I·O·N

**[조직 배양을 통한 무병주 생산]**

1. 화훼는 다른 식물과 달리 씨로 대를 이어 가기(종자번식)가 어렵기 때문에 조직배양이라는 방법(영양번식)으로 대를 이어간다.
2. 영양번식으로 증식하는 화훼식물의 경우 바이러스병이 가장 문제가 된다. 바이러스병은 직접 방제가 불가능하기 때문에 무병주 생산으로 극복한다.
3. 생장점 배양으로 무병주를 얻을 수 있는 이유는 생장점에는 바이러스가 없거나 극히 적기 때문이다. 따라서 생장점 배양은 바이러스 무병주 생산에 효과적으로 이용될 수 있는 방법이다.

정답 ②

---

**09** 절화의 수명에 영향을 끼치는 에틸렌에 대한 민감도가 가장 낮은 작물은?

① 카네이션 　　　　　　② 프리지아

③ 나리 　　　　　　　　④ 국화

---

**문제풀이** S·O·L·U·T·I·O·N

**[에틸렌과 절화작물]**

| 구분 | 작물 |
|---|---|
| 에틸렌에 민감한 식물 | 카네이션, 백합, 프리지아, 난초과 식물, 나리 등 |
| 에틸렌에 둔감한 작물 | 장미, 거베라, 국화 등 |

정답 ④

**10** 절화의 수명연장방법으로 옳지 <u>않은</u> 것은?

① 화병의 물에 살균제와 당을 첨가한다.
② 산성물(pH 3.2~3.5)에 침지한다.
③ 에틸렌을 엽면살포한다.
④ 줄기 절단부를 수초간 열탕처리한다.

문제풀이 SOLUTION

**[절화보존재의 구성성분과 기능]**

| 구성성분 | 기능 |
|---|---|
| 당 | • 절화는 양분과 수분의 공급이 중단되기 때문에 꽃의 색상, 크기, 수명에 큰 영향을 받는다. 때문에 당을 공급하여 절화의 품질이 유지되도록 한다. |
| 살균제 | • 절화가 담겨지는 꽃물통(화기, 화병 등), 줄기, 줄기 내부 등에 세균의 증식을 억제하기 위하여 살균제를 첨가한다 |
| 산성물에 침지 | • 절화에 이용되는 보존용액의 pH는 3.2~3.5 수준으로 낮게 하여 침지할 경우, 용액 내의 낮은 pH는 미생물 증식을 억제시켜 줄기의 도관 내 수분 흡수를 촉진시켜 절화의 수명연장을 돕는다. |
| 에틸렌생성 및 작용억제제 | • 절화수명 단축의 원인인 에틸렌의 생성과 작용을 억제할 수 있는 에틸렌 합성 억제제(AOA)와, 에틸렌 작용 억제제(STS)를 첨가한다. |
| 식물생장 조절물질 | • 절화의 노화를 억제하고, 꽃봉오리의 개화를 유도하기 위해 첨가한다.<br>• 6-BA(6-벤질아미노퓨린), GA(지베렐린산), ABA(앱시스산) |
| 열탕처리 | • 절화줄기의 기부 10cm 정도를 80~100℃의 물에 수 초간 담갔다가 꺼내 찬물에서 물올림하는 방법이다. |

정답 ③

## CHAPTER 01  시설구조 및 설계

**01** 베드의 바닥에 일정한 크기의 기울기로 얇은 막상의 양액이 흘러 순환하도록 하고 그 위에 작물의 뿌리 일부가 닿게하여 재배하는 방식은? <제9회>

① 매트재배　　　　　　　　　　　　② 심지재배
③ NFT 재배　　　　　　　　　　　　④ 담액재배

**문제풀이** · S·O·L·U·T·I·O·N

- NFT 재배 : 재배상을 대신하여 필름 또는 피막을 이용하여 작물의 뿌리를 싸서 2mm~2cm의 깊이로 배양액을 흘려보내는 방법으로 박막수경이라고도 한다.
① 매트재배 : 흙을 대신하는 다공성 매트(capillary mat)에 식물을 식재한 후 양액을 공급하는 방식이다.
② 심지재배 : 흙을 대신하는 부직포 심지에 식물을 식재한 후 양액을 공급하는 방식으로 가장 단순한 수경재배 형태이지만, 식물이 충분한 물과 영양소를 흡수하는 데에 제한적이다.
④ 담액재배 : 식물뿌리를 항상 양액속에 담근 채로 재배하는 방식으로, 산소를 공급하는 장치가 필요하다.

정답 ③

**02** 유리온실의 특징으로 볼 수 **없는** 것은?

① 시설의 내구연한이 길다.　　　　　② 부대장치 도입이 용이하다.
③ 각종 환경관리가 어렵다.　　　　　④ 시설의 건축이 어렵다.

**문제풀이** · S·O·L·U·T·I·O·N

**[유리온실의 특징]**

| 장점 | 단점 |
| --- | --- |
| • 시설의 내구연한이 길다.<br>• 부대장치 도입이 용이하다.<br>• 각종 환경관리가 용이하다. | • 시설의 건축이 어렵다.<br>• 비용이 많이 소요된다. |

정답 ③

**03** 유리온실과 용도가 잘못 연결된 것은?

① 외지붕형 : 가정용, 취미오락용

② 스리쿼터형 : 교육용, 멜론재배용

③ 양지붕형 : 화훼나 채소의 대규모 생산시설용

④ 벤로형온실 : 대형 관상식물용

**문제풀이** SOLUTION

**[유리온실의 종류 및 특징]**
- 외지붕형 : 가정용, 취미오락용
- 스리쿼터 형 : 교육용, 멜론재배용
- 양지붕형 : 화훼나 채소의 대규모 생산시설용
- 둥근지붕 형 : 대형 관상식물용
- 연동형 온실 : 대규모 시설재배용
- 벤로형 온실 : 토마토, 오이, 피망 등의 키가 큰 호온성 과채류재배

정답 ④

**04** 다음 중 양쪽 지붕의 길이가 다른 부등변식 온실은?

① 양지붕형 온실

② 둥근지붕형 온실

③ 스리쿼터형 온실

④ 더치라이트형 온실

**문제풀이** SOLUTION

3/4형 온실은 스리쿼터형 온실이라고도 하며, 양쪽 지붕의 길이가 다른 부등변식 온실을 말한다.

정답 ③

**05** 더치라이트형 온실의 특징을 바르게 설명한 것은?

① 골격률이 낮다.
② 측벽이 바깥쪽으로 경사져 있다.
③ 지붕이 둥글다.
④ 양쪽 지붕의 길이가 다르다.

**문제풀이** S·O·L·U·T·I·O·N

더치라이트형 온실은 양지붕형 온실의 일종으로서, 그 측벽이 바깥쪽으로 경사되어 있어, 풍압을 경감하는 효과가 있다.

정답 ②

**06** 연동식 하우스가 단동식 하우스에 비해 유리한 점은 무엇인가?

① 광선의 투광량이 많다.
② 설치 및 분해가 편리하다.
③ 환기작업이 간편하다.
④ 설치 자재비가 절약된다.

**문제풀이** S·O·L·U·T·I·O·N

단위면적당 건설비가 싸고, 토지이용률이 높아서 난방비가 절약된다.

정답 ④

**07** 처마가 높고 너비가 좁은 양지붕형온실을 연결한 것으로 토마토, 피망 등의 키가 큰 호온성 과채류 등의 장기재배에 적합한 온실은?

① 스리쿼터형 온실　　　　　　　② 연동형 온실
③ 벤로형 온실　　　　　　　　　④ 터널형 온실

문제풀이　SOLUTION

벤로형 온실은 종래의 연동형온실의 결점을 보완한 것으로, 토마토, 오이, 피망 등의 키가 큰 호온성 과채류(비교적 높은 온도조건에서 생육이 잘 되는 채소)재배에 적합하다.

정답 ③

**08** 지붕형 온실과 아치형 온실의 장단점을 비교한 내용 중 가장 옳게 설명된 것은?

① 광선의 유입은 지붕형이 고루 투사되어 많다.
② 적설시 아치형이 지붕형보다 유리하다.
③ 천창의 환기 능력은 지붕형이 아치형보다 유리하다.
④ 재료비 부담 측면에 볼 때 지붕형이 아치형에 비하여 적게 소요된다.

문제풀이　SOLUTION

[플라스틱하우스 지붕형 온실과 아치형 온실의 장단점비교]

| 구분 | 지붕형 온실 | 아치형 온실 |
| --- | --- | --- |
| 내성 | 내풍성은 미흡 내적설성 우수 | 내풍성 우수 내적설성 불리 |
| 광선 | 태양광선이 균일하게 투사되는 정도가 아치형보다 못하다. | 광선이 균일하게 투사되기 때문에 실내의 조도(照度)가 높고 광분포가 균일 |
| 환기 | 천창 및 측창개폐방식으로 양호 | 측장방식으로 천창 환기하지 않으면 환기능률이 떨어짐 |
| 골재 | 각관이나 C형강 골조 | 아연도금 파이프 골조 |
| 재료비 | 비용이 많이 든다 | 부담이 적다 |
| 규모 | 대규모 온실 | 소규모 온실 |
| 습도 | 물방울이 생기지 않음 | 상부에 물방울이 생겨 다습해짐 |
| 보온성 | 보온성이 아치형에 비해 불리 | 지붕형 시설보다 보온이 유리 |

정답 ③

**09** 일반 온실에 비해 벤로형 온실의 장점이 <u>아닌</u> 것은?

① 투광율이 높다.
② 시설비가 적다.
③ 골격자재가 많다.
④ 난방비가 절약된다.

문제풀이 SOLUTION

지붕높이(추녀에서 용마루까지의 길이)가 약 70cm에 지나지 않으므로 서까래의 간격이 넓어질 수 있기 때문에 골격자재가 적게 들어 시설비가 절약된다.

정답 ③

**10** 플라스틱 온실의 특징으로 볼 수 <u>없는</u> 것은?

① 조립·해체·이동이 곤란하다.
② 시설의 설치비가 저렴하다.
③ 시설의 내구연한이 짧다.
④ 각종의 환경조절이 어렵다.

문제풀이 SOLUTION

[플라스틱온실의 특징]

| 장점 | 단점 |
| --- | --- |
| • 조립·해체·이동이 간편하다.<br>• 시설의 설치비가 저렴하다. | • 시설의 내구연한이 짧다.<br>• 각종의 환경조절이 어렵다. |

정답 ①

**11** 플라스틱 필름 터널형하우스의 특징은?

① 환기가 쉽다.
② 눈이 많이 오는 지역에 효과적이다.
③ 보온성이 떨어진다.
④ 실내 광분포가 균일하다.

> **문제풀이** SOLUTION
>
> **[플라스틱 필름 터널형하우스]**
>
> | 장점 | 단점 |
> | --- | --- |
> | • 보온성 우수하다.<br>• 내풍성이 강하다<br>• 광분포가 균일하다. | • 환기가 불량하다(환기시설 설치곤란)<br>• 내설성이 약하다. |
>
> 정답 ③

**12** 에어하우스의 가장 큰 특징이라고 볼 수 있는 것은?

① 골격율이 높다.
② 설치가 매우 복잡하다.
③ 보온성이 뛰어나다.
④ 풍압력에 약하다.

> **문제풀이** SOLUTION
>
> **[에어하우스의 특징]**
> 1. 하우스 안에 기둥 없이 세워진 최첨단공법이다.
> 2. 골격율이 낮아 광투과율이 높다.
> 3. 대단위 복합 기계화 영농이 가능하다.
> 4. 이중으로 설치되어 보온성이 좋다.
> 5. 자연재해(폭설과 태풍)에도 강하다
> 6. 시설구조가 단순하고 설치가 간단하다.
>
> 정답 ③

**13** 펠렛하우스의 가장 큰 장점은?

① 보온성이 높다.
② 내구성이 크다.
③ 자동화가 쉽다.
④ 설치비가 싸다.

**문제풀이** SOLUTION

- 펠렛하우스 : 야간에는 펌프를 이용하여 이중필름사이에 발포폴리스티렌입자를 충전하여 열손실을 방지하고, 주간에는 입자를 배출하여 광투과율을 높여준다.

정답 ①

**14** 포도재배에 주로 사용하는 시설은?

① 펠렛하우스
② 이동식 온실
③ 비가림하우스
④ 터널형 하우스

**문제풀이** SOLUTION

**[비가림하우스]**
- 자연강우를 차단하기 위해 일정한 골격에 피복재를 덮어 씌운 간단한 시설로 바람막이 역할을 한다.
- 장마철에 병충해발생들을 억제하고, 고랭지 농업에서 많이 이용한다.
- 우산형 비가림하우스 : 포도 간이시설
- 전면 비가림하우스 : 고랭지, 엽채류 재배 및 여름철 장마 때 많이 사용

정답 ③

**15** **식물공장의 설명으로 볼 수 없는 것은?**

① 장소의 제한을 받지 않는다.
② 노동력과 생산비를 크게 줄일 수 있다.
③ 고품질의 농산물 생산이 가능하다.
④ 계절에 관계없이 계획생산이 가능하다.

문제풀이 S·O·L·U·T·I·O·N

식물공장에서는 적은 농지와 적은 양의 물, 그리고 노동력도 훨씬 적게 필요하지만, 식물공장 시설은 일반 하우스 시설의 약 20배 정도의 운영경비가 든다.

정답 ②

**16** **공장식 생산시스템을 가진 완전제어형 식물공장의 특성을 잘못 표현한 것은?**

① 계획생산과 주년생산 가능
② 실내환경의 완전제어 가능
③ 작업의 공정자동화 가능
④ 자연광의 효율적 이용 가능

문제풀이 S·O·L·U·T·I·O·N

완전제어형 식물공장은 자연광을 투과시키지 않는 단열재료를 사용하여 건설하며, 전적으로 인공조명에 의하여 작물을 재배한다.

정답 ④

**17** 시설재배에서 양액재배를 도입하는 가장 근본적인 이유는?

① 연작장해 회피
② 무공해 청정농산물 생산
③ 수량과 품질 향상
④ 노동력 절감

문제풀이 **S O L U T I O N**

양액재배란 토양없이 생육에 필요한 무기양분을 용해시킨 수용액으로 작물을 재배하는 시설재배의 형태로, 근본적인 이유는 연작장해의 회피에 있다.

정답 ①

**18** 시설의 구비조건으로 옳지 <u>않은</u> 것은?

① 시설 골격률이 높아야 한다.
② 하우스 보온비가 높아야 한다.
③ 보온이 우수한 피복자재를 사용한 시설이어야 한다.
④ 온도, 차광, 관수 등 환경조절이 가능하여야 한다.

문제풀이 **S O L U T I O N**

시설의 골격률이 낮아 광투과율이 높아야 한다.

정답 ①

**19** 다음 중 시설의 방향이 남북동이어야 하는 경우는?

① 외지붕형　　　　　　　　　② 촉성재배형
③ 스리쿼터형　　　　　　　　④ 연동형

문제풀이 **S O L U T I O N**

**[시설의 방향]**
- 동서동 : 외지붕형, 스리쿼터형, 촉성재배형
- 남북동 : 양지붕형, 연동형, 반촉성재배형

정답 ④

# CHAPTER 02 자재특성 및 시설관리

**01** 다음 피복재 중 투과율이 가장 높은 연질필름은? <제7회>

① 염화비닐(PVC)필름

② 불소계수지(ETFE)필름

③ 에틸렌아세트산비닐(EVA)필름

④ 폴리에틸렌(PE)필름

**문제풀이** SOLUTION

- 폴리에틸렌(PE)필름은 연질피복제 중 광투과율이 높지만 장파장을 많이 투과시키므로 보온성이 떨어진다. 약품에 대한 내성이 크고 가격이 싸기 때문에 피복재 중 가장 많이 이용하고 있다.

① 염화비닐(PVC)필름 : 연질피복제 중 보온성이 가장 높지만 사용 중 광투과율이 낮아진다.

② 불소계수지(ETFE)필름 : 광투과율은 90% 전후로 높은 편이고, 두께가 0.1~0.2mm 이상인 경질피복재이다.

③ 에틸렌아세트산비닐(EVA)필름 : 폴리에틸렌(PE)필름 보다 광투과율은 다소 낮지만, 보온성, 내후성 및 방적성이 좋다.

정답 ④

**02** 플라스틱 하우스에서 가장 많이 이용되는 골격자재는?

① 죽재와 목재

② 스퀘어튜브

③ PVC코팅파이프

④ 아연도금파이프

**문제풀이** SOLUTION

아연도금파이프는 녹이 슬지 않으므로 플라스틱하우스에서 가장 많이 이용된다.

정답 ④

**03** 온실자재 알루미늄의 특징을 <u>잘못</u> 표현한 것은?

① 가벼워 다루기가 용이하다.

② 부식에 강하여 오래 쓸 수 있다.

③ 성형이 쉬워 복잡한 단면가공이 가능하다.

④ 철강에 비하여 강도가 강하여 많은 부재로 이용된다.

**문제풀이** SOLUTION

온실자재 알루미늄은 철강에 비하여 강도가 약하고 가격이 비싼 단점이 있다.

정답 ④

**04** 시설원예 피복자재의 조건으로 옳지 <u>않은</u> 것은?

① 열전도율이 낮아야 한다.

② 겨울철 보온성이 커야 한다.

③ 외부 충격에 강해야 한다.

④ 광 투과율이 낮아야 한다.

**문제풀이** SOLUTION

• 피복자재는 투명하여 광 투과율이 높아야 한다.
① 열이 빠져나갈 때는 주로 열전도의 특성을 가지므로, 피복자재는 열전도율이 낮아야 한다.
② 열이 잘 빠져나가지 않아 보온성이 뛰어나야 한다.
③ 기상요인에 견딜 수 있도록 인장강도가 크고 잘 찢어지지 않으며, 충격에 강해야 한다.

정답 ④

**05** 시설내 광환경을 개선하기 위한 방법으로서 옳지 <u>않은</u> 것은?

① 가늘고 강한 골격재를 선택하여 차광률을 줄인다.
② 물방울이 잘 맺히는 피복재를 선택한다.
③ 광투과력이 좋고, 먼지가 잘 부착되지 않는 피복재를 사용한다.
④ 시설의 설치는 동·서동 방향으로 한다.

**문제풀이** SOLUTION

- 먼지가 잘 묻지 않으며 물방울이 맺히지 않고 흘러내려야 한다.
- 광환경개선을 하는데 있어서 일반적으로 동서동에서 투광량이 많다. 남북방향설치 원칙은 유리온실같은 경우에 투광량을 줄여 고온기 실내온도의 지나친 상승을 억제하는데 목적이 있다.

정답 ②

**06** 우리나라에서 가장 많이 사용되는 시설의 기초피복재는?

① 폴리에틸렌 필름　　　　　　　② 염화비닐 필름
③ 에틸렌아세트산비닐　　　　　　④ 경질폴리에스테르필름

**문제풀이** SOLUTION

**[폴리에틸렌필름(polyethylene, PE)]**
1. PE필름은 다른 연질필름보다 자외선과 적외선을 많이 투과시키는데, 특히 장파장을 많이 투과시키므로 보온성은 떨어진다.
2. PVC필름보다는 내후성이 떨어진다.
3. 그러나 PE필름은 다른 필름보다 가격이 싸기 때문에 현재까지 우리나라에서 가장 많이 사용되고 있다.

정답 ①

**07** 작물의 시설재배에서 연질 피복재만을 고른 것은?

> ㄱ. 폴리에틸렌필름  ㄴ. 에틸렌아세트산필름
> ㄷ. 폴리에스테르필름  ㄹ. 불소수지필름

① ㄱ, ㄴ  ② ㄱ, ㄹ
③ ㄴ, ㄷ  ④ ㄷ, ㄹ

**문제풀이** SOLUTION

**[기초피복재]**

| 구분 | | | 종류 |
|---|---|---|---|
| 유리 | | | • 투명유리 : 광선투과율이 가장 높음<br>• 산광유리 : 광분포가 고름 |
| 플라스틱 | 연질필름 | 0.05~0.1mm의 필름 | 폴리에틸렌필름(PE), 에틸렌아세트산비닐필름(EVA: 초산비닐필름), 염화비닐(PVC) |
| | 경질필름 | 0.1~0.2mm의 필름 | 염화비닐, 폴리에스테르필름, 불소필름 염화비닐은 가소제를 넣으면 연질필름이 되고 가소제를 넣지 않으면 경질필름이 된다. |
| | 경질판 | 두께 0.2mm 이상의 플라스틱판 | FRP판(유리섬유 강화 폴리에스테르판), FRA 판(유리섬유강화아크릴판), MMA판(아크릴 수지판), PC판(폴리카보네이트수지판) |

정답 ①

**08** 장파투과율이 가장 높은 연질필름은?

① PE  ② EVA
③ PVC  ④ FRP

**문제풀이** SOLUTION

**[장파투과율과 광투과율]**

| 구분 | 의의 | 순서 |
|---|---|---|
| 장파투과율 | 장파투과율이 높을수록 보온력은 약해진다. | PVC < EVA < PE |
| 광투과율 | 광투과율이 높을수록 보온력이 좋아진다. | PE < EVA < PVC |

정답 ①

**09** 다음 피복재 중 보온성이 가장 높은 연질필름은?

① 폴리에틸렌 (PE)필름
② 염화비닐(PVC)필름
③ 불소계 수지(ETFE)필름
④ 에틸렌 아세트산비닐(EVA)필름

**문제풀이** SOLUTION

보온성 순위 : ETFE < PE < EVA < PVC

정답 ②

**10** 다음 중 기초피복재와 추가피복재로 모두 사용할 수 있는 피복재는?

① 복층유리  ② 부직포
③ 연질필름  ④ 보온용 매트

**문제풀이** SOLUTION

• 연질필름은 기초피복재와 추가피복재로 모두 사용할 수 있는 피복재이다.
① 기초피복재 중 유리피복재에 해당한다.
②, ④ : 추가피복재

정답 ③

**11** 다음 중 알루미늄을 이용한 추가피복제는?

① 반사필름          ② 부직포

③ 한랭사          ④ 네트

**문제풀이**   S·O·L·U·T·I·O·N

**[추가피복제(기초피복이외에 보온, 차광, 반사 등을 목적으로 하는 피복)]**

| 용도 | 종류 | | 내용 |
|---|---|---|---|
| 보온 | 커튼 | 연질 필름 | • 두께 0.05mm ~ 0.1mm의 필름 |
| | | 부직포 | • 폴리에스테르의 긴 섬유로 짠 천모양의 시트 |
| | | 반사 필름 | • 알루미늄을 반사면으로 한 필름<br>• 보온 및 보광용으로 이용 |
| | 외면 피복 | 거적 | • 짚으로 만든 피복재, 단열효과가 큼 |
| | | 매트 | • 소형터널의 보온피복에 주로 사용 |
| 차광 | 한랭사 | | • 비닐론, 폴리에스테르, 아크릴 등 실모양의 섬유로 짠 것 |
| | 네트 | | • 폴리에틸렌, 폴리프로필렌을 원료로 한 노끈 모양의 섬유로 짠 것 |
| | 부직포 | | • 커튼이나 차광피복제로 이용 |
| 지면피복 | | | • 연질필름, 반사필름 |

정답 ①

**12** 시설 내의 온도 상승을 억제하고 잎이 타는 현상을 막기 위하여 사용되는 피복재는?

① 유리          ② 한랭사

③ PE 필름          ④ PVC 필름

**문제풀이**   S·O·L·U·T·I·O·N

한랭사로 차광처리하면 기온 및 지온상승을 억제함으로써 잎이 타는 현상을 막을 수 있다.

정답 ②

**13** 채소작물을 멀칭재배할 때 토양온도를 가장 높일 수 있는 필름은?

① 투명필름　　　　　　　　　　② 녹색필름

③ 적색필름　　　　　　　　　　④ 흑색필름

> **문제풀이** ─ SOLUTION ─
>
> 지온상승 효과 : 흑색필름 < 녹색필름 < 투명필름
>
> 정답 ①

**14** 다음 중 산광피복자재로서 그늘이 생기지 <u>않는</u> 것은?

① 투명 유리

② 염화비닐 필름(PVC)

③ 폴리에틸렌 필름(PE)

④ 유리섬유 강화 폴리에스테르파형판(FRP)

> **문제풀이** ─ SOLUTION ─
>
> 산광(散光) 피복자재인 FRA(fiber reinforced acryl; 아크릴 수지의 유리섬유를 샌드위치 모양으로 넣어 가공한 것) 판과 같은 피복자재를 이용하면 그늘이 적어지고, 광이 고르게 분포하게 된다.
>
> 정답 ④

**15** 우리나라 비닐하우스에서 가장 많이 사용되는 난방방법은?

① 난로난방　　　　　　　　　　② 전열난방

③ 온풍난방　　　　　　　　　　④ 온수난방

> **문제풀이** ─ SOLUTION ─
>
> 우리나라의 경우 대부분 경유형 온풍난방을 채택하고 있다.
>
> 정답 ③

**16** 보온성이 높고 열을 고르고 안정되게 공급할 수 있을 뿐만 아니라 온도의 상하 분포가 균일한 시설 난방은?

① 전열난방　　　　　　　　　　　② 온풍난방
③ 증기난방　　　　　　　　　　　④ 온수난방

**문제풀이** S·O·L·U·T·I·O·N

**[온수난방]**
- 보일러에서 데워진 온수를 파이프를 통하여 순환시켜 난방하는 방법이다.
- 보온성이 높고 열을 고르고 안정되게 공급할 수 있을 뿐만 아니라 온도의 상하분포가 균일하다.

정답 ④

**17** 온실의 난방비절감대책으로 옳지 <u>않은</u> 것은?

① 북으로 갈수록 저온성 작물을 재배해야 유리하다.
② 가급적 남향으로 설치하여 자연에너지를 최대한 이용한다.
③ 불필요한 시설내 천정등은 커튼, 터널 등을 이용하여 난방비를 대폭 절감할 수 있다.
④ 규모가 작은 단동형 비닐하우스는 온수난방이 시설비 및 운전비용이 적게 들어 간다.

**문제풀이** S·O·L·U·T·I·O·N

규모가 작은 단동형 비닐하우스는 온풍난방이 시설비 및 운전비용이 적게 들어가나, 대규모의 유리온실 및 연동형 시설은 온수, 증기난방이 효율적이다.

정답 ④

**18** 작물의 시설재배에 사용되는 기화냉방법이 <u>아닌</u> 것은?

① 팬앤드패드(fan & pad)

② 팬앤드미스트(fan & mist)

③ 팬앤드포그(fan & fog)

④ 팬앤드덕트(fan & duct)

**문제풀이** SOLUTION

팬앤드덕트(fan & duct)는 강제환기 방법으로 흡기팬에는 비닐덕트를 연결하고 덕트에 작은 구멍을 내어 흡기팬에 의해 유입되는 바깥 공기가 하우스 내부에 고르게 퍼지게 하는 동시에, 배기팬으로는 내부의 더운 공기를 바깥으로 배출시키는 방법이다.

정답 ④

**19** 온실의 환기방법에 속하는 것은?

① 랙앤드피니언법

② 패드앤드팬법

③ 보온피복법

④ 반사필름이용법

**문제풀이** SOLUTION

• 온실의 환기방법에는 권취식과 랙앤피니언 방식 등이 있다.

② 온실의 냉방방법에 해당한다.

③ 보온방법에 해당한다.

④ 반사 필름은 온실의 보온방법에 해당한다.

정답 ①

**20** 시설 환기의 주요 기능이 <u>아닌</u> 것은?

① 산소공급

② 이산화탄소공급

③ 유해가스배출

④ 온도조절

---

**문제풀이**  S·O·L·U·T·I·O·N

**[시설재배 환기관리의 목적]**
- 시설 내의 높은 온도의 공기를 내보내고 공기를 받아들여 온도를 조절한다(고온 억제).
- 시설 내의 습도, 이산화탄소, 유해가스 및 풍속 등을 동시에 조절한다. 예컨대 시설 내 이산화탄소의 량이 부족하면 광합성 효율 및 생산량은 급격히 떨어진다. 이때 환기를 통해 이산화탄소 농도를 700~800ppm까지 올리면 광합성률은 증가한다.

정답 ①

# MEMO

# MEMO

# MEMO